中國學術思想 研究輯刊

十一編

林慶彰 主編

第8冊

楊伯峻《春秋》學研究

陳水福 著

花木蘭文化出版社

國家圖書館出版品預行編目資料

楊伯峻《春秋》學研究／陳水福 著 —— 初版 —— 新北市：花木
蘭文化出版社，2011〔民 100〕

目 2+186 面：19×26 公分

（中國學術思想研究輯刊 十一編：第 8 冊）

ISBN：978-986-254-455-6（精裝）

1. 楊伯峻 2. 春秋（經書） 3. 研究考訂

030.8   100000691

ISBN-978-986-254-455-6

9 789862 544556

中國學術思想研究輯刊
十一編 第 八 冊   ISBN：978-986-254-455-6

楊伯峻《春秋》學研究

作　　者　陳水福
主　　編　林慶彰
總 編 輯　杜潔祥
出　　版　花木蘭文化出版社
發 行 所　花木蘭文化出版社
發 行 人　高小娟
聯絡地址　新北市永和區中正路五九五號七樓之三
　　　　　電話：02-2923-1455 ／傳真：02-2923-1452
網　　址　http://www.huamulan.tw 信箱 sut81518@ms59.hinet.net
印　　刷　普羅文化出版廣告事業
封面設計　劉開工作室
初　　版　2011 年 3 月
定　　價　十一編 40 冊（精裝）新台幣 62,000 元

楊伯峻《春秋》學研究

陳水福　著

作者簡介

陳水福，1982 年生，臺灣省臺北市人。臺北市立師範學院語文教育學系、臺北市立教育大學中國語文學系碩士班畢業。主要從事民國以來的經學、《春秋》學研究。除碩士論文《楊伯峻《春秋》學研究》外，並在《經學研究論叢》、《國文天地》、《經學研究集刊》、《臺北市立教育大學應用語言文學研究所研究生學刊》等學術刊物上發表〈馬克思主義對詩經研究的影響〉等論文十餘篇。

提　　要

　　當代的《左傳》注本之中，以楊伯峻所著的《春秋左傳注》最為重要。然而現今的學者們對其研究成果大多僅限於直接利用，卻未曾將楊伯峻及其學術成就作為研究對象，本文即針對此問題而作。

　　本論文共分為六章，首章「緒論」，說明《春秋左傳注》的重要性，楊伯峻及其《春秋》學研究現況的回顧，本論文的研究動機、目的及研究步驟。第二章「晚清民國以來的春秋學發展」，敘述歷代《春秋》學發展，反映學術界對《左傳》新注本的需求，顯示出《春秋左傳注》的重要性。第三章「楊伯峻的生平治學與著作」，敘述楊伯峻之家世與生平經歷，以了解楊伯峻的個性及其思想淵源，並配合對其著作的考察，訂立出楊伯峻的治學方法以及學術評價。第四章「楊伯峻的春秋觀」，就楊伯峻對於《春秋》的作者、《春秋》的義法及《春秋》的價值問題做一探討，並論述楊伯峻對三傳成書的看法，也討論了楊伯峻對《左傳》與《春秋》、《國語》、的關係之說。第五章「楊伯峻的注釋方法」，探討楊伯峻《春秋左傳注》的寫作方法，並依序加以舉例說明。《春秋左傳注》成為古籍注釋的標杆，往後的古籍注釋本自應向《春秋左傳注》看齊或者超越它，而楊伯峻的注釋方法更是值得往後整理古籍的研究工作者引為圭臬的。第六章「結論」，總結以上各章之論述，提出若干結論與心得，希望研究《春秋》學的學者能夠對楊伯峻有更多的重視、更深的了解，才能避免研究上有遺珠之憾。

目

次

第一章 緒 論

在對中國傳統文化產生極大影響的先秦「六經」之中，《春秋》是非常重要的一部著作。《春秋》是我國現存最早的一部編年體史書，它本是魯國官修的歷史，相傳經過孔子的刪訂，成為儒家的經典之一。《春秋》的記事極為簡單，而且據文獻可徵，孔子作《春秋》並非只為了記載歷史事件，而是為了堅持西周制度，反對諸侯為政，目的在於匡救時弊，懲惡勸善。

《春秋》經文隱晦難曉又蘊含褒貶，所以又有了「解經」的「春秋三傳」，這就是《左傳》、《公羊傳》、《穀梁傳》。到了東漢前期，「經」的範圍已經擴大，連解「經」的「傳」、「記」、「詁」等也引進「經」內，上升到「經」的地位。「三傳」也成為經書。唐代正定「五經」，實際上包含了「九經」，就是《周易》、《尚書》、《詩經》、三《禮》（《周禮》、《儀禮》、《禮記》）和「春秋三傳」。宋代以後，加入了《論語》、《孟子》、《孝經》、《爾雅》等四部著作，「十三經」這一套儒家經典著作基本形成，《左傳》成為「十三經」中重要的一部著作。

在西漢的今古文學的分野之中，《左傳》屬於古文經學。漢代的今古文之爭總共發生了四次，《左傳》始終不曾在討論的主題上缺席，關於《左傳》是否傳《春秋》的問題，一再地被學者提出來討論。儘管如此，經過漢代劉歆（？～23）、賈逵（30～101）、服虔（生卒年不詳）、鄭玄（127～200）以及晉代杜預（222～284）等學者的宏揚推廣，《左傳》在《春秋》學中的地位已越來越被重視了，到唐代甚至成為官方承認的科舉定本。宋、元、明三代《左傳》雖然退居幕後，沉寂了一段時間，清代又再度受到學者的矚目，研究者日漸增多。清末由劉逢祿（1776～1829）、康有為（1858～1927）所引發的今

古文之爭，《左傳》更是主要的角色，但問題已從「《左傳》是否傳《春秋》」，轉變成「劉歆有無僞造《左傳》」的爭論。這樣的爭辯活動也影響到後來的古史辨學派，在民初的學界引起了軒然大波。由以上論述看來，《左傳》確實在經學史上有著相當重要的地位。

在《春秋》三傳之中，《公羊傳》和《穀梁傳》是以義理解說《春秋》的，而《左傳》則是以史料闡述《春秋》的，所以《左傳》又是一部歷史著作。《左傳》自成書之後，便受到人們的重視。《春秋》書中的記事過於簡潔，許多事件只有一句話甚至一個字。事與事之間只是機械地按年、月、日編排，很難從中瞭解事件的整個過程和具體內容。《左傳》則不同，其記事內容、取材範圍和描寫的社會層面都要比《春秋》豐富和廣闊得多。

它博採舊文簡冊，以及流傳在口頭上的歷史傳說，詳細地反映了春秋時期各國政治、經濟、軍事、外交、文化、風俗的歷史面貌和各方面代表人物的活動，描繪出一幅春秋時代的色彩斑斕的歷史畫卷。《左傳》對於後代歷史著作體裁體例的形成，也具有開創之功，所以有的學者認爲，《左傳》可以說是「集古史之大成，留給後人以無盡的寶藏。」《左傳》對後代的史學影響是巨大的，司馬遷作《史記》時，有關春秋時代的歷史，就大量採用《左傳》的內容。《史記》紀傳體的創立，與《左傳》也不無關係。司馬遷以後的史學家，也無不從《左傳》吸取營養。

《左傳》又是一部傑出的文學巨著，具有很高的藝術成就。《左傳》的文章敘述完整，文筆嚴密，創造了許多精彩的篇章和富有魅力的文學語言。《左傳》善於描寫人物，將人物的動作和內心活動刻畫得生動細緻，以表現不同的人物性格，創造出一系列栩栩如生、呼之欲出的人物形象。《左傳》擅長用委曲盡致、謹嚴而分明的筆調來敘述戰爭，把複雜的戰爭描繪得波瀾起伏、跌宕多姿。《左傳》應對辭令之美，亦是它的一大特色。《左傳》的辭令，無不曲折縝密、委婉有力，許多記述辭令的篇章，成爲膾炙人口的佳構。正因爲如此，《左傳》成爲春秋戰國時代最優秀的散文著作。後代的古文家取法先秦，多摹仿《左傳》。所以，《左傳》對於後代敘事散文的發展，也有著不可低估的影響。

所以《左傳》在中國古代經學、史學、文學的地位都是舉足輕重的。

這樣一部重要的經典古籍，自然是研究中國文化必讀的書目之一。然而《左傳》自寫作至今已有兩千年以上的歷史，經過一段如此漫長的時間，現

代人已無法直接讀通《左傳》的原文，如此一來就必須憑藉著新的注釋本來
疏通文義。如果談到當代的《左傳》注本的話，《春秋左傳注》就是眾多注本
中最為重要的一部著作。

　　沈玉成（1932～1995）與劉寧（1969～）合著的《春秋左傳學史稿》一
書，評論當代的《左傳》注本時對《春秋左傳注》這麼描述：

　　　使用現代的治學方法對《左傳》進行注釋整理，以楊伯峻先生的《春
　　　秋左傳注》成績最為突出（中華書局，1981 年）。這是「五·四」
　　　以來對《左傳》經傳全文作校勘、新注的唯一著作。〔註1〕

又說：「此書的出版，從一個側面體現了本世紀中整理《春秋左傳》的成績」
〔註2〕稱讚《春秋左傳注》是集二十世紀《左傳》研究之大成的代表性著作。
張政烺（1912～2005）也說：

　　　在今注中確有極高的學術價值的，可以達到雅俗共賞的境地。楊伯
　　　峻的《論語譯注》、《孟子譯注》、《春秋左傳注》就是其中的姣姣者。
　　　《論語》、《孟子》成書較早，楊注雖對於典章制度的注釋小有不足，
　　　但其解決難點，疏通文義，都有獨到之處。《春秋左傳注》則是注者
　　　多年研究的積累，引用上自晉代杜預下至近代諸家成果，去粗取精，
　　　擇要簡注，既有很高的學術水平而又要言不煩，無集注式的繁蕪，
　　　堪稱佳作。更值得一提的是，楊氏三書文字都淺顯，一般讀者都可
　　　以讀懂。〔註3〕

張政烺批判了當時一些號稱是「今注」、「新注」的低水準著作，表揚《論語
譯注》、《孟子譯注》、《春秋左傳注》三書的成就，更表示《春秋左傳注》已
達到了相當高的注釋水準。而且不僅大陸的學者稱讚《春秋左傳注》，臺灣的
葉政欣先生（1937～）亦於《杜預及其春秋左氏學》一書中說：

　　　近人楊伯峻氏為《春秋左傳注》行世，其書於杜《解》雖有徵引，
　　　然已廢而不用其全文。楊氏之書，徵引詳贍，自是後來居上。將來
　　　在一般通行經傳讀本，或可取代杜注而行於世。〔註4〕

〔註1〕　沈玉成、劉寧著：《春秋左傳學史稿》（南京：江蘇古籍出版社，1992 年 6 月），
　　　　　頁 409。
〔註2〕　沈玉成、劉寧著：《春秋左傳學史稿》，頁 409。
〔註3〕　張政烺：〈關於古籍今注今譯〉，收入《張政烺文史論集》（北京市：中華書局，
　　　　　2004 年 4 月），頁 831～832
〔註4〕　葉政欣：《杜預及其春秋左氏學》（臺北市：文津出版社，1989 年 10 月），頁

葉政欣認爲《春秋左傳注》在通行本方面可以取代自晉朝流傳至今的杜預的
《春秋經傳集解》，可見葉政欣對《春秋左傳注》一書的推崇。〔註5〕香港嶺
南大學的許子濱教授（1966～）也表示：

> 1981 年 3 月，《春秋左傳注》正式面世，1990 年 5 月再版，到了 1995
> 年 10 月，已是第五次印刷。前後印了 41,000 冊，這個數字尚未加
> 上臺灣所印的數量。由此可見，此書流傳廣泛，對現代《左傳》學
> 所起的作用甚爲深遠。它是今天研習《春秋》和《左傳》必不可少
> 的書。〔註6〕

許子濱提到大陸方面至 1995 年止，《春秋左傳注》已經歷了五次的印刷，事
實上不只是大陸方面，《春秋左傳注》在臺灣有也許多的翻印本，〔註7〕至今
仍是許多大專院校「左傳」課程的教科書，若是將這十多年來的數目也加入
計算，想必數字會更加驚人。所以無論是書籍本身的學術深度抑或是影響的
廣度，《春秋左傳注》的表現都是卓越不凡的，想必《春秋左傳注》會在《春
秋》學史上佔有一席重要的地位。

第一節　研究動機

　　筆者第一次與《春秋左傳注》的接觸正是始於大學的「左傳」課程，那
時上課的張曉生老師（1964～）所採用的教科書就是《春秋左傳注》。由於張
老師上課非常認眞，引起我對《左傳》的興趣，就在那時下定決心，往後若
有機會，必定要以《左傳》作爲對象，從事《春秋》學的研究。

　　進入研究所，有幸能旁聽林師慶彰（1948～）的「經學史」課程。林老

96～97。

〔註5〕　有人認爲張以仁先生不同意葉政欣的意見，然而張以仁的原文爲「或認爲今
傳《春秋》即魯史舊文，甚至否認曾經孔子刪削。後說實以楊伯峻《春秋左
傳注》一書（源流出版社印）最爲晚出而集大成，頗受學界重視，國內學人，
竟有推崇其書爲能奪杜注之席者。因不揣譾陋，願以其說爲主要對象，針對
『孔子與《春秋》的關係』此一問題，試作探究。」張以仁：〈孔子與《春秋》
的關係〉，收入《春秋史論集》（臺北市：聯經出版事業公司，1990 年 1 月），
頁 4。筆者認爲由此段文字來看，張以仁乃是不同意楊伯峻「《春秋》非孔子
所作」的看法，對《春秋左傳注》一書的價值並沒有直接的否定。

〔註6〕　許子濱：《楊伯峻（1909～1992）《春秋左傳注》禮說斠正》（香港：香港大學
中國哲學系博士論文，1998 年 1 月），頁 2。

〔註7〕　請參見附錄四〈楊伯峻研究文獻目錄〉。

師所講授的「經學史」課程，除了內容豐富、對經學史許多問題有自己的見解之外，另一重要的特點是會從先秦時期講授到民國時期。在學期的最後，林老師認為進入民國之後，經學歷經國故運動、古史辨思潮、引進西方研究方法、馬克斯思想化等眾多階段的考驗與變化，民國以後的經學研究不但承繼了晚清今文學風，並重新檢討傳統經典，也試著運用西方理論解釋經典，進而影響到現今的學術發展。然而民國經學雖然如此的重要，但現在的學界並沒有給予相同份量的重視，對民國以來的經學研究仍是非常缺乏，於是要上課的同學們各自選擇一位民國經學家來撰寫報告。

筆者當時所挑選的報告對象便是《春秋左傳注》的作者楊伯峻先生（1909～1992）。但是楊伯峻的學術成就是那樣的突出，要以期末報告將之說明完整，確實非常困難。再加上林老師在擔任《國文天地》雜誌社社長時曾與楊伯峻通信，楊伯峻更因此在《國文天地》發表文章〈我的治學大要〉。基於此份情誼，林老師鼓勵筆者將楊伯峻作為碩士論文的題目。於是筆者便以此報告為基礎，擴充發展為碩士論文。

楊伯峻，湖南長沙人。1932 年畢業於北京大學中文系。民國時期曾任馮玉祥研究室成員、中山大學講師。新中國建立後，歷任湖南《民主報》社社長，湖南省政協秘書處處長，湖南省統戰部辦公室主任，北京大學、蘭州大學副教授，中華書局編審。著有《論語譯注》、《孟子譯注》、《春秋左傳注》、《春秋左傳詞典》等多本經學專著。並有〈《詩經》句法偶談〉、〈《左傳》成書年代論述〉、〈《論語》和《孟子》〉等多篇的經學研究論文。

在《春秋》學的研究方面，楊伯峻的研究成績相當亮眼。他不僅對於《春秋》學中的重要問題提出了自己的看法，其《春秋左傳注》更可謂當代《左傳》研究的集大成者。1981 年中華書局出版了第 1 版，1990 年 5 月又出版了修訂本，歷經二十餘年的歲月與考驗，至今仍是閱讀、研究《左傳》的第一參考用書。

現今的學者們大多僅限於直接利用民國經學家的研究成果，對於他們的研究全貌卻沒有深入了解，更不曾將這些民國以後的經學家作為研究對象，這是相當可惜的事。以楊伯峻為例，雖然他的著作被廣為使用，在香港與大陸方面都有以楊伯峻為題的學位論文出現，臺灣方面卻是連相關論文都十分罕見。於是筆者便以「楊伯峻的《春秋》學」為題，試圖探索其研究《春秋》學的方法和重要貢獻。

第二節　研究現況的回顧與檢討

　　本論文的題目為楊柏峻《春秋》學研究，我們先分兩個範疇來研究討論，第一關於研究楊柏峻的部分，第二關於研究《春秋》學的部分，以下我們就以此為綱，回顧並檢視前人研究的成果。

一、關於研究楊伯峻的部分

　　楊伯峻於 1992 年過世至今已有十餘年，然而國內學界對於楊伯峻的學術成就仍是相當冷漠。環顧國內這十餘年來並無任何研究楊伯峻的專著，也沒有以楊伯峻為題的碩博士論文，國內期刊研究楊伯峻的相關論文僅有三篇，分別是楊伯峻本人所寫的〈我的治學大要〉〔註8〕、張淑惠（生卒年待查）的〈淺述楊伯峻先生的經學〉〔註9〕以及鄭仁佳（生卒年待查）的〈楊伯峻（1909～1992）〉。〔註10〕楊伯峻本人所寫的〈我的治學大要〉一文，乃是因應林師慶彰的邀請而寫的，文中對於楊伯峻生平、學術成果及治學方法作了簡單的敘述，文末並附有楊伯峻主要著述表。張淑惠的〈淺述楊伯峻先生的經學〉由楊伯峻的師承入手，透過其經學相關著作，探究楊伯峻治經方法，並歸納其治經方法有五點特色：第一、對「詞語」及「語法」考察詳盡；第二、對「相關問題」詳細討論，涵蓋層面廣博；第三、重視「文本」及「作者」；第四、實事求是，糾正前人謬誤；第五、多有個人評價，不流於俗。鄭仁佳的〈楊伯峻（1909～1992）〉是《傳記文學》編輯委員會所編纂的「民國人物小傳」的其中一部分，文中對楊伯峻的生平著述紀錄甚詳，可將本文作為楊伯峻的學術編年看待。

　　在香港方面，有許子濱的博士論文：《楊伯峻（1909～1992）《春秋左傳注》禮說斠正》，〔註11〕本文以《左傳》中的禮學條目為題，如：「殯廟」、「五等爵」、「女字說」、「公不與小斂，故不書日」和「行潦」等等共九十一個章節，把《春

〔註8〕　楊伯峻：〈我的治學大要〉，《國文天地》第 5 卷第 5 期（1989 年 10 月），頁53～55。

〔註9〕　張淑惠：〈淺述楊伯峻先生的經學〉，《東吳中文研究集刊》第 7 期（2000 年 6 月），頁 21～44。

〔註10〕鄭仁佳：〈楊伯峻（1909～1992）〉，《傳記文學》第 77 卷第 1 期（2000 年 7 月），頁 140～143。

〔註11〕許子濱：《楊伯峻（1909～1992）《春秋左傳注》禮說斠正》（香港：香港大學中國哲學系博士論文，1998 年 1 月）。

秋左傳注》中有關禮制的誤注逐一加以訂正，並認為雖然書中有關禮制的注釋還存有不少缺點，但楊伯峻此書對於禮學的成就仍超過了前人的同類著作。

　　大陸方面相關的博士論文有孫赫男（生卒年待查）的《《左氏會箋》研究——與杜預《春秋經傳集解》及楊伯峻《春秋左傳注》之比較》，〔註12〕本文以日本學者竹添光鴻的《左傳會箋》為主，論及《春秋左傳注》引用《會箋》的各種方式。碩士論文則有夏維新（生卒年待查）的《楊伯峻《春秋左傳注》商補》，〔註13〕本文對《春秋左傳注》中的部分注釋進行商榷與補充。李平（生卒年待查）的《楊伯峻《春秋左傳注》研究》〔註14〕、陳倩倩（生卒年待查）的《楊伯峻《論語譯注》研究》，〔註15〕這兩篇文章寫作方式雷同，分別將《春秋左傳注》和《論語譯注》的注釋作訓詁學條例的分析與歸納。無可否認，經由以上文章的研究確能彰顯楊伯峻部分的學術表現，然而以上文章均非完全針對楊伯峻整體《春秋》學進行考察研究的專文，所以皆未對楊伯峻《春秋》學研究的結果及其《春秋》學對學術發展的影響多所著墨。大陸期刊單篇相關楊伯峻先生的論文研究，這十多年來發表甚多，〔註16〕我們仔細拜讀以上之作，可以發現文章論述的要點大都從「古籍整理」的角度入手，內容方面也幾乎是對楊伯峻《春秋左傳注》中的條目進行補充與訂正的討論，對楊伯峻《春秋》學的整體論述則較少，就算有，也只是略而帶過，至於專文論楊伯峻《春秋》學方面的研究則未曾見到。就因為現今對楊伯峻先生的研究之專書及論文實不足以回答及解決楊伯峻對傳統《春秋》學研究改變的學術意義，因此我們以為本論文有寫作的必要與價值。

二、關於研究《春秋》學的部分

　　論述《春秋》經傳的作品從古至今相當豐富，當今兩岸學者也都有非常

〔註12〕孫赫男：《《左氏會箋》研究——與杜預《春秋經傳集解》及楊伯峻《春秋左傳注》之比較》（長春市：東北師範大學古籍研究所中國古代史博士論文，2006年10月）。
〔註13〕夏維新：《楊伯峻《春秋左傳注》商補》（南京市：南京師範大學中國古典文獻學碩士論文，2005年5月）。
〔註14〕李平：《楊伯峻《春秋左傳注》研究》（濟南市：山東大學中國古典文獻學碩士論文，2006年5月）。
〔註15〕陳倩倩：《楊伯峻《論語譯注》研究》（濟南市：山東大學中國古典文獻學碩士論文，2006年）。
〔註16〕參閱本論文末附錄四〈楊伯峻研究文獻目錄〉。

多的著作，而我們以為要掌握近幾十年來國內《春秋》經傳的作品可以參閱丁亞傑先生（1960～）的〈《春秋》經傳研究〉，及張高評先生（1949～）的〈臺灣近五十年來《春秋》經傳研究綜述〉，二篇皆對近五十年來臺灣地區《春秋》三傳學研究的作者及作品有詳細的統計及概略的分析。受到了民國初年辨偽學風的影響，近來有一部分探討《春秋》學的學者以「經傳辨偽」的方向去研究《春秋》經傳，大體上可從三個方向，即從《春秋》與孔子的關係、《春秋》的性質和《春秋》與三傳的關係著手。以下我們先回顧其他學者對此研究的成果，並從這些學者的研究中去思考他們和楊伯峻的異同之處，以觀察楊伯峻《春秋》學論述之特點。

（一）《春秋》與孔子的關係及《春秋》的性質

　　《春秋》原本為魯國的編年史記，這幾乎無可爭議，至於是否經過孔子的筆削，近來學者看法不盡相同，茲舉一些學者論述之：「看劉知幾的《惑經》，《春秋》倘使真是孔子作的，豈非太不能使『亂臣賊子懼』了嗎？」〔註17〕顧頡剛（1893～1980）不認為孔子刪述《春秋》，他以為《春秋》只是孔子的弟子將魯國原有的史書「潤飾」而成的「經典」。趙伯雄（1947～）認為《春秋》是一本「綱要式的、編年大事記式的史書」，〔註18〕孔子雖有用《春秋》作教材來教學生，然而卻沒有作或是修《春秋》。〔註19〕沈玉成則傾向於孔子有「修」《春秋》，即《春秋》是孔子對魯國的舊史作了整理，由「魯之《春秋》」修定為儒家後學所傳的《春秋》。〔註20〕至於《春秋》之義法，沈氏以為「顧頡剛先生1925年有答錢玄同書，扼要地提出《春秋》並不『處處有微言大義』，『《春秋》為魯史所書，亦當有例。故從《春秋》中推出些例來，不足為奇』，不失為恰當的結論。」〔註21〕趙生群（1957～）著卻認定《春秋》為孔子刪削魯史記而成，〔註22〕至於《春秋》的「微言大義」，趙氏以為「《春秋》固然不是每字每句都含褒貶，但也並非全無寄託。」〔註23〕錢穆（1895

〔註17〕顧頡剛：〈論孔子刪述六經說及戰國著作偽書書〉，載《古史辨》第一冊，頁42。

〔註18〕趙伯雄：《春秋學史》，頁4。

〔註19〕趙伯雄：《春秋學史》，頁5～8。

〔註20〕沈玉成、劉寧：《春秋左傳學史稿》，頁25～38。

〔註21〕沈玉成、劉寧：《春秋左傳學史稿》，頁46～47。

〔註22〕趙生群：《春秋經傳研究》（上海市：上海古籍出版社，2000年），頁1～26。

〔註23〕趙生群：《春秋經傳研究》，頁26。

～1990）則以爲孔子有作《春秋》，且《春秋》亦是孔子唯一的著作，其言則是孔子之一家言，且內含大義。〔註24〕

（二）《春秋》與三傳的關係

《公羊》、《穀梁》爲《春秋》作傳，且早在西漢便已立爲學官，歷來學者從無任何紛歧意見，只有在解經的見解上有所異議，至於三傳的寫定時期雖有爭議，然現今大部分學者大都有一個共識，即《左傳》原本是一部戰國時代的作品，《公羊》、《穀梁》較晚出，約至漢初才成書。但《左傳》因《春秋左氏傳》或《左氏春秋》的問題，而使後人對它和《春秋》經的關係發生許多疑問，雖然有些學者認定《左傳》作者即爲左丘明，且傳《春秋》，卻也有不少學者不但懷疑它的作者究竟是誰，甚至認爲它原是一本單獨的創作，根本沒有傳解《春秋》。茲舉現今一些學者之論點敘述之：李宗侗（1895～1975）認爲《左氏春秋》與《春秋》實在是不太相連的兩部書，且《左氏春秋》的作者並非左丘明，而以爲是戰國時之吳起。〔註25〕趙伯雄不敢肯定《左傳》的作者是否爲左丘明，但他認定《左傳》是解《春秋》經的。〔註26〕沈玉成則認同傳統說法，以爲《左傳》傳經，且可能是由左丘明草創於《春秋》末，而再由後人寫定於戰國中期以前。〔註27〕趙生群亦認定《左傳》爲解經之作，且作者即爲《論語》中的左丘明。〔註28〕

以上學者們的說法似乎都言之成理，然而也可能都避免不了參雜了一些主觀的見解，然後再依自己的說法方式去演繹，如此就變成所謂的「倒果爲因」了，到底是非眞相爲何，至今還沒有十分有力的證據來肯定何者的說法是完全正確的，故許多問題還是個公案。〔註29〕我們希望在本論文中能夠用嚴謹的態度，認眞的探討楊伯峻在《春秋》學方面的觀點，並期望對楊伯峻治《春秋》的思想淵源及其成果和意義能有進一步深入的了解。

〔註24〕錢穆：〈孔子與《春秋》〉，《兩漢經學今古平議》，頁234～284。
〔註25〕李宗侗：《春秋左傳今註今譯》（臺北市：臺灣商務印書館，1971年），自序，頁1～4。
〔註26〕趙伯雄：《春秋學史》，頁12～18。
〔註27〕沈玉成、劉寧：《春秋左傳學史稿》，頁76～83。
〔註28〕趙生群：《春秋經傳研究》，頁38～72。
〔註29〕古今學者對於《春秋》經傳相關之辨僞問題可參閱張心澂：《僞書通考》（上海市：上海書店出版社，1998年），頁350～417。鄭良樹：《續僞書通考》（臺北市：臺灣學生書局，1984年），中冊，頁655～840。

第三節　研究範疇和步驟

　　本論文研究範圍主要以探討楊伯峻的學術淵源及其在《春秋》學方面的文獻，和他人對楊伯峻在《春秋》學方面的評論文獻爲主要脈絡，並參引古今學者《春秋》經傳的看法，因此我們打算歸納出三個方面來蒐集楊伯峻《春秋》學的資料。第一方面是對楊伯峻在 1981 年於中華書局出版，並於 1990 年重新修訂的《春秋左傳注》之書進行研究，本論文即是以修訂本的《春秋左傳注》爲討論對象；第二方面則是從楊伯峻的其他著作如《楊伯峻治學論稿》、《楊伯峻學術論文集》等有關《春秋》學方面的論述去探討；第三方面則是從時代人物、歷史背景、前人著作成果及與楊伯峻相關論文的探討等來比較研究。

　　而本論文研究分爲三大步驟進行。第一步驟首先研究楊伯峻先生的生平及其時代背景和思想淵源。楊伯峻是當代學者研究中，致力於經學及古漢語學研究的知名學者，人們對其著作如《論語譯注》、《孟子譯注》與《春秋左傳注》相當熟悉，對其生平經歷卻非常陌生。故本文由其生平師承入手，透過其相關著作的排列，完成楊伯峻學術傳記的粗模。我們相信如能對此眞正了解之後，定有助於掌握楊伯峻的治學理念及方法。

　　第二步驟則是論述楊伯峻的《春秋》觀。「《左傳》僞作說」在晚清時期一度成爲《春秋》學的主題，楊伯峻對其有何看法？楊伯峻對《春秋》學中其他議題的觀點爲何？楊伯峻使用何種方式，運用哪些材料推論出這些結論？學界對其意見又有哪些回應？研究楊伯峻對《春秋》學中各種問題的討論，既可知道楊伯峻《春秋》學的基本觀點，其觀點必定也會對楊伯峻寫作《春秋左傳注》等著作帶來影響。針對楊伯峻的《春秋》學做仔細的探討及研究，冀望呈現楊伯峻的《春秋》經傳思想比較完整的面貌。

　　最後步驟則是綜合整理出楊伯峻《春秋》學的注釋方法。楊伯峻的代表作《春秋左傳注》在學界獲得相當高的評價，然而目前所見到的論文多從古籍整理、對注釋條目的補正與訓詁學等角度來對《春秋左傳注》一書進行評述。筆者認爲這些文章雖然能夠表現出楊伯峻對古籍進行整理、訓詁的工作成果，但是對於想瞭解楊伯峻整體的《春秋》學來說，仍是有所不足。筆者欲從楊伯峻《春秋左傳注》的注釋方法入手，藉由楊伯峻注釋《左傳》的方法，窺探其學術的堂奧，藉此呈現出楊伯峻《春秋》學方面的學術表現與成果，並進一步的去發掘楊伯峻《春秋》學在《春秋》學研究史及學術發展史上的意義。

第二章　晚清民國以來的春秋學發展

　　經書是中國傳統文化的本源，歷代師儒的畢生心血皆薈萃於此，而各種學術的發展亦多與經學息息相關，經學遂爲先聖先賢的思想總匯。

　　《春秋》經出於至聖先師孔子的制作，如《孟子》〈滕文公章句下〉說：「世衰道微，邪說暴行有作，臣弒其君者有之，子弒其父者有之。孔子懼，作《春秋》。」〔註1〕孟子認爲：周室於東遷之後，王道衰墮，荒謬的學說、殘暴的行爲又再度興起，有臣子殺死君王的，也有兒子殺死父親的。孔子生於當時，對這樣的情況深感憂慮，本有起而重振綱紀的抱負，但環境不允許他有所作爲，不得以採取春秋二百四十二年的史實，筆削之，損益之，「上明三王之道，下辨人事之紀」，藉以達到恢復周道的目的，可謂用心良苦，胸懷遠大。所以《春秋》經自孔子以後，成爲儒家傳授的重要經典之一，可以考見孔子的學術思想及制作要義。

　　《左傳》、《公羊傳》、《穀梁傳》等書則是認爲被用來解《春秋》經之用，《左傳》以史解經，《公羊傳》、《穀梁傳》則以義解經，學者藉以明白孔子筆削之大意，故此三書稱爲《春秋》三傳。從漢代至今，研究《春秋》經傳的學者頗多，解說經傳之義的著作亦是相當豐富，由此而形成了一個龐大的《春秋》學。歷代《春秋》學的研究大部分是依附著政治思想而行，政治需要的不同，內容與形態也隨之而變，換言之，《春秋》學的內涵是隨著時代的變遷及需要而有不斷的變化，其目的大都是爲了興邦濟世，故《春秋》在中國史上不祇被視爲經典，且一直被視爲經世之學。本章以下分爲：歷代《春秋》

〔註1〕 楊伯峻：《孟子譯注》（臺北縣：漢京文化事業公司，1987年1月），〈滕文公章句下〉，頁155。

學概述、晚清《春秋》學概述以及民國以來《春秋》學研究概述等三節,藉以勾勒出近現代《春秋》學發展之軌跡。

第一節　歷代《春秋》學概述

以下參考一般經學史及《春秋》學史著作,將歷代《春秋》學的發展略分爲幾個斷代敘述,以期對清末以前的《春秋》學發展有一全面的了解。

一、兩漢《春秋》學

漢代在經過秦朝「焚書」及楚漢相爭的戰亂之後,廣泛蒐集儒家經典,從斷簡殘篇中陸續得到了《詩》、《書》、《易》、《禮》、《春秋》等「五經」並將其傳經之說能成爲一家之言的,逐步立於學官,如漢文帝開始立《詩經》博士、漢景帝立《春秋》博士。到了漢武帝時,則「五經」皆立博士,迄漢宣帝、元帝爲止,「五經」共立了十四家博士。

漢代《春秋》學最初的主體是公羊學,它首先提出了「大一統」及「尊王攘夷」等經義,符合了西漢統治者的需要,再加上董仲舒(176～104B.C.)的大力提倡,《春秋》公羊學在漢代一開始即成爲顯學。《穀梁》學則是到了西漢宣帝時才獲得較大的發展與重視,在經過石渠閣會議之後,和《公羊》同時被列入學官。又《公羊傳》、《穀梁傳》是由漢代通用的隸書寫成的,同屬「今文」之學。但是今文經學發展到西漢末年,「分文析字,煩言碎辭」,〔註2〕日益走向繁瑣的章句之學。再者,董仲舒用陰陽五行附會經義,又加上西漢讖緯之學的興盛,使經學走向神學化。於是注重訓詁和史事、較少迷信成份的古文經學驟然興起。

古文經學的開創者是劉歆。劉歆以屬於「古文」〔註3〕之學的《左氏傳》

〔註2〕〔漢〕班固撰,〔唐〕顏師古注:《漢書》(北京市:中華書局,1962年6月),卷三十六,〈楚元王傳第六〉,頁1970。

〔註3〕關於「今古文之分」,馬宗霍有精闢的分析:「所謂今古文者,初本皆指字體……其經之書以古體字者,即爲古文,其經之書以今體字者,即爲今文。皮錫瑞《經學歷史》曰:『今文者今所謂隸書,古文者今所謂籀書。隸書漢世通行,故當時謂之今文,籀書漢世已不通行,故當時謂之古文。』案以隸書爲今文是也,以籀書爲古文則非……故古今之名,實相對而立,古文爲漢人所追稱,今文則漢人所自別。」引自馬宗霍:《中國經學史》(臺北:臺灣商務印書館,2000年),頁35～36。顧頡剛也說:「古文是對今文而言的。」顧頡剛等著《古

解《春秋》經,「初《左氏傳》多古字古言,學者傳訓詁而己。及歆治《左氏》,引傳文以解經,轉相發明,由是章句義理備焉。」〔註4〕並請立《左氏傳》爲學官後,於是開始有了所謂的「今古文之爭」。〔註5〕

　　論爭肇始於劉歆欲立《春秋左氏傳》、《毛詩》、《逸禮》及《古文尚書》於學官,當時今文學家極力反對,劉歆曾撰〈移讓太常博士書〉論《春秋左氏傳》爲左丘明所修,皆古文舊書,「臧於秘府,伏而未發」,〔註6〕因求立於學官。今文博士則以「左氏不傳春秋」爲由反擊劉歆,並斥其是「改亂舊章,非毀先帝所立」。〔註7〕一直到東漢末年,今古文之大論爭一共發生了四次,除了劉歆與太常博士的爭論之外,第二次是東漢初期韓歆、陳元(古)和范升(今)爭立《費氏易》及《左氏春秋》,第三次是賈逵(古)和李育(今)之爭,第四次是鄭玄(古)和何休(今)爭論《左氏傳》和《公羊傳》的優劣。關於《左傳》是否解經,以及劉歆是否僞亂傳文的問題,歷來是今古文經學爭訟的焦點。在今古文學派的爭論中,既有學術的辯論,又包藏利祿的角逐,同時也成爲政治鬥爭的工具。

　　最後《左傳》在今古兩派的論爭中漸漸得到了重視,尤其是東漢章帝時之白虎觀會議,賈逵和李育辯論之後,《左傳》雖未再立於學官,然而經過賈逵、馬融、服虔、鄭玄等幾位大師的宏揚與推廣,其學術地位已日趨重要,逐漸取代《公羊傳》的地位,成爲《春秋》學的主流。到了曹魏之時,《左傳》大行於世。西晉初年,杜預作《春秋經傳集解》,《春秋》三傳之中,《左傳》的地位更是不可動搖的了。

二、魏晉《春秋》學

　　魏晉時代是經學的古學時代。兼綜今古文的鄭玄之學興起後,今文學雖然就此沒落,但曹魏時代出現了標榜純粹古文經學的王肅學派,這兩大學派之間又爭論不斷。然而「王肅的影響在《易》、《書》、《禮》學中比較大,《春

　　　　史辨》(臺北市:藍燈文化公司,1993年),第五冊,頁525。
〔註4〕　〔漢〕班固撰,〔唐〕顏師古注:《漢書》,卷三十六,〈楚元王傳第六〉,頁1967。
〔註5〕　現今大多數的學者言此爲漢代的「今古文之爭」,然而錢穆以爲漢代只有「今古學之辨」而無「今古文之爭」。參閱錢穆:《兩漢經學今古文平議》,頁204〜229。
〔註6〕　〔漢〕班固撰,〔唐〕顏師古注:《漢書》,卷三十六,〈楚元王傳第六〉,頁1969。
〔註7〕　〔漢〕班固撰,〔唐〕顏師古注:《漢書》,卷三十六,〈楚元王傳第六〉,頁1972。

秋左傳》之學，自杜預完成了《釋例》、《集解》，兼綜眾家，王肅和鄭玄之異
就不再成爲人們關注的熱點。」〔註8〕

　　杜預曾協助西晉滅吳，時人稱之爲「杜武庫」，以譽其胸懷韜略，無所不
有。公餘治學甚勤，於《春秋》、《左傳》二書用力尤多，曾自稱有「《左傳》
癖」，〔註9〕可見其不僅喜歡，而且研究之深。所撰作的《春秋》學著作，有
《春秋經傳集解》和《春秋釋例》二種。尤其是《春秋左氏經傳集解》，這是
現存最早的《左傳》全注本，影響深遠。杜氏《集解》的特色有二：

　　第一、杜預始創經傳分年相附的體例。原來漢儒關於《春秋》經及《左
傳》的著述，大抵把經和傳分開，所以經傳卷數多不相同。至劉歆雖開始引
傳文解經，然劉歆的書已亡佚，是否仍採經傳分行的辦法，無法判斷。不過
我們從杜氏《春秋釋例》所引劉說，可以判斷劉說仍因襲經傳分行之舊。西
漢末年以後，才有兼釋左氏經傳的，但仍有專說傳不說經的，如賈逵的《注》
兼釋左氏經傳，服虔的《注》則只釋傳不錄經。到了杜預，才把經傳合一，
分年相附。他的用意，是爲了矯正前儒之失。他把經和傳的關係拉近，所謂
「專修丘明之傳以釋經，經之條貫必出於傳。」〔註10〕這是他獨到的地方。

　　第二、杜預的《集解》吸收了大量漢儒的舊詁，把在此以前各家的長處，
一一採取。《集解》本身在字義訓詁、文義詮釋和制度、名物、地理等方面的
疏解有獨到之處，注文清通簡要，對於理解《左傳》文本有很大的幫助。

　　杜預《集解》寫定後，賈逵、服虔之書仍盛，所以杜預之書一時未受重
視。《晉書》本傳說：「當時論者謂預文義質直，世人未之重，唯秘書監摯虞
賞之。」〔註11〕但在他死後不久，他的書便和服虔的《左傳》注本同時被立
爲國學，成了服、杜兩家並行的局面。

　　晉室南渡以後，長江以北的地方，成了胡人的天下，服虔一派的《左傳》
學便在北方盛行起來。南朝則盛行杜預一家之學，歷經宋、齊、梁、陳，一

〔註8〕　沈玉成、劉寧著：《春秋左傳學史稿》（南京市：江蘇古籍出版社，1992 年 6
　　　　月），頁 136。
〔註9〕　「時王濟解相馬，又甚愛之，而和嶠頗聚斂。預常稱：『濟有馬癖，嶠有錢癖。』
　　　　武帝聞之，謂預曰：『卿有何癖？』對曰：『臣有左傳癖。』」〔唐〕房玄齡等
　　　　撰，吳則虞點校：《晉書》（北京市：中華書局，1974 年 11 月），卷三十四，〈列
　　　　傳第四〉，頁 1032。
〔註10〕　見〔晉〕杜預：《春秋序》，〔晉〕杜預：《春秋經傳集解》（臺北市：七略出版
　　　　社，1991 年 9 月，據相臺岳氏本影印），頁 39 上。
〔註11〕　〔唐〕房玄齡等撰，吳則虞點校：《晉書》，卷三十四，〈列傳第四〉，頁 1032。

直不衰。到了隋代，服派逐漸衰微。

三、隋唐《春秋》學

隋唐結束了中國四百多年分裂的局面，唐代更建成了中國歷史上統一、強盛、繁榮的封建帝國。而通過科舉考試選拔人才，並借以統一思想、總攬天下英雄人物，是唐代統治者的一項重要政策。

唐代科舉以「五經」作爲科舉考試的內容，必須有一個官方認定的標準。可是自漢代以來，今古文各派之爭、鄭學王學之爭、南學北學之爭，師法多門，義疏紛紜，章句繁雜，甚至連經文也互有出入。有鑒於此，統一經學的工作便成爲當急之務。爲實現經學的統一，唐太宗讓孔穎達（574～648）主持撰著《五經正義》，由一批學者分工撰著五經義疏，完成後頒行天下。至此，五經有了官定的標準本，以往各派異說全部汰棄，使漢以來儒學各派趨於統一。

孔穎達選拔了一批學者參加《五經正義》的編撰，《春秋左傳正義》實際上是由谷那律（生卒年不詳）、楊士勛（生卒年不詳）、朱長才（生卒年不詳）執筆編撰，馬嘉運（？～645）修訂。其書採用杜預的《注》，而《正義》部分，主要依據隋代經學家劉炫（生卒年不詳）《春秋左傳述義》，而以沈文阿（503～563）的《春秋義略》爲輔助。如果劉氏與沈氏有違杜《注》之處，則申己說。

劉炫《述義》四十卷，繼承了漢代古文經學重實證的學風，遍稽群籍，對杜《注》作疏通或補正。劉《注》申杜而不盲從於杜，且敢於規攻杜《注》，而且對賈達、服虔的批評也不少。孔穎達認爲劉炫的《述義》有「探賾鉤深，未能致遠」，「又意在矜伐，性好非毀，規杜氏之失，凡一百五十餘條。習杜義而攻杜氏，猶蠹生於木而還食其木，非其理也。」〔註 12〕等二個缺陷。雖然如此，劉炫的《述義》重視訓詁，又注意疏通文義，所以被大量采錄入《春秋左傳正義》之中，《述義》其書反而散佚不存。

又《正義》採用了杜預的《注》，批評劉炫規攻杜《注》，所以疏中用了相當大的篇幅列舉古代典籍以證明杜《注》，如用《周禮》〈地官〉〈封人〉的記載以及鄭玄的《注》來釋證《左傳》隱公元年「潁考叔爲潁谷封人」之「封人」，再舉《論語》和《左傳》內證諸侯國之封人官制與地名之關係，要言不

〔註12〕 〔周〕左丘明傳，〔晉〕杜預注，〔唐〕孔穎達正義，浦衛忠等整理：《春秋左傳正義》（臺北市：臺灣古籍出版公司，2001 年 10 月），〈春秋正義序〉，頁 4。

煩。《正義》還注意從經傳證傳，尤其對於傳例的解釋。如隱公元年傳「公及邾儀父盟於蔑──邾子克也，未亡命，故不書爵」，《正義》引傳文中襄公二十七年宋之盟、襄公五年戚之會、昭公四年申之會諸例以釋「未王命，不書爵」之例，如此，可視為補杜預《釋例》之不足。《正義》還有選擇地吸收前人的成果，包括《公》、《穀》二傳中的解釋。如隱元年傳「都城過百雉」，《正義》引了《公羊》、何休、許慎《五經異義》以及古《周禮》等諸家異說，以補充杜《注》。所以《正義》引用了典籍，自漢代至六朝十分豐富，不少著作賴以此而得保存片段。

由於《左傳正義》撰成之後，被定為國家頒行的統一教科書，成為學童、士人和官吏誦習的經書，學風逐漸重視《左傳》而輕忽《春秋》，到了唐代中葉的「啖助學派」興起，正是對《五經正義》統一教材的反動。中唐以後，啖助（724～761）、趙匡（生卒年不詳）、陸淳（生卒年不詳）三家的《春秋》學開「捨傳求經」之風氣，他們這種「不溺於三傳，直探本經的研究方法，為《春秋》研究學開啓了新頁」，〔註13〕而其解經指標皆為「匡時濟世」，此風所及並影響至宋代。〔註14〕

四、宋元明《春秋》學

經過後梁以來五代的紛擾，宋代的朝廷從晚唐五代藩鎮割據、王綱失墜的事實中，總結出了必須加強中央集權的教訓。從北宋一開國就形成了宋、遼、夏鼎足對峙的形勢，到金滅北宋，又出現了歷史上第二次的南北朝，北方的遊牧民族始終威脅著宋王朝的統治地位。宋儒繼承了唐代啖助學派的治學傳統，棄傳就經或輕傳重經，宋代的《春秋》學研究大都以闡發經義為主，《春秋》名家輩出，而研究之目的就是要把有關《春秋》學的著作變為政治行為的依據，要之即為「尊王抑霸，攘夷復讎，交鄰守土等立國之典則。」〔註15〕大抵來說，北宋偏重於尊王，南宋偏重於攘夷，其中原委自然與當時環境有關，一望可知。

在宋代最具代表性的《春秋》學著作，首推南宋胡安國（1074～1138）的《春秋傳》，此書發揚尊王攘夷之說，由於現實政治的影響，胡安國更突出

〔註13〕 張穩蘋：《啖、趙、陸三家之春秋學研究》（臺北市：東吳大學中國文學研究所碩士論文，2000 年），頁 23。
〔註14〕 參閱張穩蘋：《啖、趙、陸三家之春秋學研究》，頁 151～174。
〔註15〕 宋鼎宗：《春秋宋學發微》（臺北市：文史哲出版社，1986 年），頁 324～325。

表現了攘夷的一面。僖公二十四年，周襄王引狄人伐鄭，此次周、鄭交惡，其曲未必在鄭。襄王伐鄭向狄人借兵，在胡安國看來，鄭文公有背於尊王而周襄王有背於攘夷，在兩大原則不能統一的情況下，他還是把攘夷放在首位，批評襄王「用夷制夏，如木之植拔其本也。」〔註16〕而且引證前事之鑑，說「唐資突厥之兵以伐隋，而世有兵戎之禍；晉借契丹之力以取唐，而卒有播遷之辱。」〔註17〕像這類「以古爲鑑」的議論在全書隨處可見，亦是《春秋傳》的一大特色。

降及元、明二代，此書的影響更大，胡氏之學成爲科舉制度中《春秋》經義的標準，以致在元代把此書與《春秋》三傳並稱爲「四傳」，胡安國之於《春秋》，猶如朱熹（1130～1202）之於「四書」。元、明兩代的《春秋》經傳之學，其中心就是圍繞著胡安國的《春秋傳》，大多數人擁護贊成，加以注疏闡述；一部分不肯隨聲附和的學者則主要以朱熹爲宗，對《胡氏傳》辨疑考誤。

明代享國爲元代的三倍，經學上的成績也比元代更多元化。明代《春秋》學除了有著許多贊成與反對《胡氏傳》的著作之外，另一大特色就是有著許多不同面貌的著作，如張以寧（1301～1370）的《春王正月考》，將眾多古籍排比分析以證明《胡氏傳》之非，方法上開清代考據學的先河；有的將《左傳》改爲紀事本末體，如傅遜（生卒年不詳）的《春秋屬事》即是按照分國紀事來加以安排。更有的將經書當成文章一樣，進行文法的評點，如郝敬（1558～1639）《批點左氏所語》。亦有發揮宋、明人好做議論之勇氣者，如馮時可（生卒年不詳）之《左氏討》、《左氏難》、《左氏論》。證明學風正悄悄地進行改變，重視心性大義的宋明之學至此也要面臨轉變的命運。

五、清代《春秋》學

從明末到清初的這一段時間裡，學術的主流已從「厭倦主觀的冥想，而傾向於客觀的考察」，〔註18〕學者不再盲目的從經，《春秋》學研究的學風亦然，許多學者如顧炎武（1613～1682）《左傳杜注補正》的寫作，已從不同的角度對《春秋》經傳做帶有實證性的研究，〔註19〕不同於宋儒的主觀「釋經」，

〔註16〕〔宋〕胡安國：《春秋傳》（臺北市：臺灣商務印書館，1983年），景印文淵閣四庫全書，第151冊，頁54。

〔註17〕〔宋〕胡安國：《春秋傳》，景印文淵閣四庫全書，第151冊，頁54。

〔註18〕梁啓超：《中國近三百年學術史》（臺北市：里仁書局，1995年），頁1。

〔註19〕趙伯雄論述「顧炎武以實證的方法治《春秋》」，參閱趙伯雄《春秋學史》（濟

此即爲清儒回歸「漢學」研究的特色，〔註20〕黃宗羲（1610～1695）、王夫之（1619～1692）皆爲代表性學者，到了乾隆時期，惠棟（1697～1758）、戴震（1723～1777）等人更是將實證性研究發揮到極至。

由阮元（1764～1849）主持校刻的《十三經注疏》，收錄了漢、唐、宋三代經學的研究成果，但是唐宋之後，已許久未出現令人滿意的注疏本了。而唐宋之後所累積的研究成果，也急待後人來加以統整。於是清代的經學家，便想建立新的十三經注疏，正如梁啓超（1873～1929）所說的，他們對「舊注好的便疏舊注，不好的便連注一齊改造。自邵二雲（晉涵）起到孫仲容（詒讓）止，作新者十餘家。《十三經》中，有新疏者已得其十，這些新疏的作者，都是竭畢生之力，鎔鑄幾百種參考書纔泐成一稿，眞算得清朝經學的結晶體了。」〔註21〕劉文淇（1789～1854）的《春秋左氏傳舊疏考證》也是這樣寫成的一部巨著。

道光八年，劉文淇和劉寶楠（1791～1855）、梅植之（1794～1843）、包愼言（生卒年不詳）、柳興恩（1795～1880）、陳立（1809～1869）一同到南京應省試，諸人皆不滿意於十三經的舊注舊疏，於是分任新疏一經，劉寶楠任《論語》，柳興恩任《穀梁傳》，陳立治《公羊傳》，劉文淇治《左傳》。〔註22〕書成之後，皆成一時之選。

《春秋左氏傳舊注疏證》一書，耗費了劉文淇子孫三代人的心血，劉文淇積四十年之功編成長編數十巨冊，晚年僅寫成《疏證》一卷而沒，後其子劉毓崧（1818～1867）、劉毓崧之子劉壽曾（1838～1882）兩代人繼承其業，最後也僅及襄公四年而止。

《疏證》全書采用注疏體，每條經、傳正文之下有「注」或「疏證」。關於此書體例，劉文淇的兒子劉毓崧曾論述說：

> 先取賈、服、鄭三君之注，疏通證明，凡杜氏所排擊者，糾正之；
> 所勦襲者，表明之，其沿用韋氏《國語》注者，亦一一疏記。他如

南市：山東教育出版社，2004 年 4 月），頁 600～606。

〔註20〕 宋鼎宗曰：「漢學以考據勝，宋儒以義理稱。」引自宋鼎宗：《春秋宋學發微》，頁 8。

〔註21〕 梁啓超：《中國近三百年學術史》，頁 273。

〔註22〕 「及道光戊子，先君子應省試，與儀徵劉先生文淇、江都梅先生植之、涇包先生愼言、丹徒柳先生興恩、句容陳立始爲約，各治一經，加以疏證。」劉寶楠著，高劉水點校：《論語正義》（北京市：中華書局，1990 年 3 月），〈後敘〉，頁 797。

五經異義所載左氏說，皆本左氏先師；《說文》所引《左傳》，亦是古文家說。《漢書》〈五行志〉所載劉子駿說，實左氏一家之學。又如經疏史注及《御覽》等書，所引《左傳》注不載姓名而與杜注異者，亦是賈、服舊說：凡若此者，皆稱「舊注」，而加以疏證，其顧、惠補注，及洪穉存、焦里堂、沈小宛等人專釋左氏之書，以及錢、戴、段、王諸通人說有可采，咸與登列。末始下以己意，定其從違。上稽先秦諸子，下考唐以前史書，旁及雜家筆記文集，皆取爲證佐，期於實事求是，俾左氏之大義，炳然著明，草創四十年，長編已具，然後依次排比，成書八十卷。〔註23〕

書中不僅賈、服舊說收羅完備，而且還廣泛地吸收前人及當代的成果，同時又加以個人的論斷。劉文淇做《春秋左氏傳舊注疏證》，其方法是先做長編，（前言「成書八十卷」，即整理成長編八十卷。）根據長編做提綱，再按照提綱查編，然後清抄。這種方法，現在看來似乎繁瑣，其實正因爲劉家人下了如此扎實的功夫，纔使該書成爲集大成的著作。

劉文淇是不滿意杜《注》的，所以有意識並且是言之有據地補正杜《注》，如其引用《經典釋文》所引舊注「賤而得愛曰嬖」以及《一切經音義》引謚法之說以解釋隱公三年傳之「嬖人」，指出「杜《注》但以親幸解嬖，義猶未備。」這樣確實比杜《注》貼切的多。《疏證》在運用各種專文知識注釋經文也取得很大的成績，如運用三《禮》，尤其是《周禮》解釋古代典章制度的地方很多，對古曆天算、日食晦朔的考證也甚爲精詳。

劉文淇的《疏證》也有一些不足，主要在於它因反對杜《注》，所以持論時有偏頗而失之公允，〔註24〕此外徵引過多，給人繁雜之嫌。〔註25〕

由於自漢末以來，《左傳》一直就是《春秋》學的主體，且《左傳》以史

〔註23〕〔清〕劉毓崧著，劉承幹校：《通義堂文集》（上海市：上海古籍出版社，1995年，據民國劉氏刻求恕齋叢書本影印），續修四庫全書，集部，別集，第1546冊，卷六，〈先考行略〉，頁418。

〔註24〕「但劉氏《疏證》謹守漢儒左氏解詁，凡漢皆好，凡杜皆壞，似非公允。漢儒據陰陽、五行、讖緯之說釋經傳者，其穿鑿附會者劉文淇亦承其說。」郭院林：《清代儀徵劉氏《左傳》家學研究》（北京市：中華書局，2008年3月），頁136。

〔註25〕「《疏證》集中了考據學的種種優點，其弊病也是明顯的。書中也有引徵過多而考辨欠精，甚至引而不斷，徒增混亂等問題。……這種混雜說明劉氏考定是非的能力還不能令人滿意。」沈玉成、劉寧著：《春秋左傳學史稿》，頁327～328。

事解經，比《公羊》、《穀梁》的空發議論，更符合學者徵實的口味，因此從清初到乾隆時期研究《左傳》的學者甚多，然而到了乾隆以後，代表今文經學的《公羊》學開始復興。

第二節　晚清《春秋》研究概述

　　自漢朝董仲舒提倡《春秋》公羊大義以來，《春秋》學已成爲歷來各朝代政治實踐的最高指導原則，政治需要的不同，強調的春秋大義也不一樣，例如漢代之強調「大一統」、南宋之強調「攘夷」、清末之鼓吹「改制」都與當時的政治相關，但是我們可以發現這些「春秋大義」都並非《春秋》經文所直接表述出來的，而是《春秋》三傳及後代的經師所挖掘及發揮出來的，可見《春秋》學供學者發揮的空間非常的大。清代乾隆盛時，《春秋》學的主流，是以惠、戴爲代表的實證研究，也就是漢學研究，到了清中葉以後，爲了面對逐漸轉變的政經局面，公羊學開始復興，而啓蒙大師就是常州學派的莊存與（1719～1788）。

　　清朝乾隆時代，莊存與雖身處考據學盛世，卻目光獨具，首先恢復了西漢今文經學治學之法，莊氏精通《春秋》公羊之學，喜歡講求微言大義。著有《春秋正辭》，分「正奉天辭」、「正天子辭」等九類「正辭」，分類總結並闡發了《公羊傳》及何休（129～182），《解詁》所說的「聖經大義」。梁啓超說莊存與：「著《春秋正辭》，刊落訓詁名物之末，專求其所謂『微言大義』者；與戴、段一派所取塗（途）徑，全然不同。」〔註26〕之後繼承其公羊思想的學者有孔廣森（1752～1786）、劉逢祿（1776～1829）、宋翔鳳（1776～1860）、龔自珍（1792～1841）、魏源（1794～1857）等人，其中最重要的人物當屬劉逢祿，其學術表現亦最爲傑出。

一、公羊學的復興

　　劉逢祿是清代今文學派的奠基者，他的《左氏春秋考證》則是向古文學家進行質疑的發難之作，大膽提出對古文經的懷疑。劉氏繼承前人對《左傳》一書的懷疑，認爲《左傳》在劉歆僞作之前稱《左氏春秋》，並對《左傳》與《春秋》經文密切之處，如「君子曰」和解經之語等等，以及哀公十四年之

〔註26〕梁啓超：《中國近三百年學術史》，附《清代學術概論》，頁64。

後的續經，都一一進行考證，並認爲以上所述的部分，均爲劉歆所僞作。如
《左傳》隱公元年：「書曰，『鄭伯克段于鄢。』」《考證》曰：「凡『書曰』之
文，皆歆所增益，或歆以前已有之，則亦徒亂《左氏》文采，義非傳《春秋》
也。」〔註27〕又「君子曰，『穎考叔，純孝也。』」《考證》曰：「考叔于莊公，
君臣也，不可云『施及』，亦不可云『爾類』，不辭甚矣。凡引『君子』之云，
多出後人坿益，朱子亦嘗辨之。」〔註28〕在全書之後，他通過對《史記》、《漢
書》〈藝文志〉中有關《左傳》的記載的考證，重申了劉歆僞作之說。確立了
《公羊傳》的正統地位：「夫子春秋之義，惟胡毋生、董生於《公羊》師得之。」
〔註29〕而《左傳》的原始型態是《左氏春秋》，不過和《晏子春秋》、《呂氏春
秋》一樣是雜史之流。

　　《考證》一出而學界嘩然，劉歆作僞之說雖早有人提出，但這樣全面而系
統的論述還是第一次。〔註30〕雖然劉歆僞作說有著許多牽強之處，但由於他有
利於打倒古文經，正好符合了今文學派以及整個清代後期學術界的需要，今文
學者紛紛響應。「在劉氏之後，不論是論辨《左傳》或其他古文經的著作紛紛出
現，形成一牢不可破的論辨傳統，要論啓導人物，就是劉逢祿。」〔註31〕

　　除了對《左傳》一書的質疑之外，劉逢祿對於《公羊》學的研究亦相當
精湛。梁啓超說劉逢祿：「著《春秋公羊經傳何氏釋例》，凡何氏所謂『非常
異義可怪之論』如『張三世』、『通三統』、『絀周王魯』、『受命改制』諸義，
次第發明。其書亦用科學的歸納研究法，有條貫，有斷制，在清人著述中，

〔註27〕　〔清〕劉逢祿著，顧頡剛校點：《左氏春秋考證》（北平市：樸社，1933年7
　　　　　月），頁4。
〔註28〕　〔清〕劉逢祿著，顧頡剛校點：《左氏春秋考證》，頁5。
〔註29〕　〔清〕劉逢祿著，顧頡剛校點：《左氏春秋考證》，頁46。
〔註30〕　張西堂說：「從啖、趙起，考證《左氏》的書……都有不少的發現。明末郝敬
　　　　　的《春秋非左》更是專對于《左氏春秋》而發的。……劉逢祿的《左氏春秋
　　　　　攷證》，正是繼續他們的努力來攷訂《左氏》而是最有成績的一部書。劉氏發
　　　　　前人所未發的約有四點：第一，他發現了《左氏傳》之舊名『《左氏春秋》』。……
　　　　　第二，他證明了《左氏傳》體例與《國語》相似。……第三，他攻破了僞造
　　　　　的《左氏傳》傳授系統。……第四，他闢出了一條攷訂僞經的新塗（途）徑。」
　　　　　對劉氏《考證》一書的成就大爲推崇。參閱〔清〕劉逢祿著，顧頡剛校點：《左
　　　　　氏春秋考證》，〈序〉，頁22～31。
〔註31〕　林師慶彰：〈劉逢祿《左氏春秋考證》的辨僞方法〉，收入《清代經學研究論
　　　　　集》（臺北市：中央研究院中國文哲研究所，2002年8月初版，2007年9月
　　　　　二刷），頁426～427。

實最有價值之創作。」〔註32〕劉逢祿斥古文經《左傳》爲僞書並彰顯《公羊傳》的微言大義的做法，正好爲改革時政的需要提供了理論基礎，那麼作爲劉逢祿最有力的後繼者，把僞作說及《公羊》大義發展到登峰造極的，是主導變法維新運動的康有爲（1858～1927），也就理所當然了。

　　道光、咸豐以後，一方面考據學籠罩學術界日久，學風亟欲求變，另一方面國勢日衰，西方列強的侵略已引起一些有識之士的覺醒。他們認爲再不從事政治改革的話，恐有亡國之虞，於是就有魏源等人繼承並發揚了劉逢祿《公羊》之學，提出了變法圖強的主張。

　　到了清末《公羊》學的發揚者則有皮錫瑞（1850～1908）、王闓運（1833～1916）、廖平（1852～1932）等人，而集《公羊》學之大成者則是康有爲，〔註33〕更將《春秋公羊》之學變爲政治改革的理論武器了，他的幾部非常重要的著作如《新學僞經考》、《孔子改制考》及《大同書》等突顯出了改革政治思想的目的。〔註34〕

〔註32〕 梁啓超：《中國近三百年學術史》，附《清代學術概論》，頁 64。

〔註33〕 「康有爲是集晚清變法思想之大成者。」引自汪榮祖：《康章合論》（臺北市：
　　　　 聯經出版事業公司，1988 年），頁 36。

〔註34〕 參閱〔清〕康有爲著、方國瑜校點：《僞經考》（北平市：北平文化學社，1931
　　　　 年 10 月）、〔清〕康有爲：《孔子改制考》（臺北市：臺灣大通書局，影印光緒
　　　　 二十三年刊本）及〔清〕康有爲：《大同書》（臺北市：世界書局，1958 年)。
　　　　 而一般學者認定前二部書的思想內容是出自廖平，錢穆就說：「長素《僞經考》
　　　　 一書，亦非自創，而特剽竊之於川人廖平」，「長素書繼《新學僞經考》而成
　　　　 者，有《孔子改制考》，亦季平之緒論，季平所謂《僞經考》本之《闢劉》，《改
　　　　 制考》本之《知聖》也。（今刻《知聖》篇，非廖氏原書，原書稿本，今藏康
　　　　 家，則頗多孔子說。顧頡剛親見之。)」引自錢穆：《中國近三百年學術史》（臺
　　　　 北市：臺灣商務印書館，1957 年），下冊，頁 642 及 652。顧頡剛亦說：「《僞
　　　　 經考》及《孔子改制考》二書的議論，已由廖氏（平）粗引其緒，不過由（康）
　　　　 有爲加以敷衍發皇而已。」引自顧頡剛《當代中國史學》（臺北市：新文豐出
　　　　 版公司，1982 年），頁 42。梁啓超也說：「（康）有爲之思想，受其（廖平）
　　　　 影響，不可誣也。」引自梁啓超：《中國近三百年學術史》，附《清代學術概
　　　　 論》，頁 66。然而康有爲雖對廖平有所承襲，「但康、廖二人所關懷的問題大
　　　　 爲不同，廖平關心學術，時代的巨變表現在學術的多變上：康有爲則重視社
　　　　 會制度，一直以建立美好的社會爲目的。雖然廖平也重制度，但止於理論說
　　　　 明，與康有爲實際從事變法，相距甚遠。」（丁亞傑：《康有爲經學述評》（臺
　　　　 北縣永和市：花木蘭文化出版社，2008 年 9 月），中國學術思想研究輯刊，初
　　　　 編，第 28 冊，頁 33。）丁亞傑先生說明康、廖之間的不同十分明確，請參閱
　　　　 其著作《康有爲經學述評》、《清末民初公羊學研究：皮錫瑞、廖平、康有爲》
　　　　 （臺北市：萬卷樓圖書公司，2002 年 3 月）。

　　康有爲的《新學僞經考》就是以劉歆僞作之說否定古文經的辨僞專著。所謂「新學」，就是爲王莽的新朝服務的古文經學，而古文經籍又都出自劉歆的僞作，所以稱爲「僞經」。康氏曾說：「吾嚮亦受古文經說，然自劉申受、魏默深、龔定庵以來，疑攻劉歆之作僞多矣，吾蓄疑於心久矣。」〔註35〕說明他本來也是讀古文經的，但受到劉逢祿、魏源、龔自珍攻擊古文經的影響，內心一直存疑。後來讀《史記》〈河間獻王傳〉、〈魯恭王世家〉，對書中並未述及獻王得書，恭王壞孔壁之事，深覺奇怪。後又讀《漢書》，所記與《史記》甚不相同。又得魏源《詩古微》、劉逢祿《左氏春秋考證》，反覆對勘，才發現劉歆之作僞，於是作《新學僞經考》。

　　其論《左傳》的一部分繼承了劉逢祿的意見，並加以擴大深化。康氏明確認定《左傳》是劉歆割裂《國語》而成，而劉歆作僞的方法爲：

> 於是，毅然削去平王以前事，依《春秋》以編年，比附經文，分《國語》以釋經，而爲《左氏傳》。作《左氏傳微》以爲書法，依《公》、《穀》日月例而作日月例，托之古文以黜今學，托之河間、張蒼、賈誼、張敞名臣通學以張其名，亂之以《史記》以實其書，改爲十二篇以新其目，變改紀子帛君氏卒諸文以易其說，續爲經文尊孔子卒以重其事，徧僞羣經以證其說。〔註36〕

康氏的做法我們可以歸納成三點：第一、削去《國語》中平王以前的所有事件，再將剩下的資料依照《春秋》加以編年。第二、創爲書法、日月例。第三、徧僞群經、竄亂《史記》，假造傳承譜系以實其僞。前兩點，劉逢祿均已論及，最有特色的是第三點。康有爲認爲《史記》、《漢書》中有關古文經在西漢的流傳情況，都出自劉歆的增竄，非《史》、《漢》之舊。在〈後序〉中他說：

> 以《史記》爲主，徧考《漢書》而辨之；以今文爲主，徧考古文而辨之。徧考周、秦、西漢羣書，無不合者，雖間有竄亂，或儒家以外雜史有之，則劉歆採擷之所自出也。〔註37〕

除了《史記》、《漢書》之外，他還對《後漢書》、《隋書》、《經典釋文》中有關古文的流傳情況進行了一次大檢查，力辨古文經系統之虛妄，躊躇滿志地

〔註35〕　〔清〕康有爲著、方國瑜校點：《僞經考》，〈重印新學僞經考後序〉，頁4。

〔註36〕　〔清〕康有爲著、方國瑜校點：《僞經考》，〈卷三上〉，頁74。

〔註37〕　〔清〕康有爲著、方國瑜校點：《僞經考》，〈重印新學僞經考後序〉，頁5。

認爲自己掃清了今文學的障礙，古文經已經徹底地擊垮了，至此今文學派的
發展達到了顛峰。

　　梁啓超說：「今文學運動之中心，曰南海康有爲。」〔註38〕他的《孔子改
制考》及《大同書》將《春秋公羊傳》的微言大義發揮到極致，且由此「公
羊思想中發展並蛻變而成的『大同思想』成爲二十世紀後中國的世界理念」，
〔註39〕國父孫中山的「大同世界」理念亦可說是由公羊家的「大同」、「小康」
比附「三世」所導引出來的觀念。〔註40〕

　　清代漢學家原本多崇尚訓詁、考據，所治實爲東漢之學，與古文經有著
學脈上的聯繫。但是清末今文學的崛起，尤其是劉逢祿、康有爲等利用今文
經典攻擊古文經典，勢必引起一些古文經學者的反駁，如著名學者章太炎
（1869～1936）、劉師培（1884～1919），就是守護《春秋》古文學方面的傑
出者，章、劉二氏不但強調古文經學之重要，並認爲《左傳》原本爲《春秋》
之傳，並非劉歆所能僞造。〔註41〕至此繼漢朝以後今古文經之爭再一次的被
掀起。

二、今古文之爭

　　蔣伯潛（1892～1956）曾說：「經學史上最重大的問題，莫過於今古文學
之爭。」〔註42〕清代亦是如此，梁啓超就說：「清學分裂之導火線，則經學今
古文之爭也。」〔註43〕晚清今文學的崛起，特別是康有爲利用今文經典鼓吹
變法維新，致使學風改變，這對古文經學派的打擊十分巨大，古文經典被宣

〔註38〕梁啓超：《中國近三百年學術史》，附《清代學術概論》，頁 66。

〔註39〕孫春在：《清末的公羊思想》，頁 4。

〔註40〕孫春在：《清末的公羊思想》，頁 246～256。

〔註41〕章太炎的《春秋左傳讀》、《春秋左傳讀敘錄》，就是因應劉逢祿的《左氏春秋
　　　　考證》在清末所完成之著作，依次考訂劉書的缺失，以斥其《左傳》不傳《春
　　　　秋》之說。參閱〔清〕章太炎：《春秋左傳讀、春秋左傳讀敘錄、駁箴膏肓評》
　　　　（臺北市：學海出版社，1984 年 4 月）。而劉師培也在〈讀左劄記〉中反駁劉
　　　　逢祿的《左氏春秋考證》，他說：「劉氏申受作《左氏春秋考證》，謂《左傳》
　　　　書曰之文皆劉歆所增益……以《左氏春秋》與《晏子春秋》、《鐸氏春秋》相
　　　　同，別爲一書，與《春秋》經文無涉……劉氏所言未足爲信也。」參閱劉師
　　　　培：〈讀左劄記〉，《劉申叔先生遺書》（臺北市：大新書局，1965 年），第一冊，
　　　　頁 349～350。

〔註42〕蔣伯潛：《經學纂要》（臺北市：正中書局，1953 年），頁 177。

〔註43〕梁啓超：《中國近三百年學術史》，附《清代學術概論》，頁 62。

布爲「僞經」，《左傳》被說成是劉歆僞造，激起了古文經學派的反擊，而近代古文家反對僞作說最有力的，當推章太炎（1869～1936）與劉師培（1884～1919）。

所以清季的今古文經之爭是以主張古文經學派的章太炎、劉師培等人反對主張今文經學派的劉逢祿、康有爲等人學說之爭。這兩位近代史上的大學者，都竭力維護「左丘明受經作傳」的說法，但論證的重點各有不同。

章太炎，近代著名思想家、學者。他是古文經的篤信者，反對僞作說的意見詳見《春秋左傳讀敘錄》、《春秋左傳讀》。〔註44〕又作《春秋左氏疑義答問》，全面闡述了他對《春秋》及《左傳》的看法。〔註45〕

他認爲春秋時代，周王朝及各諸侯國皆有史書，稱爲《春秋》。而《左傳》是左丘明與孔子同纂《春秋》時所作，經、傳同修。《左傳正義》所引沈文阿〔註46〕疏，據《嚴氏春秋》引〈觀周篇〉云：「孔子將修《春秋》，與左丘明乘如周，觀書於周史。歸而修《春秋》之經，丘明爲之傳，共爲表裏。」〔註47〕章氏立論即以此爲依據。其駁斥僞作說有價值的意見主要有：

(一)《韓詩外傳》中引《左傳》事，稱《春秋之志》，說明《左傳》在先秦已有《春秋》之名，和《虞氏春秋》、《呂氏春秋》非同類著作。〔註48〕

〔註44〕「懟《左傳》、《公羊》之讋，起於劭公。其作《膏肓》，猶以發露短長爲趣，及劉逢祿，本《左氏》不傳《春秋》之說，謂條例皆子駿所竄入，授受皆子駿所構造，著《左氏春秋考證》及《箴膏肓評》，自申其說。彼其摘發同異，盜憎主人。諸所駁難，散在《讀》中。」章太炎：〈春秋左傳讀序〉，《春秋左傳讀》（臺北市：學海出版社，1984年），頁808～809。

〔註45〕「《春秋左氏傳疑義答問》，主要探討經傳關係。章氏對於經傳編纂過程、述而不作、觀周百國史書、孔子作《春秋》，以及評價杜注等議題，廣蒐鏗析，綜理出更詳實的見解，是章氏有關《左傳》學研究的最後著述。」黃翠芬：《章太炎春秋左傳學研究》（臺北市：文津出版社，2006年8月），頁226。

〔註46〕〈春秋正義序〉作「沈文何」，見〔晉〕杜預注，〔唐〕孔穎達正義，浦衛忠等整理：《春秋左傳正義》（臺北市：臺灣古籍出版公司，2001年10月），〈春秋正義序〉，頁4；《隋書・經籍志》作「沈文阿」，見《隋書》（北京市：中華書局，1973年8月），頁930。今從《隋書・經籍志》。

〔註47〕章太炎：《春秋左傳讀敘錄》，頁858。

〔註48〕「《韓詩外傳》載荀子〈謝春申君書〉云：『故《春秋之志》曰：「楚王之子圍聘于鄭，未出境，聞王疾，返問疾。遂以冠纓絞王而殺之，因自立。」「齊崔杼之妻美，莊公通之。崔杼率其羣黨而攻莊公，莊公請與分國，崔杼不許；欲自刃于廟，崔杼又不許；莊公出走，踰于外牆。射中其股，遂殺而立其弟景公。」』此二事皆本《左傳》，稱爲《春秋之志》。若如《呂氏》書，可爲《春

（二）對劉歆附益之說，他認爲：

1、劉逢祿說：「《左氏春秋》、《國語》五帝序少昊，與《易》、《春秋》、《禮》家言俱不合，蓋夫子所不序，至因晉范氏祁姓爲陶唐之後，而云其處者爲劉氏，亦歆之徒坿益也。」然而「處者爲劉累」是媚漢之辭，若劉歆附新亡漢，不當附益若此。〔註49〕

2、所謂君子之論之乖異，他認爲「孔子之旨本待《傳》見，未嘗自言，何以知其乖異？若乖異於他經，論仁言政，《論語》尙數有異同。時有險易，語有進退，豈彼《六經》悉能斠如畫一？」〔註50〕

3、劉歆與尹咸共校圖書，則安能私有增損？〔註51〕

4、所謂凡例釋經出劉歆僞作，章氏以爲「《傳》之凡例，始由子駿發揮，非謂自有所造。……且杜預《釋例》所載子駿說《經》大義尙數十條，此固出自匈臆，亦或旁采《公羊》，而與《傳》例不合。若傳例爲子駿所造，何不并此數十條入之《傳》文，顧留此以遺後人指摘乎？」〔註52〕

5、自北平獻書，共王壞壁以至子駿，百有餘年，墨漆新故，勢有不符，設博士求觀其書，寧不自敗？〔註53〕

6、劉逢祿以劉歆借助翟方進之名，而章氏認爲「以《左》詔莽邪，則翟義討莽敗後，莽下詔曰：『義父故丞相方進險詖陰賊。』又發方進及先祖家在汝南者，燒其棺柩，而子駿乃假以爲重，何與詔莽之意相反乎？若祇在漢時欲藉翟公名位以相詎燿，則〈移讓博士書〉中何以不舉方進也？夫在漢時則未見其假以爲助，在莽時又不能假以爲助，而逢祿輒以意見誣之，其讀書而未論此乎？」〔註54〕

這些駁論頗能言之成理，之後錢穆作《漢劉向、歆父子年譜》時，其議論也多由此引發。只是除了第一條《韓詩外傳》引文一例爲確鑿的證據外，其餘諸論都還是推測，不足以給僞作說以有力打擊。劉師培則在章氏基礎上，向前進了一大步。

秋之志》邪？」章太炎：《春秋左傳讀敍錄》，頁811。
〔註49〕章太炎：《春秋左傳讀敍錄》，頁817～818。
〔註50〕章太炎：《春秋左傳讀敍錄》，頁826。
〔註51〕章太炎：《春秋左傳讀敍錄》，頁827。
〔註52〕章太炎：《春秋左傳讀敍錄》，頁828。
〔註53〕章太炎：《春秋左傳讀敍錄》，頁834。
〔註54〕章太炎：《春秋左傳讀敍錄》，頁833。

　　劉師培是劉文淇的曾孫，其家四代皆以《左傳》名家。他的著作匯刻爲《劉申叔先生遺書》，其中關於《左傳》有大量的論述。劉師培有關考證《左傳》的文章可以分爲兩組：

　　（一）引先秦典籍的有關文章，證明《左傳》成於先秦，否定劉歆作僞。

　　（二）作〈周秦諸子述左傳考〉、〈左氏學行於西漢考〉、〈司馬遷《左傳》義序例〉等專篇論文，證明《左傳》在先秦以至西漢的流傳，以及對司馬遷創作《史記》的影響。

　　前者駁論雖精，但主要觀點都與章氏之說大致相同，沒有多少新穎獨到之見。而三篇專論則很有特色。〈周秦諸子述左傳考〉一一引證先秦諸子中直接、間接對《左傳》的引用，並且總結說，語多述《傳》，所述之事不必盡與《傳》符。「蓋漢人述《傳》，或逞臆詞，惟周季學士大夫時與《春秋》相接近。前儒謂：子可證經，此之謂矣。」〔註55〕

　　〈左氏學行於西漢考〉詳細考證了《左傳》在西漢的流傳授受情況，內容多本古文家說，有兩點是他的新發現：一是《左傳》於西漢初年即行於朝廷。「《左氏》經傳得之漢初，自張蒼受業荀卿，傳《左氏》學。漢興，獻《春秋左氏傳》，此西漢秘府有《春秋古經》及《左傳》之始，蓋在高帝之時，故高祖之詔引其文（〈韓信傳〉），叔孫通之倫並采其說以制禮。下迄文帝詔書，武帝制令，哀帝封冊，咸述其文，漢廷有司，亦持以議禮。」〔註56〕二是今文大師對《左傳》亦多徵引，如伏生、韓嬰、董仲舒等人皆曾用《左傳》之說。

　　這兩篇文章有理有據，詳細地勾勒出《左傳》在西漢的流傳情況，釜底抽薪，否定了劉歆作僞說。

　　〈司馬遷《左傳》義序例〉則針對康有爲所謂《史記》中有關《左氏春秋》之說爲劉歆竄入而發。他認爲「《左氏》古誼，恆載于《史記》之中。」〔註57〕又「史公僅以《公羊》爲《春秋》別派，不以《春秋》即《公羊》。」〔註58〕他通過《史記》有關記載與《左傳》的對比，指出司馬遷創作時參考了《左傳》，參考的跡象十分明顯。這一觀點與今文學者所謂《史記》參考《左氏春秋》而非今之《左傳》的說法有根本的差別。劉師培認爲「《史記》之述

〔註55〕劉師培：〈周季諸子述左傳考〉，《劉申叔先生遺書》（臺北市：大新書局，1965年），第三冊，頁1448。

〔註56〕劉師培：〈左氏學行於西漢攷〉，《劉申叔先生遺書》，第三冊，頁1448。

〔註57〕劉師培：〈司馬遷《左傳》義序例〉，《劉申叔先生遺書》，第三冊，頁1596。

〔註58〕劉師培：〈司馬遷《左傳》義序例〉，《劉申叔先生遺書》，第三冊，頁1597。

《左傳》也，非惟述其事，抑且述其義。」〔註59〕「《史記》之中，有通論《左氏》大義者。」〔註60〕前者說明司馬遷所見《左傳》已有解經之語，後者引〈司馬相如傳贊〉「《春秋》推見至隱」，用《左傳》成公十五年「《春秋》之志，隱而顯」之文，證明《左傳》在《史記》創作時，大義已備，非徒爲史料之羅列。

　　但是無論章太炎還是劉師培，都拘守古文家「左丘明受經作傳」之說，對《左傳》的內容缺乏深入考察，因此其對《左傳》成書情況的分析還有許多可商榷之處，留下了之後持續爭論的種子。

　　對於今文學家劉逢祿持《公羊》「一字褒貶」、「三科九旨」等諸說，〔註61〕康有爲也一本《公羊》之說，認爲孔子作《春秋》，是爲後世制「法」。〔註62〕但是章太炎則以爲「引《春秋》以誣史義，是說所因起於劉逢祿輩世仕滿洲，有擁戴虜酋之志，而張大《公羊》以陳符命，尚非公羊之舊說也。」〔註63〕更痛責康有爲：「種種繆戾，由其高官厚祿之性素已養成，由是引犬羊爲同種，奉貋尾爲鴻寶；向之崇拜《公羊》，誦法《繁露》，以爲一字一句皆神聖不可侵犯者，今則并其所謂復九世之仇而亦議之……寧使漢族無自立之日，而必爲滿洲謀其帝王萬世祈天永命之計，何長素之無人心一至於是也。」〔註64〕章太炎將劉逢祿、康有爲都說成賣國求榮的「漢賊」了。

　　劉師培也說：「吾謂『春秋』之名，乃古代史書之總稱，亦即編年史之總稱也。」〔註65〕又說：「《史記》〈孔子世家〉言『孔子據魯親周故宋』……漢儒既創新周王魯之詭言，猶以爲未足，更謂孔子以《春秋》當新王，又自變其王魯之說。又以王魯爲托詞，以爲王魯者，乃托新王受命於魯，實則孔子爲繼周之王，即爲制法之王也。其說均迂曲難通。」〔註66〕劉氏是站在古文家的立場，

〔註59〕劉師培：〈司馬遷《左傳》義序例〉，《劉申叔先生遺書》，第三冊，頁 1604。

〔註60〕劉師培：〈司馬遷《左傳》義序例〉，《劉申叔先生遺書》，第三冊，頁 1605。

〔註61〕關於劉逢祿的《春秋》公羊學說統整可參閱孫春在：《清末的公羊思想》（臺北市：臺灣商務印書館，1985 年），頁 32～42。

〔註62〕參閱〔清〕康有爲：〈孔子爲制法之王考〉，《孔子改制考》第 1 輯，卷八，頁 315～346。

〔註63〕章太炎：〈中華民國解〉，《章太炎文錄》（臺北市：西南書局，1973 年），中冊，別錄卷 1，葉 3 下。

〔註64〕參閱章太炎：〈駁康有爲革命書〉，《章太炎文錄》，上冊，文錄卷 2，葉 32 上～葉 32 下。

〔註65〕劉師培：〈讀左劄記〉，《劉申叔先生遺書》，第一冊，頁 352。

〔註66〕劉師培：〈論孔子無改制之事〉，《劉申叔先生遺書》，第三冊，《左盦外集》，

視《春秋》爲「史」冊，他反對劉逢祿宣揚《公羊》學說，並對康有爲的「王魯、新周、故宋」、「以《春秋》當新王」等《公羊》之說給予了強烈的批判。

綜而言之，即「在晚清政治風雲當中，改良家利用今文《春秋》學宣傳維新變法，革命家則針鋒相對，利用古文之《春秋》學鼓吹革命，遂引起學界今古兩派的激烈的抗爭。」〔註 67〕正點出清末民初《春秋》學興盛一時的政治因素。

第三節　民國以來《春秋》研究概述

辛亥革命之後，今古文之爭逐漸平息，取而代之的是整理國故運動。清末開始的列強入侵，讓國人見識到西方科技的優越，於是在學習對方、檢討自身的情況下，一方面大量引進西方學說，一方面對自身的文化典籍作出檢討。這樣的腳步在民國之後，更是以飛快的速度進行著。

幾千年來儒家經典都作爲道德教育的範本，如今失去了思想權威的地位而成爲古代史料的一部分，受到研究和考辨，而長久以來與政治關係密切的《春秋》學，也逐漸轉爲學術方面的討論。《春秋》學由原來的經學轉變爲史學方面的研究，是近代春秋學的一大轉變。而由史學的角度來看，《左傳》之中的史事紀錄尚且需要分析檢討，《公羊傳》與《穀梁傳》的內容被譏爲「荒誕」，也就成了理所當然的事了。〔註 68〕

民國以後的《春秋》學重點，仍延續著清末對《左傳》的作者問題加以發展。由政治角度轉爲學術看法，對於劉歆僞作說也討論的更加深入。康有爲的劉歆僞作《左傳》說，本來是個憑常識就可以發現其荒謬的意見，只不過依靠了特殊的政治背景而名噪一時。但客觀地說，僞作說在立論的過程中的確也揭露了傳統古文家關於左丘明受經作傳之說的不少漏洞，「五四」以後，《左傳》研究轉向以史料考辨爲主的古史研究，僞作說中反映出來的疑古成果就順理成章地受到了古史辨派的重視。

頁 1638～1639。

〔註 67〕趙伯雄：《春秋學史》，頁 782。

〔註 68〕「(《公羊傳》、《穀梁傳》)據一二字各逞私臆妄爲解說，或無中生有，或顛倒史實，要皆爲憑空撰語自圓其說者，《公羊》誕矣，《穀梁》尤甚焉。」顧頡剛講授，劉起釪筆記：《春秋三傳及國語之綜合研究》(成都市：巴蜀書社，1988 年 3 月)，頁 29。

一、對《左傳》眞僞問題的深入探討

「古文經眞僞問題，導出上古史事眞僞問題，開出疑古史學一派」，〔註69〕而此派的領導者顧頡剛認爲歷史不是簡單的重覆，顧頡剛的疑《左》以考求信史爲目的。所謂《左傳》的眞僞不再是今文家那種以傳經爲眞，以不傳經爲僞的經典偶像觀，而是眞古史、僞古史的區別。他考證《左傳》的眞僞，是要揭明何者爲先秦古史記載而何者爲托古的僞造。

1930 年，在顧頡剛發表〈五德終始說下的政治和歷史〉一文中對《左傳》眞僞問題的論述標誌著他對僞作說已形成了比較成熟的看法。1942 年，他在重慶大學講授「春秋戰國史」全面闡述了對這一問題的意見。1988 年，四川巴蜀書社根據劉起釪的聽課筆記將講義整理出版，題爲《〈春秋〉三傳及〈國語〉之綜合研究》乃得以窺見大略。

顧氏基本沿襲劉逢祿的意見而以爲《左傳》「原亦雜記體之史」，今本《左傳》是劉歆改造的結果。劉歆的改造工作包括：（一）改經以立傳；（二）釋不書於經之傳；（三）粉飾書法；（四）標舉凡例；（五）僞造「君子曰」；（六）續經。同時對《左傳》古本的原文進行變動，即本無年月日而勉強爲之安插，本爲一事而分插入數年中，將《國語》中零碎記載加以修改並作一篇等等。〔註70〕其有異於劉逢祿的見解則是從〈五德終始說下的政治和歷史〉這一指導思想生發而出的。

〈五德終始說下的政治和歷史〉的主要論點又肇端於康有爲、崔適（1852～1924）。〔註71〕顧頡剛贊成他們「劉歆在五帝系統中竄入少昊」的意見，但

〔註69〕丁亞傑：《康有爲經學述評》（桃園縣中壢市：國立中央大學中國文學研究所碩士論文，1992 年），頁 196。

〔註70〕參閱顧頡剛講授，劉起釪筆記《春秋三傳及國語之綜合研究》（成都市：巴蜀書社，1988 年 3 月）。

〔註71〕康有爲在《新學僞經考》中認爲，在今文家的歷史中，「五帝」只是黃帝、顓頊、帝嚳、堯、舜，沒有少昊；在古文家的歷史中，顓頊之上添出了少昊，又把伏羲、神農一起收入，用以證實古文家僞經《周禮》的三皇五帝說。參閱〔清〕康有爲、方國瑜校點：《僞經考》，〈卷六〉，頁 29～32。崔適在《史記探源》中進一步認爲「劉歆欲明新之代漢，迫於皇天咸命，非人力所能辭讓，乃造爲「終始五德」之說。……是增少昊爲五帝，而分配五德，固自歆爲荟典文章始矣。歆所以爲此說者，由顓頊水德而下，嚳木、堯火、舜土、夏金、殷水、周木，漢復爲火，新復爲土，則新之當受漢禪，如舜之當受堯禪也。」崔適著，張列點校：《史記探源》（北京市：中華書局，1986 年 9 月），頁 3～4。

他感到劉歆在《世經》中僞造古史系統的手法決不如此簡單，劉歆作僞的每一步都有著複雜的用心和巧妙的手段。於是他對先秦、西漢古書中與此有所牽涉的材料進行了一番大清理，對《世經》作了層層分析，俾使劉歆的僞造之跡大白於天下。

這一考辨成果推衍而及《左傳》眞僞問題的研究，自然又爲劉歆僞作說提供了理論上的依據，顧氏在〈《春秋左氏傳》著作時代的各家說〉一節末尾指出：「本篇之作，就是想從歷史方面提出一個在左丘明作書時所不曾有的問題而在現今的《左傳》中卻有豐富的材料的，用了漢、新間的時勢來證明這些材料的由來。」〔註72〕所謂「豐富的材料」，主要是說《左傳》中有幾條史料恰恰可以成爲劉歆編造古史系統時以漢爲堯後和加入少昊的佐證。

漢爲堯後的材料見於三處：（一）文公十三年，晉士會自秦歸晉，「其處者爲劉氏」；（二）襄公二十四年，范宣子曰：「昔匄之祖，自虞以上爲陶唐氏，在夏爲御龍氏，在商爲豕韋氏，在周爲唐杜氏，晉主夏盟爲范氏。」（三）昭公二十八年，蔡墨對曰：「有夏孔甲擾於有帝，帝賜之乘龍，河漢各二，各有雌雄，孔甲不能食而未獲豢龍氏。有陶唐氏既衰，後有劉累，學擾龍於豢龍氏，以事孔甲，能飲食之。夏后嘉之，賜氏曰御龍，以更豕韋之後。龍一雌死，潛醢以食夏后。夏后饗之。既而使求之，懼而遷於魯縣。范氏其後也。」〔註73〕士、范是一姓，三段記載合觀，可以清晰地排列出漢爲堯後的世系表：

陶唐氏……御龍氏（劉累）……豕韋氏……唐杜氏……士會……

范氏（在晉者）及劉氏（在秦者）……豐公……太公……漢高祖

漢朝劉氏爲堯帝之後，如此榮耀的家世譜系，在《史記》中隻字未提，在《左傳》中卻言之甚詳，又與劉歆《世經》若合符契，在顧氏看來，這似乎只能用劉歆的僞作加以解釋。

而站在僞作說對立面的主要人物是錢穆。錢穆早在〈五德終始說下的政治和歷史〉發表前就推出了駁斥僞作說的著名論文〈劉向歆父子年表〉，當時年輕的錢穆〔註74〕辭鋒犀利地向僞作說提出了二十八條質問，表現了敏銳的目光和嚴密的推理能力。他的駁詰有許多是無可辨駁的。首先，僞作說在時

〔註72〕顧頡剛等著《古史辨》，第五冊，頁 554。
〔註73〕參閱顧頡剛等著《古史辨》，第五冊，頁 503～504。
〔註74〕「十八年歲盡前一日，錢穆識。」錢穆：《漢劉向、歆父子年譜》（臺北市：臺灣商務印書館，1980 年 4 月），〈自序〉，頁 7。

間上不能成立：

> 劉向卒在成帝綏和元年，劉歆復領五經在二年，爭立古文經博士在
> 哀帝建平元年，去向卒不逾二年，去其領校五經才數月。謂歆徧偽
> 群經，在向未死之前乎？將向既卒之後乎？
>
> 向未死之前，歆已徧偽諸經，向何弗知？不可通一也。
>
> 向未死二年，歆領校五經未數月，即能徧偽諸經，不可通二也。
>
> 〔註75〕

第二，劉歆作偽，在當時不能保守秘密：「且歆徧偽諸經，將一手偽之乎？將借羣手偽之乎？一手偽之，古者竹簡繁重，殺青非易，不能不假手於人也。羣手偽之，又何忠於偽者之多，絕不一洩其詐耶？」〔註76〕接著又指出，與劉歆同校秘書者非一人，王莽嘗徵天下傳習古學者數千人，東漢班固、張衡諸人並入中秘校書，偽書暴露原非難事，又如何無人揭露騙局？

第三，劉歆既以《左氏》獎奸翼篡，討好王莽，「何以托之翟方進？其子翟義爲莽朝反虜逆賊，方進發塚，戮及屍骨，歆何爲而偽托於方進？」〔註77〕

平心而論，這些核之以人情，按之以事理的詰問實質上只是一些常識。今天的常識是否適用於兩千年前，還需要印證於當時的歷史背景。他通過搜求考證《漢書》中有關史料，編成《漢劉向、歆父子年表》，全面地展示出西漢末政治狀況、劉向劉歆父子的政治、學術活動及其與王莽政權的關係。常識上的反駁並不能完全彌縫古文家學說中的漏洞，偽作說中提出的一些學術問題仍然需要給以學術上的解答。爲此，錢穆又發表〈評顧頡剛五德終始說下的政治和歷史〉，正面闡發了他對《左傳》中被認爲出於劉歆增竄之文的不同看法，認爲：

> 以漢爲堯後，爲火德，及主五行相生三說互推，知少昊加入古史系
> 統決不俟劉歆始，劉歆祇把當時已有的傳說和意見加以寫定。
>
> 劉歆、王莽一切說法皆有沿襲，並非無端偽造。〔註78〕

在《世經》古史系統形成的問題上，他認爲「均可用歷史演進的原則和傳說

〔註75〕 錢穆：《漢劉向、歆父子年譜》（臺北市：臺灣商務印書館，1980年4月），〈自序〉，頁1。

〔註76〕 錢穆：《漢劉向、歆父子年譜》，〈自序〉，頁2。

〔註77〕 錢穆：《漢劉向、歆父子年譜》，〈自序〉，頁5。

〔註78〕 錢穆：〈評顧頡剛五德終始說下的政治和歷史〉，收入顧頡剛等著《古史辨》，第五冊，頁630。

的流變來加以說明，不必用今文家說把大規模的作僞及急劇的改換來歸罪於
劉歆一人。」〔註79〕

　　之後由於戰亂，古史辨學派的學者們各奔東西，「劉歆僞作說」便沉寂了
一段時間。新中國成立之後，再次重提僞作說的是徐仁甫（1901～1988），他
彙集自己三十年的研究成果寫成了《左傳疏證》，〔註80〕並撰有論文多篇反復
申述他的論點。和康有爲等人相比較，徐仁甫的論證方法更加細密曲折，結
論也更加肯定。除了重複前人之說外，約而言之，他的意見有下面幾點：

　　（一）根本不存在《左氏春秋》這部書。司馬遷只見到《國語》而沒有
見到《左氏春秋》。由於〈五帝本紀贊〉和〈十二諸侯年表序〉兩次提到「春
秋國語」，〈太史公自序〉和〈報任安書〉兩次提到「左丘失明，厥有《國語》」，
所以「《左氏春秋》原名《春秋國語》」。至於〈十二諸侯年表序〉中的魯君子
左丘明「成《左氏春秋》」這一段話，徐仁甫同意康有爲、崔適之說，認爲出
自劉歆竄入。〔註81〕

　　（二）從《左傳》和《史記》的對比看，證明《史記》在前而《左傳》
在後。《左傳》采《史記》的例證達一百二十七條之多，凡兩書解經、記事大
體相同而文字有異的，全都是《左傳》改正或者補充了《史記》。〔註82〕高本
漢《左傳眞僞考》比較《左傳》、《史記》，而以《史記》文字比較淺近而定《史》
晚於《左》，殊不知這正是劉歆作僞時故意制造的結果。〔註83〕

　　（三）研究者認爲《左傳》成於戰國之說都不可靠。例如先秦、兩漢著

〔註79〕　錢穆：〈評顧頡剛五德終始說下的政治和歷史〉，收入顧頡剛等著《古史辨》，
　　　　　第五冊，頁630。

〔註80〕　徐仁甫：《左傳疏證》（成都市：四川人民出版社，1981年1月）。

〔註81〕　「〈十二諸侯年表序〉爲什麼用《左氏春秋》這個名稱，而不用《春秋國語》
　　　　　這個書名呢？康有爲、崔適都說這段文章是漢人劉歆竄入的。我同意這個說
　　　　　法。」徐仁甫：〈左丘明是《左傳》還是《國語》的作者？〉，《社會科學研究》
　　　　　1979年第3期（1979年7月），頁93。

〔註82〕　「我集三十年研究成果曾寫了《左傳疏證》十卷，其中《左傳》採《史記》
　　　　　的例證，竟佔了十七章共一百二十七條之多。有的是《左傳》糾正了《史記》
　　　　　的錯誤，有的是左傳補充了《史記》的不足。」徐仁甫：〈左丘明是《左傳》
　　　　　還是《國語》的作者？〉，頁93。

〔註83〕　「因爲中國政教文化，在西漢末期（紀元前二十幾年——紀元後十幾年）有
　　　　　復古的風氣。《左傳》出現在西漢末期，不能不受時代影響。何況《左傳》作
　　　　　者，既把《左傳》托之左丘明，左丘明是春秋時代的人，就不得不把文字變
　　　　　成春秋時代常用的語言，這是完全可以想像和理解的事情。」徐仁甫：〈左丘
　　　　　明是《左傳》還是《國語》的作者？〉，頁95。

作中引《左傳》語或《左傳》事，意同語異者與《左傳》無涉，語意皆同者則爲劉歆僞作抄用他書之證。汲塚書《師春》與《左傳》相合，乃是先秦專有這一類卜筮專著，《師春》和《左傳》都是抄自這一類書。〔註84〕許多人以《左傳》中卜筮作爲考察成書年代的一種標準，但是各人認識不同，言人人異，所提出的證據也不可靠。

（四）以《韓非子》、《史記》與《左傳》中的文辭作比較。比較三者記載同一事實的文章，發現由文章的遞嬗痕跡來看，寫作最早的《韓非子》，再來是《史記》，《左傳》的寫作還晚於《史記》。因爲文章只有越改越好，沒有改差的，而《左傳》的作者採群書以作左傳，「他的改變一定就比原文好些。如果不好，他也就不會改變他。」〔註85〕

最後，徐仁甫又考出，劉歆僞作《左傳》前後經歷凡十八年之久。〔註86〕

胡念貽（1924～1982）的〈《左傳》的眞僞和寫作時代考辨〉一文是對劉歆僞作說所做的總檢討。文中以有力的證據對康有爲、崔適到徐仁甫的種種論點進行了反駁。進行了細緻的條分縷析之後，總結出「這種奇怪的結論，是用主觀主義的研究方法得出來的」，〔註87〕這種主觀主義的主要表現爲下列三點：

（一）否認客觀，顛倒事實。凡戰國、西漢文字和《左傳》相同或相似之處，持僞作說者或者認爲二者都據「《國語》原本」，或者認爲劉歆竄入，但是這個「原本」在古代記載中連影子都找不出來。《史記》中大量採用《左傳》文字，並且像採用《尚書》一樣作了必要的加工改動，持僞作說者動輒以爲劉歆竄入，「任意顛倒，無理可說，而他們卻是習以爲常。」〔註88〕

（二）虛張聲勢，回避問題。持僞作說者對兩個極其重要的問題避而不談：即第一，《左傳》的編年如果出於劉歆的任意編排，則《春秋》時代二百餘年的信史就成爲一團漆黑；第二，《國語》的文學成就遠不如《左傳》，《左

〔註84〕「我認爲師春所抄，並沒有說他是抄自《左傳》。須知古代卜筮，設有專官執掌，師春可能就是一位卜官。他自然會掌握有卜筮的專書。……《左傳》不是抄師春，師春也不是抄的《左傳》。彼此都是抄自卜筮的專書。」徐仁甫：〈論劉歆作《左傳》——與持不同意見的同志商討〉，《文史》第 11 輯（北京市：中華書局，1981 年 3 月），頁 38。

〔註85〕參閱徐仁甫：〈論劉歆作《左傳》——與持不同意見的同志商討〉，頁 43～44。

〔註86〕參閱徐仁甫：〈論劉歆作《左傳》——與持不同意見的同志商討〉，頁 45～46。

〔註87〕胡念貽：〈《左傳》的眞僞和寫作時代考辨〉，《文史》第 11 輯（北京市：中華書局，1981 年 3 月），頁 15。

〔註88〕胡念貽：〈《左傳》的眞僞和寫作時代考辨〉，頁 16。

傳》中生動形象的描繪如果全出於劉歆,劉歆將無愧於歷史上第一流的文學家,然而又毫無證據證明劉歆具備如此的文學才能。

(三)塗抹歷史,不合情理。哀帝時今文博士們和劉歆的爭論,焦點是「《左氏》不傳《春秋》」而並沒有否認《左傳》本身是一部古書。在當時的情況下,劉歆僞作這樣一部大書竟然不被揭穿,除非屬於兩種情況之一:即第一,劉歆是大權在握的奸臣,縱使指鹿為馬,眾人明知其作僞亦不敢加以指出;第二,博士輩都是不學無術之徒,根本不知道先秦有什麼典籍。而事實上這兩種情況都不可能。當時的執政大臣師丹和經師儒生們對劉歆都要置之死地而後快,他們給劉歆加上「改亂舊章,非毀先帝所立」的罪名而並沒有加上更嚴重的「僞作」罪名。

文章最後總結說:

> 在過去時代,一部僞書或一篇僞作,開始總是悄悄地傳出來,等到經歷了一段時間之後,逐漸被人們所相信。隨著作僞者及其同時代人的死去,沒有人知道他是僞作,於是在人們的腦子裡逐漸形成了牢固的觀念,把僞當真了。一個作僞書的人在他的僞書剛脫手的時候就大吹大擂,並且向全國學術界挑戰,不怕成為眾矢之的,這樣的僞作不被當代揭穿,那是很難設想的。〔註89〕

胡念貽的意見本於錢穆之說而加以發展。撇開具體的學術問題,劉歆所處的時代和由今文學派占統治地位的學術環境,都不允許、也不可能讓劉歆花費十八年的光陰去僞造這麼一部大書。有些本來是屬於常識範疇裡的事物,在專家的眼中往往會顯出其特殊性。惟其如此,才能有所發現;但也唯其如此,才會行迷不返。如果說《左傳》作於春秋還是戰國是一個嚴肅的學術問題,「劉歆僞作說」的爭論則是政治問題和學術問題糾結纏繞,最後終於淪為意氣之爭。這個問題已經花費了太多學者的時間與心力,其結論應是十分明顯的了,所以趙伯雄謂「時至今日,除了極個別的人以外,已很少有人相信劉歆僞造說了。」〔註90〕我們接著來關注《左傳》的新式注釋整理工作的情況吧。

二、《左傳》的注釋與整理

在民國之後對《左傳》的研究,大多集中在《左傳》成書問題的討論上,

〔註89〕胡念貽:〈《左傳》的真偽和寫作時代考辨〉,頁17。
〔註90〕趙伯雄:《春秋學史》,頁20。

《左傳》的注釋整理工作顯得冷清許多。一方面是《左傳》的卷帙龐大，另一方面也是對於新時代的學說觀念尚不能吸收消化，所以《左傳》這樣一部重要的經典，在 1980 年前竟然沒有任何的全注本。而眾多的選注本在現今看來，其成果也不盡理想。當時的選注本大多有著兩大問題：一個是內容上大多沿用舊注，創新不足；二是注釋過於簡略，對於理解《左傳》的文義有困難。嚴格來說，大部分的著作比較接近普及讀物而學術價值不高，是當時《左傳》選本的共同特色。在 1980 年之前的《左傳》譯註書籍均爲選注本，如：馬厚文《左傳纂讀》〔註 91〕、秦同培《左傳精華》〔註 92〕、王伯祥《春秋左傳讀本》、梁寬、莊適選註《左傳》〔註 93〕、王天恨譯釋，韓慕廬重訂《春秋左傳句解》〔註 94〕、朱東潤《左傳選》〔註 95〕、徐中舒《左傳選》〔註 96〕、韓席籌《左傳分國集注》〔註 97〕等等。〔註 98〕

這些選注本之中，質量較高而有一定影響的有王伯祥（1890～1975）的《春秋左傳讀本》、朱東潤的（1896～1988）《左傳選》、徐中舒（1898～1991）的《左傳選》。

《春秋左傳讀本》於 1940 年由開明書店所出版，1957 年中華書局根據開明書店本重印。此書是近代以來最早的一部普及性讀本，注釋以杜注爲主要依據而參以清人成果，由於編選目的是作爲「學校誦讀之本」，〔註 99〕所以無需一一注明出處。編選的著眼點兼重歷史與文學，以十二公爲次，保持了原作編年體的特色；如史事發展前後互有關連，則加以適當集中，但仍以紀年統編。全書的注釋並不窮力追新而以平穩妥貼見長，注意知識性的說明。例

〔註 91〕 馬厚文：《左傳纂讀》（上海市：華社，1933 年）。

〔註 92〕 秦同培註譯，宋晶如增訂：《（廣註語譯）左傳精華》（上海市：世界書局，1937 年）。

〔註 93〕 梁寬、莊適選註：《左傳》（上海市：商務印書館，1947 年）。

〔註 94〕 王天恨譯釋，韓慕廬重訂：《春秋左傳句解》（上海市：廣益書局，1949 年）。

〔註 95〕 朱東潤：《左傳選》（上海市：古典文學出版社，1956 年 4 月）。

〔註 96〕 徐中舒：《左傳選》（北京市：中華書局，1963 年 9 月）。

〔註 97〕 韓席籌：《左傳分國集注》（南京市：江蘇人民出版社，1963 年 4 月）。

〔註 98〕 另有其他書籍，如張驥：《左氏秦和傳補注》（成都市：義生堂刊本，1935 年）；吳佩孚等：《春秋左傳淺解》（北平市：最新印書社，1935 年，2 冊）；秦同培選：《左傳評註讀本》（上海：世界書局，1928 年，2 冊），民國時期的經學書籍出版甚多，又因戰亂蒐集困難，此僅爲筆者目前所知的部分。

〔註 99〕 王伯祥：《春秋左傳讀本》（上海市：開明書店，1940 年 11 月初版，1948 年 11 月再版），〈自序〉，頁 1。

如隱元年「武姜」、「共叔段」，注釋中即簡明扼要地說明：「當時婦人稱謂，每繫母家之姓，示所自來，故曰『姜』。『武』則所配偶之諡也。」〔註100〕及「共叔段即京城太叔，莊公弟，其後出奔共國，故稱『共叔』。」〔註101〕這些在專家看來是常識性的問題，王伯祥卻體會到初學者的需要而加注釋。注釋中還對因選文而刪落的史事在後文中需要照應的，也無一不作交代。王伯祥身爲學者而又多年從事編輯工作，所以能處處從讀者需要出發而作出周到的安排。

朱東潤的《左傳選》於 1956 年由上海古典文學出版社出版。此書採用紀事本末體的方式編選，所據主要是馬驌的《左傳事緯》，〔註102〕全書分〈鄭莊小霸〉、〈楚武始強〉、〈齊桓霸業〉至〈越勾踐滅吳〉十三題，基本上概括了《左傳》中二百五十餘年間的大事。朱東潤是中國古典文學專家，在選錄材料時比較注意選取能夠表現人物性格特徵的段落，則又與馬驌單純著眼於史事有所不同。全書有前言，對《左傳》的成書時代、發展源流都發表了自己的意見；各題之後又有說明。注釋也是以杜《注》爲主而更多地參酌洪亮吉的《左傳詁》，〔註103〕但整體來說，有稍嫌簡略之感。

徐中舒的《左傳選》是鄭天挺主編的《中國史學名著選》中的一種，供高校歷史系學生使用。此書的編選方式與朱《選》近似，也採用紀事本末體而有所變化，即如〈說明〉中所表示：「本書除盡量採用紀事本末體外，仍保存了原有的編年史的體制，以容納許多不能聯繫的資料。」〔註104〕由於這個選本的讀者對象與朱《選》有所不同，對《左傳》的注意點集中在王政衰微、列國爭霸上，所選的內容就偏重於這一方面。全書分五十六題，其中如〈晉田制軍制〉、〈魯田制軍制〉等標目，編選目的一望而知。對學習歷史的讀者來說，這樣的編纂無疑是一種非常合適的方式。注釋所本，和朱選大體相同，

〔註100〕王伯祥：《春秋左傳讀本》，頁 3。

〔註101〕王伯祥：《春秋左傳讀本》，頁 3。

〔註102〕「在選材的時候，基本上依靠馬驌的《左傳事緯》，這是一部在研究《左傳》時，不可不讀的著作。」朱東潤：《左傳選》（上海市：上海古籍出版社，2007年 5 月），〈前言〉，頁 5。

〔註103〕「在注釋的時候，主要地依靠杜預的《春秋經傳集解》和洪亮吉的《春秋左傳詁》，同時也參照了其他諸家的著述，尤其是清代諸家解經的作品。」朱東潤：《左傳選》，〈前言〉，頁 5。

〔註104〕徐中舒：《左傳選》（臺北市：五南圖書出版公司，2007 年 9 月），〈說明〉，頁 1。

〔註105〕體例也力求簡明。書末附徐中舒的〈後序〉，說明了對《左傳》的作者、成書年代以及其他有關問題的看法。

二十世紀最早出版的《左傳》全注本是臺灣學者李宗侗所註譯的《春秋左傳今註今譯》，出版於 1971 年，此書是王雲五（1888～1979）所提議的經部今註今譯叢書中的一種，共三冊。由此也可顯示臺灣重視經典古籍的學術現象。

《隋書》〈經籍志〉載有《春秋左氏解誼》三十一卷，漢九江太守服虔注。他所分卷數與杜預的《春秋左氏經傳集解》三十卷不同。此書比照服虔的《解誼》，全書分為三十一卷。但因李宗侗不能詳悉服虔的分卷方法，所以〈莊公〉的部分杜預《集解》只有一卷，而李宗侗分為二卷，以合三十一卷之數。其餘如〈僖公〉分為三卷，〈襄公〉分為六卷，〈昭公〉分為七卷，都與杜預相同。〔註106〕〈自序〉中對於《左傳》的作者、《左傳》解不解《春秋》經等問題發表了個人的意見。並附有由中央研究院史語所黃慶樂（生卒年待查）技士所繪製的〈春秋時代全圖〉。〔註107〕

此書編纂過程中分別由許多人協助：最初今註由李宗侗口述而由文長徐（生卒年待查）筆錄，至於今譯則由劉翠溶（生卒年待查）擔任，這是僖公二十八年城濮之戰以前的情形。之後李宗侗自己寫了幾年，接著就又改由李宗侗口述而由李敏慧（生卒年待查）筆錄，輔以其妹李素貞（生卒年待查）襄助抄寫，最後全書完成。〔註108〕也因為此書這個成於眾人之手的過程，造成了一些問題。〔註109〕

〔註105〕「注釋方面大部分本於《春秋左傳正義》、《春秋左傳詁》（洪亮吉著）、《春秋左傳舊注疏證》（劉文淇著）、《左氏會箋》（日本竹添光鴻著）等書。其他各家以及近代學者有關著作，也有所採擇。」徐中舒：《左傳選》，〈說明〉，頁1。

〔註106〕李宗侗註譯：《春秋左傳今註今譯》（臺北市：臺灣商務印書館，1971 年 6 月初版，1982 年 6 月五版），〈自序〉，頁 1。

〔註107〕共有〈春秋列國總圖〉、〈河南輿圖〉、〈山東輿圖〉、〈山西輿圖〉、〈河北輿圖〉、〈甘陝輿圖〉、〈蘇皖贛輿圖〉、〈兩湖輿圖〉、〈浙江輿圖〉、〈黃河初徙圖〉、〈黃河流域圖〉、〈淮河流域圖〉、〈長江流域圖〉、〈成周圖與宗周圖〉等。

〔註108〕李宗侗註譯：《春秋左傳今註今譯》，〈自序〉，頁 3。

〔註109〕「讀了經中華文化復興運動推行委員會審查通過，由商務印書館出版《春秋左傳今註今譯》一書，發現其語譯文字，有欠暢達，此當為過份重視直譯，以致不能明暢表達原文之意義。其註、譯可議而值得商確之處甚多，註、譯亦每多不同，尤令人駭異！故筆者懷疑本書並非李宗侗先生之作，亦非出之

　　大陸方面最早的《春秋左傳》全注本《春秋左傳注》，此書規模宏大，旁徵博引又間出己意，對學界產生了巨大的影響。此書是經學家楊伯峻的代表著作，其生平治學相當值得後來的研究者加以注意。

一人之手，或爲假李先生之名耳。因李先生爲我國國學大師，任臺大國文教授多年，斷不至有似此之作。」劉瑞符：〈「春秋左傳今註今譯」之商榷〉，《反攻》 第 428 期（1980 年 12 月），頁 11。

第三章　楊伯峻的生平與著作

第一節　楊伯峻的生平述要

　　楊伯峻，名德崇，以字行，筆名許獲。1909 年 9 月 1 日（清宣統元年己酉歲七月十七日）生於湖南省長沙市，1992 年 5 月 13 日因病過世，享年 84歲。〔註1〕曾擔任過北京大學中文系副教授、歷史系兼職教授，中華書局編審，國家文物局諮詢委員，中國語言學會理事和國務院古籍整理出版規劃小組顧問等職，為民國以來著名的經學家、語言學家。

一、青年與求學

　　楊伯峻生於湖南省長沙市的書香門第。楊伯峻的母親身體虛弱，雖在楊伯峻之前生了一個女孩，但這女孩出生不足一年便夭折了；接下來的第二個孩子便是楊伯峻了，但楊伯峻是七個月就出生的早產兒，天生體質就比一般人孱弱很多。〔註2〕父親楊樹穀（1881～1935），字藹詒，乃是家中長子，早年曾在日本留學，專攻法律，回國後一度在湖南從事地方自治運動。叔父楊樹達〔註3〕（1885～1956），字遇夫，為知名學者。楊伯峻身為楊家長子嫡孫，

〔註1〕　見鄭仁佳：〈民國人物小傳・楊伯峻〉，《傳記文學》第 77 卷第 1 期（2000 年 7 月），頁 140～143。
〔註2〕　見楊伯峻：〈楊伯峻自傳〉，收錄於《中國現代社會科學家傳略》第 4 輯（太原市：山西人民出版社，1983 年 11 月），頁 125。
〔註3〕　楊樹達，字遇夫，號積微，晚年更號耐林翁。湖南省長沙市人。1897 年入湖南時務學堂。1905 年赴日留學，肄業於京都第三高等學校。1911 年歸國，歷

自然備受重視。

四歲發蒙，楊伯峻跟隨自家家塾和在湘潭外家的家塾老師讀書識字，讀《三字經》、《千字文》等書。剛到六歲，便開始讀經，由祖父楊孝秩（1857～1938），字翰仙，親自教讀《論語》、《孟子》、《詩經》、《左傳》及《東萊博議》〔註4〕數載。由於這段幼時讀經書的經歷，使得楊伯峻直至八十歲時仍能背誦這些經書，〔註5〕後來他對《論語》、《孟子》及《左傳》等加以研究注釋，可說是由於小時候的教育所奠定下的基礎。

1919年，楊伯峻上小學時已經十歲了，插班就讀湖南省立第一女子師範（即稻田師範）附屬小學初小三年級。1921年，由於女師附小的高小不招收男生，於是轉學到附近的修業小學。高小二年級時，恰逢學制改革。修業小學便將二年級的學生甄選分別為二種等級，一等優秀生能當年畢業，一等普通生必須再讀一年才能畢業。因為楊伯峻在優秀生之列，便順利地升讀修業中學。

1923年，於小學畢業後，進入修學中學就讀。隔年，因學校停辦，轉入楚怡中學。當時楊伯峻的父親和叔父楊樹達都在北京，他便順勢跟到了北京。本想報考師大附中，繼續讀完中學。因為表姊的勸告，加上他的古文基礎較好，決定報名北京大學預科的招考。1926年秋天，考入北京大學預科。兩年之後，升讀本科中文系。

楊伯峻在北大讀了預科兩年，本科中文系四年。當時的中文系，老師們無不博學而又各有專長。楊伯峻從錢玄同（1887～1939）、吳承仕（1884～1939）、余嘉錫（1884～1955）、黃節（1873～1935）、陳垣（1880～1971）諸先生處獲益較多。1932年又拜入黃侃（1886～1935）之門，成為黃門弟子，

任湖南第四師範學校、第一師範學校、第一女子師範學校教員，北京高等師範學校（北京師範大學）國文系教授、系主任，清華學校（清華大學）國文系、歷史系教授，湖南大學中文系教授、文法學院院長，湖南師範學院歷史系教授。1947年當選中央研究院院士，1954年任第二屆中國政協委員，1955年當選中國科學院學部委員，同年當選蘇聯科學院通訊院士。著有《詞詮》、《高等國文法》、《積微居小學金石論叢》、《積微居小學金石述林》、《漢書窺管》、《論語疏證》等書。
〔註4〕「讀完《詩經》，便讀《左傳》（《春秋經》不讀），同時兼讀呂祖謙的《東萊博議》。」楊伯峻：〈我和《左傳》〉，收入《楊伯峻治學論稿》（長沙市：岳麓書社，1992年7月），頁125。
〔註5〕見《中國現代社會科學家傳略》第4輯，頁125。

當時戲稱爲「黃門侍郎」。〔註6〕楊伯峻雖爲黃門弟子，但影響其治學最深的是他的叔父楊樹達。〔註7〕他於〈追悼楊樹達先生〉一文中，說：「這對我來說，喪失了親愛的叔父，尊敬的導師，自然萬分哀痛。」〔註8〕可知楊伯峻的學術淵源除了諸位老師之外，其叔父楊樹達的影響更是深刻。

1926 年，楊伯峻參加了中國共產黨。1929 年至 1930 年之際，北京地下黨組織遭到破壞，失去了關係。這時他政治上沒有寄托，在治學方向上既想研究文學，又喜歡考證，因而也不免感到傍徨。〔註9〕他平時常在北大學生會辦的刊物上發表一些詩詞作品，博得師友們的好評。有次他發表了一首七律，其中有二句是：「此心常恐無歸處，彼岸何曾有到時。」反映了這一時期苦悶復雜的心情。孫人和教授〔註10〕（1896〜1966）知道後告訴了楊樹達。

當時楊伯峻的叔父楊樹達任教清華大學，楊樹達並不知道楊伯峻和共產黨的關係，只是從選擇專業上所流露的徘徊心情去看待這件事情，於是便指導楊伯峻注釋《列子》。恰巧同班好友許維遹（1905〜1951）正在集釋《呂氏春秋》，楊伯峻便和他互相協助，交換資料。畢業時候，《列子集釋》已經基本脫稿，並且騰清交給楊樹達。這不但是楊伯峻注釋古籍的開始，也是楊伯

〔註6〕「五月。一日。伯峻姪欲從黃季剛受學。訪季剛，請之。」見楊樹達：《積微翁回憶錄》（北京市：北京大學出版社，2007 年 5 月），頁 43。又「我叔父叫我去拜他爲師。禮節是，到他家，用紅紙封套莊十塊大洋，還得向他磕個頭。我本不願意磕頭，但是先叔說：『季剛學問好得很，不磕頭，得不了眞本領。你非磕頭不行！』我出於無奈，只得去季剛師家。季剛師一聽我去了，便叫到上房裡去坐。我把紅套取出放在桌上，說明拜師的誠心，跪下去磕一個頭。季剛師便說：『從這時起，你是我的門生了。』」見楊伯峻：〈黃季剛先生雜憶〉，《楊伯峻治學論稿》（長沙市：岳麓書社，1992 年 7 月），頁 211。

〔註7〕「我主要收穫是得自先叔遇夫（樹達）先生。」見《中國現代社會科學家傳略》第 4 輯，頁 127。

〔註8〕楊伯峻：〈追悼楊樹達先生〉，《楊伯峻學術論文集》（長沙市：岳麓書社，1984 年 3 月），頁 198。

〔註9〕「我和黨失掉聯繫。政治上感到無所依據，……我對搞文學和考據二類，興趣相等。選擇專業方面也在徘徊。」見《中國現代社會科學家傳略》第 4 輯，頁 127〜128。

〔註10〕孫人和，江蘇鹽城人。國立北京大學文學士。曾任師範大學講師。1930 年應聘輔仁大學兼任名譽教授。所授學科 1931 年爲「國文」、「詞」，1943 年拓寬爲「詞及詞史」、「莊子研究」、「離騷」、「左傳研究」、「周秦諸子研究」等。至 1944 年時更開出新課如「蔡中郎集研究」、「漢魏諸子研究」等。爲輔仁大學開設新課最快、最多的教授之一。著有《唐宋詞選》、《論衡舉正》、《國故論著》、《三國志辨證》等書。

峻爲其北大生活所做出的一份優秀的成績單。

二、參加馮玉祥研究室

1931 年，「九一八事變」後，馮玉祥（1882～1948）將軍積極呼籲抗日，反對蔣介石（1887～1975）的不抵抗主義，遭到蔣介石的排擠。1932 年 3 月，馮玉祥便和夫人李德全（生卒年不詳）隱居在泰山普照寺。這年夏天，楊伯峻在北大畢業後原在天津南開中學教書，不久經同學張勃川（生卒年不詳）介紹，轉到泰山參加馮玉祥的研究室工作。楊伯峻以黎錦熙（1890～1978）的《國語文法》和陳望道（1890～1977）的《修辭學發凡》爲基本教材，同時，選擇一些當代著名作家的短篇小說和散文作爲範文講解，很受馮玉祥將軍夫婦的讚賞。在這期間，他對漢語語法作了較爲系統的研究，爲後來撰寫《中國文法語文通解》作了準備。

這年秋天，軍閥韓復榘（1890～1938）和劉珍年（1897～1935）爲爭奪膠東半島而準備用兵，馮玉祥不能繼續在泰山待下去。在 10 月間離開泰山去了張家口，楊伯峻和研究室成員也都隨馮玉祥前去。

1933 年 1 月，山海關失陷，馮玉祥不得已於 8 月間仍舊回到泰山，隱居在五賢祠。楊伯峻也回到長沙，在母校省立第一女子師範（稻田師範）教書糊口，利用教學和批改作業的餘暇，撰述《中國文法語文通解》，由商務印書館於 1936 年出版。同一年，馮玉祥到南京出席國民黨中央全會，並被任命爲軍事委員會副委員長。楊伯峻到南京看望他，馮玉祥要他留了下來工作。〔註11〕

1937 年發生「七七事變」，隨後又發生「八一三松滬會戰」，抗日戰爭終於全面爆發。淞滬抗戰正酣，馮玉祥內定將出任第三戰區司令長官，九月初，馮玉祥到職還不到一個月，又改任第六戰區司令長，指揮津浦線北段軍事。馮玉祥在前線指揮作戰時，楊伯峻和賴亞力（1910～1994）留在濟南辦《抗戰早報》，積極宣傳抗日。不久，由於蔣介石的猜忌，馮玉祥又被免去第六戰區司令長官職務。

馮玉祥被免職後，楊伯峻等人也都隨馮玉祥回到南京。南京淪陷，又撤退到了武漢。楊伯峻看到馮玉祥對國事也無能爲力，大部分時間消磨於讀書、寫字、吟詩和作畫之中。他覺得自己在重慶無所作爲，1940 年 5 月又回到長

〔註11〕「既不幫忙，也非幫閒，我也樂得清閒，能夠自由看書，不像教中學那樣忙
　　　　於教課和批改。」見《中國現代社會科學家傳略》第 4 輯，頁 129。

沙，先後在醴陵湘東中學、醴陵縣立師範任教。〔註 12〕後又因戰火漫延，到
江西吉安十三中學教書。抗日戰爭勝利後，一度在湖南從事民主運動。

三、《論語譯注》和《孟子譯注》相繼問世

1948 年，楊樹達應中山大學之聘，到廣州中山大學任教，要楊伯峻同去
了擔任中文系講師。楊伯峻從此走上了大學講壇。這時，他已經和中國共產
黨的地下組織取得了聯繫，並且重新加入共產黨了。當時已臨近新中國的建
立，共產黨組織派他回長沙協助籌建民盟省委。

新中國建立後，楊伯峻先後擔任過民盟湖南省委委員兼宣傳部部長、《民
主報》社社長、湖南省政協委員和秘書處長、中共湖南省委統戰部辦公室主
任等職。1953 年，楊伯峻向黨組織提出申請，希望有機會讓他繼續從事學術
研究，黨組織批准了他的請求，調他到母校北京大學中文系擔任副教授。

到北大任教以後，應朋友鄒靜陶（生卒年不詳）之約，他寫了一部《文
言語法》，1955 年 1 月在北京大眾出版社出版。這部著作增加了語法的部分，
較《中國文法語文通解》要全面得多。日本學者波多野太郎博士（1912～2003）
和香阪順一教授（生卒年待查）得到北大校長馬寅初（1882～1982）的支持，
將它譯成了日文出版，楊伯峻應約為日譯本了序言。

《論語》和《孟子》是楊伯峻從小就熟讀的書，到了晚年，不少章節和
段落仍能背誦如流。楊伯峻認為，如果要講中國文化，孔子自是承先啓後的
第一人。從西漢以至清末兩千多年間，《論語》成了士子的必讀書。現在我們
要研究孔子，也不能忽視《論語》。歷來研究、注釋《論語》的著作很多，就
以近人程樹德（1877～1944）的《論語集釋》為例，全書三大冊，字數以百
萬計，徵引的書籍達六百八十種之多，搜集古今學人對《論語》的解釋相當
完備。但這樣的書籍，一是流傳不廣，有機會讀到的人顯然很少；二是這樣
廣徵博引的書，內容必然繁冗，除了專門研究者，一般讀者也很難有耐心讀
下去；三是《論語》裡的每一句話，幾乎都有幾種不同的解釋，究竟應該怎
樣理解才是正確的，撰著者卻很少下斷語。顯然這只是一部資料彙編性質的
書籍，是不適合一般讀者閱讀的。

〔註 12〕「我看馮玉祥實無能為力，他也心中苦悶，便毅然離開。趁宜昌尚未陷落，
　　　　由水道返回長沙。從此和馮玉祥斷絕了聯繫。迫於生活，仍舊教中學。」見
　　　　《中國現代社會科學家傳略》第 4 輯，頁 129。

　　楊伯峻發現了這些問題，認爲在眾說紛紜之中，如果能夠採取最接近原著本意的說法，加以通俗的注解，並且譯成現代漢語，豈不是有益於一般讀者，特別是有益於青年讀者來了解、研究《論語》這部經典呢？所以楊伯峻立志爲《論語》寫作新的注本。他先寫了《論語詞典》，然後在 1955 至 1956 年兩年間，除了課堂教學，他集中了全部的時間和精力，最後終於完成了《論語譯注》這部著作。

　　但是在《論語譯注》向中華書局交稿後不久，楊伯峻卻在「反右派運動」中被劃入右派。〔註 13〕接著被臨時調離北大中文系，安排在歷史系教「古代漢語」和《史記》。1957 年暑假後，他被調到了蘭州大學中文系。

　　楊伯峻並不因遭劫難而停筆。到了蘭州以後，於萬般艱苦的條件中，他又繼續從事《論語譯注》的姊妹作《孟子譯注》的撰述。在他的努力下，《孟子譯注》終於在 1960 年 1 月由中華書局出版了。出版時作者的署名卻爲：「蘭州大學中文系《孟子譯注》小組」。當時像這樣所謂的「集體著作」並非只是《孟子譯注》一種，並不奇怪。到了二十年後的 1981 年 6 月第五次重印時，終於改正了過來。《論語譯注》和《孟子譯注》在中華書局出版後，它們的整理方法使許多古籍整理工作者受到啓發。由於比較通俗易懂，受到廣大讀者的歡迎。經過時間的考驗，這兩部著作都已成爲讀者學習基本古籍時的定本和範本，在學術界和讀者中產生了廣泛影響，並爲國內外一些大學採用爲教材。

四、畢生的心血結晶——《春秋左傳注》

　　1958 年初，中國國務院科學規劃委員會建立了古籍整理出版規劃小組，由齊燕銘（1907～1978）擔任組長，開始對全國的古籍整理出版工作進行全面性考慮和規劃。出於工作上的需要，指定中華書局爲它的辦事機構。中華書局的總經理兼總編輯金燦然（1913～1972）被聘任爲規劃小組成員兼辦公室主任。中華書局的出版事業也重新作了調整，決定以整理出版古籍和當代學者的文史研究著作爲主要任務。爲此，中華書局向全國有關高等學校和研究機構借調了一批專家，參加一些重點古籍的整理工作。楊伯峻在蘭大任教不久，又調到甘肅師範大學，在蘭州前後將近三年，於 1960 年 10 月調到了

〔註13〕「這時正值 1957 年『反右』時刻。我對『反右』很不理解，於是在黨內頗放厥辭，人家說我太不聰明，我卻認爲黨內說話，應該無罪。結果還是被劃爲『右派』。」見《中國現代社會科學家傳略》第 4 輯，頁 129～130。

中華書局擔任編輯，加入了整理出版古籍的專業行列。

　　楊伯峻到了中華書局後，開始寫作《春秋左傳注》。由於他早年批校過近人吳仕鑑（1868～1934）的《晉書斠注》，對《晉書》下過一番工夫。後來中華書局在整理校點二十四史中的《晉書》時，他曾經作出了重要貢獻。

　　1961 年 5 月，經胡愈之（1896～1986）倡議，並得到中共中央宣傳部支持，文化部出版局組織人民出版社、世界知識出版社、人民文學出版社、商務印書館、中華書局和科普出版社等六家出版社聯合編印一套中級讀物——《知識叢書》。中華書局承擔了一部分語言文字、古典文學和中國歷史方面的選題，其中《文言虛詞》和《文言文法》是請楊伯峻撰寫的。這是兩部較通俗的讀物。《文言虛詞》後又經過修訂，改寫成《古漢語虛詞》，1981 年 2 月由中華書局出版。在五十年代，他還搜集了楊樹達的讀書札記，編爲《積微居讀書記》，1962 年 9 月由中華書局出版。

　　中華書局在齊燕銘的關心和金燦然的主持下，既重視制訂整理出版古籍的規劃，又重視挖掘、組織和調動國內各方面的力量，尤其對重要的基本古籍千方百計地設法落實整理工作。金燦然知道楊伯峻對古漢語很有造詣，對《春秋左傳》下過工夫。原來曾打算請他和孫人和共同整理，〔註14〕但是兩人的路子不盡相同，於是請楊伯峻獨力承擔了這項工作。這對楊伯峻是一個很大的鼓勵，以能夠實現他多年來的夙願而十分興奮。

　　楊伯峻來到中華書局後的主要工作是寫作《春秋左傳注》，他對這部著作用力最勤，也是他晚年最爲重要的學術著作。他曾經自比於晉人杜預，也是一個有「左傳癖」的人。〔註15〕

　　楊伯峻自小喜愛《春秋左傳》，對坊間有關《春秋左傳》的著述多所涉獵，凡是認爲有一定學術價值的資料都盡力搜購。爲了作好整理工作，他又購得了阮元作《校勘記》時所採取的各種本子和楊守敬（1839～1915）在日本所見的版本。此外，又搜得了日本的金澤文庫本。這是六朝人的手寫本，首尾完整，楊伯峻認爲這是最有價值的版本。章太炎也是近代《左傳》研究的大家，著有《春秋左傳讀》，是其《左傳》研究的代表作。在編刊《章氏叢書》

〔註14〕「楊伯峻與孫人和同整理左傳，先作長編，亦準備分冊出版。」見顧頡剛：《顧頡剛日記》（臺北市：聯經出版公司，2007 年 5 月），第 9 卷，頁 351。

〔註15〕「我的『左傳癖』自然有愧於杜預。」見《中國現代社會科學家傳略》第 4輯，頁 130。

時，著者只採用了《春秋左傳讀敘錄》，而沒有收錄全書。潘承弼曾用蠅頭小楷書寫影印了一百部，但流傳不廣，很不容易得到，楊伯峻也煞費苦心地訪求了一部。〔註16〕

接著楊伯峻傾注全力，辛勤積累，以大量版本用來校勘，並且參考了各種類書和唐宋以前各種書籍的引文，取長補短，參酌比較。然後又廣泛閱覽經史百家之書，包括《三禮》和《公羊傳》、《穀梁傳》以及《史記》中有關春秋各國的記載相對勘。他還充分利用了甲骨金文等考古材料，凡有可以採取的材料，都一一摘錄。按《春秋左傳》的編次作成「長編」。

楊伯峻廣為搜求《春秋左傳》的有關材料已有一些時日，到了中華書局以後，又辛苦經營了四、五年之久，然而隨即發生長達十年的文化大革命，他所作的「長編」只寫到襄公，便不得不在一片「打倒」、「砸爛」聲中停筆了。「長編」積稿等身，在動亂中散失。他本人也在 1969 年 9 月隨著中華書局全體人員下放至文化部湖北咸寧「五七」幹校勞動。在當時情勢下，他縱然不能忘情於《春秋左傳注》，但再也沒有可能去顧到它了。

1972 年 10 月，他有幸能夠回到北京，雖經多方設法找回了大部分「長編」原稿，短缺的部分已經無法挽回，只能憑記憶所及，臨時檢書加以補充。現在我們見到的這部《春秋左傳注》，就是在這份殘缺的「長編」基礎上，經過補充和研究後寫成的。全書分裝四冊，除譯文和詞典另行成書外，共計一百餘萬字。楊伯峻為整理《春秋左傳注》，所被閱的書籍和抄錄的資料難以計數，僅此一書定稿時所徵引的著作即達四百多種。《前言》四萬字，對《春秋》及其和孔子、《三傳》的關係，《左傳》的作者、成書年代和在西漢的流傳，《左傳》所反映的春秋時期社會變革等學術界和讀者所普遍關心的問題，作了考證和論述。

《春秋左傳注》在撰著的過程中，楊伯峻除了充分運用文獻資料以外，還把甲骨金文等考古資料作為重要的依據而加以利用，這尤其是本書整理工作的一大特色。《春秋左傳注》於 1981 年 3 月由中華書局出版以後，由於整理工作達到了新的學術高度，對歷史事件、歷史人物、典章制度、天文曆法、服飾器物和地理方輿等方面的考證，尤其著力，並有獨到的見解，成一家之言，因而受到海內外學術界的高度重視和廣大讀者的歡迎。楊伯峻也因而受

〔註16〕 「到楊伯峻處，送《春秋左傳讀》。」見顧頡剛：《顧頡剛日記》，第 9 卷，頁 552。

到海內外學者的欽佩和尊敬。然而《春秋左傳注》出版後，楊伯峻的工作並沒有停止，他聽取各方面的意見和建議，隨時加以修訂，1990 年 5 月修訂再版，1992 年榮獲「全國首屆古籍整理圖書獎」一等獎。

五、漫長而坎坷的學術之路

1985 年，北京中華書局出版了楊伯峻與夫人徐提合編的《春秋左傳詞典》。同一年，他從中華書局退休，並應約撰寫了《白話四書》，於 1989 年 11 月由岳麓書社出版。在這以前的 1984 年 3 月，岳麓書社還出版了《楊伯峻學術論文集》，1992 年 7 月又出版了《楊伯峻治學論稿》。

1992 年 5 月 13 日，楊伯峻因病去世，享年 84 歲。楊伯峻逝世的消息 5 月 22 日在《光明日報》等報刊發佈以後，他的親友和學生都無不感到十分悲痛，紛紛向家屬表示吊唁和慰問。遠在國外進修的學生也都派來了長篇唁電，痛悼老師的不幸逝世。在他逝世時，素不相識的瑞士蘇黎世大學漢學系系主任，兼東亞研究所所長高思曼教授（Prof. Dr. Robert Gassmann）博士在給楊伯峻夫人徐提的唁電中就說：

> 楊先生一生在古漢語語法、古籍整理、古書的注釋和翻譯方面做了大量的工作。他對《左傳》的研究成果——《春秋左傳注》，更是在世界上得到普遍好評的不朽之作。他為貴國值得驕傲的古老文化的普及和傳播作出了卓越的貢獻。在我們這裡，每一個漢學系的大學生都知道他的名字，大家心中對他充滿了敬佩與感激之情。〔註17〕

又說：

> 楊先生雖然去世了，但他為弘揚貴國文化對世界人民所作的貢獻將牢記在人們心中。他那些足以縮短世界人民與貴國古老文化距離的寶貴著作，將永遠伴隨著我們。〔註18〕

楊伯峻在去世以前，曾寫有《遺言善後》：

> 身後不舉行任何儀式，如告別、追悼等。若有單位收受遺體，捐贈醫院或醫校，以資科研，火化不留骨灰。煙滅灰飛，不著痕跡。既獲耄耋，死在意中，不必悲傷。事母孝，奉國忠，交友信，慮事周，

〔註17〕見俞筱堯：〈古文獻家楊伯峻的學術道路〉，《文獻》1993 年第 4 期（1993 年 10 月），頁 113。

〔註18〕見《文獻》1993 年第 4 期（1993 年 10 月），頁 117。

行事敏，余足慰也已。至親密友，事後分別通知。伯峻〔註19〕

　　楊伯峻先天不足，身體羸弱，又高度近視，像他這樣的健康狀況而能著述不輟，這在旁人是難以想像的。他在學術上所以能夠獲得卓越成就，除了他的天賦以外，應該說更為重要的是得力於他治學勤奮和執著追求的精神。為了對所研究的問題得到透徹的理解，他還為自己立下了首先必須「探求原著本意」的信條，也就是說研究古人的思想，不能以自己主觀臆斷或者從現在的含意去理解。他十分讚賞晉人陸機所說的一句話：「余每觀才士之所作，竊有以得其用心。」〔註20〕認為無論研究古人的什麼問題，凡閱讀古人的著述，必須探求古人的「用心」，也就是「本意」，只有做到了這一點，才有發表意見的權力。但如果要得到古人的「用心」和「本意」，一定首先要了解古人著述的文字語句在當時的意義。要做到這一點，必須弄懂古漢語。

　　他在大學時代通過寫作《列子集釋》，開始找到了治學的門徑和方法，之後所寫作的《中國文法語文通解》和《文言語法》等等古漢語研究書籍，都是為了能順利地「探求原著本意」。古漢語本身有它自己的規律，是一門專門的學科，包含的內容非常廣泛。楊伯峻對這門學科涉獵較廣，有深入的研究，並且有創見的著述出版。但是他並不以研究古漢語為唯一目的，多年來他將《論語》、《孟子》等幾部重要經典的今注、今譯作為他的重要研究課題，鍥而不捨，孜孜以求，而且不論身處在順利或是坎坷的環境之中，他都從不改變初衷，或是半途而廢。最後他更是幾乎窮畢生之力，歷盡劫難，完成了《春秋左傳注》，不但使他的學術研究達到了最高峰，也為新時代的經典注釋寫下嶄新的一頁。

第二節　楊伯峻的著作述要

　　楊伯峻的治學深受楊樹達的的啓發，他說：

> 我治學之初喜愛較為廣泛，自從先叔教導和啓發我以後，除非為了調劑精神而稍事翻閱雜書外，一般都是有目的地讀書。先擬好一個題目或書名，再盡可能地搜集並研究資料。胸中有了腹稿，一氣呵成；再仔細看一遍，稍事修改和潤飾。〔註21〕

〔註19〕見《文獻》1993年第4期（1993年10月），頁117～118。

〔註20〕見陸機：〈文賦序〉，蕭統編：《昭明文選》（臺北市：藝文印書館，2003年3月，影印宋淳熙本重雕鄱陽胡氏藏版），卷十七，頁245。

〔註21〕見楊伯峻：〈我的治學大要〉，《國文天地》第5卷第5期（1989年10月），頁

「有目的地讀書」是楊氏叔姪共通地治學特色，所以楊伯峻從 20 歲注釋《列子》開始，六十多年內不斷地從事學術研究。而他的著作都集中在古籍的整理研究，以及古代漢語的教學研究這兩方面。

　　古代漢語方面，在古漢語語法和虛詞的研究上有突出的成就，然而楊伯峻的學術影響，主要是他在古籍的整理和譯注方面的表現，古籍的整理研究也讓他得享盛名。總之，這兩個方面的研究工作，他都取得了突出的成就，獲得了廣泛的影響。

一、古漢語語法和虛詞的著作

　　他的有關古漢語語法方面的著作有《中國文法語文通解》、《文言語法》、《文言文法》、《文言虛詞》、《古漢語虛詞》、《古漢語語法及其發展》（與何樂士合著）等等。

（一）中國文法語文通解

　　《中國文法語文通解》由上海商務印書館於 1936 年出版，全書共十二章。第一章〈緒論〉，第二章〈詞類總論〉，中間九章以〈名詞〉、〈代名詞〉、〈動詞〉、〈形容詞〉、〈副詞〉、〈介詞〉、〈連詞〉、〈助詞〉和〈歎詞〉的順序分論詞類，最後一章是〈標點符號〉。

　　馬建忠（1844～1900）的《馬氏文通》出版之後，有幾部具代表性的中國文法著作亦陸續出版了，如：《高等國文法》和《比較文法》，然而楊伯峻認爲「現在文法學的缺點，卻在乎沒有溝通國語文法與文言文法的著作。」〔註22〕中國的語言和文字在上古時期原本是一致的，後來語言因爲時間的流逝與地域的劃分而產生許多變化。文字則因已有定型，變化甚少，再加上中國的文章總以倣古爲好，於是語言與文字之間歧異日大。於是：

> 近日的文法學者，或偏於古，或偏於今，而一般學生，既鄙國語文
> 法不必研究而不屑治，又畏古文文法之艱難深奧而不敢治，是以文
> 法的觀念始終未能普及於學子。〔註23〕

楊伯峻因爲有在高中任教的經驗，深感一部貫通古今的文法著作在教學上的重要性，於是寫作本書。而他自己對這本書的看法，則是「僅排比語文虛字

54。
〔註22〕楊伯峻：《中國文法語文通解》（上海：商務印書館，1936 年），頁 11。
〔註23〕楊伯峻：《中國文法語文通解》，頁 12。

之不同，至於句法的歧異，則留待日後去討論罷了。」〔註24〕

《中國文法語文通解》是一部反映當時研究風氣的著作。《馬氏文通》之後，文言（古代漢語）語法影響最大的著作是楊伯峻的叔父楊樹達的《高等國文法》，白話（現代漢語）語法書則以他的舅父黎錦熙的《新著國語文法》為代表。《中國文法語文通解》融匯兩大潮流，不僅收集上古的書面材料，還廣泛地搜集了中古以迄近代、現代的語言資料，既研究書面語，又研究口語，而且開始了語言的歷史研究，可以看作是開創新風氣的工作。

王力（1900～1986）將 20 世紀上半葉中國的語法研究劃分為兩個時期：「第一是興起時期（公元 1898～1935 年），以馬建忠、楊樹達、黎錦熙為代表；第二是發展時期（公元 1936～1948 年），以王力、呂叔湘、高名凱為代表。」〔註25〕而楊伯峻此書，一般被認為是第一個時期的總結性著作，或兩個時期的承前啓後之作。

其中值得注意的，是他在〈緒論〉中提出研究文法必須要「通音韻訓詁」和「搜求證據要完備」。其中「搜求證據要完備」，他說「因為證據不完備，便常陷於武斷而不確切的毛病」，接著以胡適（1891～1962）的〈吾我篇〉為例，認為胡適僅看到一部的材料，「便斷定在《論語》中『吾』字必在主位與領位，而『我』字則必在賓位。」〔註26〕但只要將《論語》中使用「吾」、「我」兩字的地方全部統計一遍，便會知道胡適的結論是不正確的。由此可見證據搜求完備的重要性。日後楊伯峻在譯注經典時，總是先將經典中的字詞加以統計、分析，再編製成「詞典」，成為譯注工作的基礎，其想法的根源應在於此。

（二）文言語法和文言文法

1953 年，楊伯峻撰寫了另一部全面研究古漢語語法的著作——《文言語法》。作者寫作《文言語法》的企圖是：

> 對文言文所常見的詞法以及句法作一系統的敘述與明確的分析，並
> 和現代語法作簡明的比較，目的在幫助讀者大略了解祖國語言一般
> 變化的歷史和規律，以便正確地了解古書，深刻地了解現代語法。
>
> 〔註27〕

〔註24〕楊伯峻：《中國文法語文通解》，頁 13。

〔註25〕見王力：《中國語言學史》（太原市：山西教育出版社，1981 年 8 月），頁 174。

〔註26〕楊伯峻：《中國文法語文通解》，頁 8。

〔註27〕見楊伯峻：《文言語法》（北京市：北京出版社，1956 年 11 月第 2 版），頁 1。

全書共分爲三編：上編有〈緒言〉、〈詞法概述〉、〈短語和句法〉三章。首先對文言語法的涵義和編著本書的目的與要求作一交待，然後概述詞法和句法，使讀者了解本書所用的語法體系以及術語，從而便於閱讀中、下兩編。中編講述詞法，有〈名詞〉、〈代詞〉、〈動詞〉、〈形容詞〉、〈副詞〉、〈介詞〉、〈連詞〉、〈語氣詞〉、〈小品詞〉等九章。下編是句法的分析研究，分爲〈句子〉、〈謂語〉、〈複合句〉等三章。末附索引，以便於檢閱。

　　這本書特別值得提出的特點是，作者關於「小品詞」概念的設立。作者論述小品詞，說明其特點有二：（一）本身不能獨立，一定要黏附於其他的詞或者句子，才能起作用。（二）受它黏附的成分，一定因而增加了意義，或者改變了意義，甚至改變了性質。他所列的小品詞，有「之」、「所」、「者」、「然」、「焉」、「而」等，是從傳統的助詞和連詞中抽取出來的。其所以名之爲「小品」，大約是受了當時俄語研究的影響。

　　這本書舉例精當，說明簡單明確，並常就古今語法的異同之處作比較，是中學語文教學和一般讀者閱讀古漢語作品很好的參考書。本書出版以後影響較大，不久便被日本漢學家波多野太郎博士、香阪順一教授等譯爲日文出版發行。

　　1963 年，楊伯峻又撰寫了一部與《文言語法》屬於同一體系的著作——《文言文法》。將這本書和《文言語法》相比，〈緒論〉換爲一篇較短的〈引言〉，其餘各章節名稱都相同，只是全部提前一章，所以《文言文法》可看作《文言語法》的縮寫本。這本書從古漢語的語言事實出發，介紹一些既常見又重要，不了解便難以正確讀懂古文的文法規律。〔註28〕

（三）文言虛詞、古漢語虛詞和古漢語語法及其發展

　　漢語的主要語法手段是詞序和虛詞，所以楊伯峻將古漢語語法的研究可分兩個主要部分：一是詞序，一是虛詞。以詞序論，古今漢語的詞序變化並不大，其不同的是一小部分；以虛詞論，古今就大不相同，所以他認爲虛詞研究應是古漢語語法研究的重點。而且，古代虛詞，尤其是「之」、「乎」、「者」、「也」這類虛詞，不但出現次數非常頻繁，而且作用還特別複雜。因此，單獨地寫一本書來談論常見的虛詞，便成爲十分必要的了。

〔註28〕　「總之，本書所要講述的，是從文言文的事實出發，介紹一些既是常見的，又是重要的，不了解便難以正確讀懂文言的文法規律。」楊伯峻：《文言文法》（香港：中華書局香港分局，1972 年 6 月），頁 4。

　　楊伯峻寫作《文言虛詞》，就是體現這一目的。本書於 1965 年出版，所收的虛詞，以常見詞和常見用法爲主。本書所收虛詞較多，討論範圍也較寬，包括一部分代詞、副詞，大部分介詞、連詞、語氣詞和小品詞。另外，爲了各種必要，偶然也順便涉及少數的助動詞、形容詞等實詞。所用例句，多來自經常選讀的著名作品。

　　本書的另一特色，是講了複音虛詞。楊樹達的《詞詮》一書，只收了單音虛詞，楊樹達原準備另撰《複詞例釋》一書，終因事務繁忙而未果，學界引以爲憾。《文言虛詞》收了大量「複音虛詞」，如「也」字條下就收有「也者」、「也己」、「也已矣」、「也夫」、「也哉」、「也乎」、「也耶」、「也與」、「也乎哉」、「也與哉」等十個所謂「複音虛詞」。其他如「乎」字下有「乎哉」、「乎而」、「乎爾」；「云」字下有「云云」、「云爾」等等。

　　作者在〈緒言〉中說：「希望讀者讀這書時，先通看一遍，有個輪廓的了解，以後經常放在手邊，在讀文言時，若遇到虛詞的困難，無妨翻翻這本書，作爲工具書使用。」〔註29〕本書按筆畫排列，有〈音序索引〉，檢閱方便。

　　《古漢語虛詞》出版於 1981 年，是《文言虛詞》的改寫本。但兩書例句抽換較大，《古漢語虛詞》所採用的例句更精當，更典型，討論的問題也較《文言虛詞》更廣泛，更深入。〔註30〕共選擇了一百多個虛詞，虛詞中的多音詞附於主要虛詞之下。虛詞的用法，不僅限於常見的，比較難解的、容易引起誤會的，也一一講明。同時，在每個例句下附有譯文，因而頗便利初學者使用。本書改以漢語拼音爲編輯次序，另附筆劃索引。

　　《古漢語虛詞》沒有使用「小品詞」這一概念，有關的詞分別歸入助詞、連詞等詞類中。

　　《古漢語語法及其發展》由楊伯峻和何樂士（1930～）合作完成，1992年由語文出版社出版。本書〈前言〉說：

　　　　一八九八年《馬氏文通》的發表是語法研究史上劃時代的大事。……
　　　　今年是《馬氏文通》發表九十週年。九十年來，語法研究有了長足
　　　　的發展。……現在我們已有較好條件也完全應該在繼承前人成果的

〔註29〕 楊伯峻：《文言虛詞》（北京市：中華書局，1965 年 8 月），〈緒言〉，頁 2。

〔註30〕 「今天重寫《古漢語虛詞》，比《文言虛詞》有所增改，例句抽換更多，譯文也作了較仔細的推敲。」楊伯峻：《古漢語虛詞》（北京市：中華書局，1981年 2 月），〈前言〉，頁 1。

　　　　基礎上寫出一部新的語法書。這部語法書應該更接近漢語的實際面
　　　　貌，更具有系統性，同時也具有理論性和實用性。若能拿這樣一種
　　　　書來紀念《文通》的創建，未嘗不是較有意義的方式。〔註31〕

所以本書的創作目的，除了寫作出貼近漢語真實面貌的語法書之外，也含有
紀念《馬氏文通》的涵義。而楊伯峻在寫作本書的時候，身體狀況已相當不
好，可以視爲楊伯峻最後的、總結性的語法著作。〔註32〕

　　全書分爲上、中、下三編，共約80餘萬字。上編爲概述，對古漢語的特
點、詞法、句法作了簡要的論述。中編爲詞類，盡量吸收眾多學者對詞類研
究取得的成果，並將能列舉的詞類各成員全部列舉。下編爲句法，對謂語的
各種結構及複句的構造作了詳細的分析研究；同時還扼要分析了語段。書後
附錄了〈本書例句引用古籍書目〉。〔註33〕

　　本書在研究範圍和舉例上，以上古漢語爲主；而在所談問題需要聯繫歷
史發展時，則上溯甲金文，下及唐宋以迄明清文。作者認爲講古漢語而不談
它的發展變化，會使讀者感到生疏而遙遠。但本書仍以介紹古漢語語法面貌
爲出發點，只是在某些重要語法問題上聯繫其發展變化。在詞類方面，儘量
介紹各類詞的歷史面目、新舊成員的更替，並不著重介紹各類語法現象和詞
是如何發展來的。

　　本書由兩位學者合作撰寫，又博採眾家，但畢竟代表兩位作者的共同觀
點。如「小品詞」概念的棄置不用，以及用一半以上篇幅談句法，都可以看
出楊伯峻晚年的觀點變化。〔註34〕

　　全書規模宏大，引證綦詳，無論對詞類或是句法結構的論述都相當深入、
全面，是一部研究古代漢語特別是古漢語語法的重要參考書。

〔註31〕 楊伯峻、何樂士：《古漢語語法及發展》（北京市：語文出版社，1992 年 3 月），
　　　　〈前言〉，頁 1。
〔註32〕 「這本書是在楊伯峻師逝世前夕出版的，他曾在病榻上撫摸著它，流露出明
　　　　顯的歡快之情。」楊伯峻、何樂士：《古漢語語法及發展》（修訂本）（北京市：
　　　　語文出版社，2001 年 8 月），〈再版後記〉，頁 1。
〔註33〕 《古漢語語法及發展》於 2001 年 8 月出版的修訂本，於書末增加了附錄二〈名
　　　　詞術語、詞語、固定格式索引〉和〈再版後記〉。
〔註34〕 「全書由楊伯峻倡義和主持，並執筆上編的四章和中編一至七章；何樂士執
　　　　筆中編八至十一章和下編一至十四章。初稿寫出後共同通讀，反覆推敲，然
　　　　後定稿。」楊伯峻、何樂士：《古漢語語法及發展》（北京市：語文出版社，
　　　　1992 年 3 月），〈前言〉，頁 2。

　　值得一提的是，《馬氏文通》的例句多達 7326 條，〔註 35〕何九盈（1932
～）的《中國現代語言學史》稱此數量爲「眞可謂『前無古人，後無來者』，
至少現如今還『無來者』。」〔註 36〕然而本書所採用的例句達 8027 條，〔註 37〕
超越了《馬氏文通》例句的數量，由這方面來看，可以說達到紀念《馬氏文
通》的目的了。

二、古籍的整理和譯注

　　古籍整理方面，楊伯峻著有《列子集釋》、《論語譯注》、《孟子譯注》、《春
秋左傳注》、《春秋左傳詞典》等。

（一）列子集釋

　　《列子集釋》是作者大學時的習作，完成之後即束之高閣，二十幾年後
才出版。〔註 38〕但它仍不失爲研究《列子》者不可或缺的一部高水準的著作。

　　書前有〈前言〉、〈例略〉、〈徵引諸家姓氏及其著述表〉，〈前言〉討論列
子其人、《列子》一書以及對〈力命〉、〈楊朱〉二篇的看法。本書正文部份以
清人汪繼培校正的《湖海樓叢書》爲底本，復取鐵琴銅劍樓所藏之北宋本，
吉府本、鐵華館影宋本、道藏諸本、元本、明世德堂本參校。〔註 39〕注釋考
證則以張湛的《注》和盧重玄的《解》爲主，並徵引諸家著作，必要時會加
入自己的意見，如：

　　　　國不足，將嫁於衛。

　　　　〔注〕自家而出謂之嫁。

　　　　〔解〕不足，年饑也。嫁者，往也。

　　　　伯峻案：《四庫全書總目提要》〈爾雅註疏〉云：「〈釋詁〉云，『嫁，

　　　　往也』，此取《列子》之文也。」若如此，則《列子》在《爾雅》之

〔註 35〕張萬起：〈《馬氏文通》用例小計〉，見《語文研究》1984 年第 2 期，頁 57，
　　　　1984 年 5 月。
〔註 36〕何九盈：《中國現代語言學史》（廣州市：廣東教育出版社 1995 年 9 月），第
　　　　90 頁。
〔註 37〕「全書共有例句 8027 例。」楊伯峻、何樂士：《古漢語語法及發展》（修訂本），
　　　　〈前言〉，頁 1。
〔註 38〕「《列子集釋》是我二九年至三二年的舊作，在編撰過程中曾得到楊樹達教授
　　　　和許維遹教授的鼓勵和幫助。一九五八年曾由龍門聯合書局排印出版。」楊
　　　　伯峻：《列子集釋》（臺北市：華正書局，1987 年 9 月），〈前言〉，頁 6。
〔註 39〕見楊伯峻：《列子集釋》，〈例略〉，頁 1。

前。其實未必然，或今本《列子》有所因襲，或《列子》襲《爾雅》

也。〔註40〕

除《列子》正文八篇的集釋之外，書後有附錄一〈張湛事蹟輯略〉〔註41〕、附錄二〈重要序論匯錄〉〔註42〕、附錄三〈辨僞文字輯略〉〔註43〕與〈後記〉等，均爲研究者的重要參考資料。

尤其是〈辨僞文字輯略〉一篇，收錄了柳宗元、朱熹、高似孫、葉大慶、黃震、宋濂、姚際恆、錢大昕、姚鼐、鈕樹玉、吳德旋、俞正燮、何治運、李慈銘、光聰諧、陳三立、梁啓超、馬敍倫、顧實、呂思勉、劉汝霖、陳旦、陳文波以及楊伯峻本人等共二十四位學者的辨僞文章，或全錄，或摘鈔，可以從中看出自古至今《列子》一書辨僞活動的轉變，更是提供研究者莫大的方便。

（二）論語譯注和孟子譯注

《論語譯注》、《孟子譯注》兩書都是曾在學界產生過重大影響的著作，已成爲國內外許多大學院校的文科教材或重要參考書。

《論語譯注》於 1958 年由中華書局出版。書前有〈導言〉，討論《論語》命名的意義和由來、《論語》的作者和編著年代以及《論語》的版本和眞僞等相關問題。本書旁搜遠紹，博采古今學人的研究成果，間下己意，於注釋中儘量將歷史知識、地理沿革、名物制度、古代民俗及古代哲學思想等考證交待清楚；作爲語言學家，他尤其注意字音詞義、語法修辭規律的介紹，並時常對一些疑難問題進行論證，在這方面也最能突破前修，獨樹一幟。例如「學而時習之，不亦說乎？」一句，楊伯峻對「時」字的解釋爲：

「時」字在周秦時候若作副詞用，等於《孟子》〈梁惠王上〉「斧斤以時入山林」的「以時」，「在一定的時候」或者「在適當的時候」

〔註40〕見楊伯峻：《列子集釋》，〈卷第一　天瑞篇〉，頁 1～2。

〔註41〕「張湛其人與列子之關係甚密，而行事已不可得詳。茲亦略加輯錄，是爲附錄一。」見楊伯峻：《列子集釋》，〈例略〉，頁 2。

〔註42〕「僞劉向之〈目錄〉、張湛之〈序〉、盧重玄之〈敍論〉、陳景元（碧虛子）之序、任大椿之〈序〉、秦恩復之〈序〉、汪繼培之〈序〉，都與本書所錄有關，有助於讀者對本書之了解，故悉載其全文，是爲附錄二。」見楊伯峻：《列子集釋》，〈例略〉，頁 2。

〔註43〕「關於《列子》之辨僞文字，黃雲眉之《古今僞書通考補證》與張心澂之《僞書通考》雖均有輯錄，然皆缺略甚多。余故重加薈萃，并附己見，是爲附錄三。」見楊伯峻：《列子集釋》〈例略〉，頁 3。

的意思。王肅的《論語注》正是這樣解釋的。朱熹的《論語集注》把它解為「時常」，是用後代的詞義解釋古書。〔註44〕

既吸收了前人的研究成果，並根據自己的看法下了判斷。解釋「習」字，則認為應解釋為「實習」：

> 一般人把習解為「溫習」，但在古書中，他還有「實習」、「演習」的意義，如《禮記》〈射義〉的「習禮樂」、「習射」。《史記》〈孔子世家〉：「孔子去曹適宋，與弟子習禮大樹下。」這一「習」字，更是演習的意思。孔子所講的功課，一般都和當時的社會生活和政治生活密切結合。像禮（包括各種儀節）、樂（音樂）、射（射箭）、御（駕車）這些，尤其非演習、實習不可。所以這「習」字以講為實習為好。〔註45〕

所以這整句話就解釋為「學了，然後按一定的時間去實習它，不也高興嗎？」〔註46〕這樣的注釋和譯文，可以說是同時滿足了研究者與一般讀者的需求，達到了「雅俗共賞」的目的。

又如「攻乎異端，斯害也已」的「攻」字，舊時都把「攻」字解釋為「治學」的「治」，但是楊伯峻認為：

> 《論語》共用四次「攻」字，像〈先進篇〉的「小子鳴鼓而攻之」，〈顏淵篇〉的「攻其惡，無攻人之惡」的三個「攻」字都當「攻擊」解，這裏也不應例外。〔註47〕

所以這句話的譯文就是「批判那些不正確的議論，禍害就可以消滅了。」〔註48〕由以上的例子可知，《論語譯注》的譯文明白曉暢，並能保持原文語錄體的風格。書末並附有〈論語詞典〉，對研究學者來說更是方便。

《孟子譯注》是楊伯峻於 1960 年出版的著作，出版者是中華書局。書前亦有導言，討論孟子其人、《孟子》一書的作者、《孟子》的流傳、孟子的思想等問題。本書譯注，以朱熹的《四書集註》和焦循的《孟子正義》為主要依據。其他相關論著，則盡量搜集，選錄精華，予以介紹。書末同樣附有〈詞

〔註44〕楊伯峻：《論語譯注》（北京市：中華書局，1958 年 6 月），〈學而篇第一〉，頁1。

〔註45〕楊伯峻：《論語譯注》，〈學而篇第一〉，頁1。

〔註46〕楊伯峻：《論語譯注》，〈學而篇第一〉，頁1。

〔註47〕楊伯峻：《論語譯注》，〈為政篇第二〉，頁20。

〔註48〕楊伯峻：《論語譯注》，〈為政篇第二〉，頁20。

典〉，與《譯注》有著相輔相成的效果。楊伯峻自言：「譯文間有用意譯者，其每字每詞的確實意義，一查詞典便知。而詳於《譯注》者，〈詞典〉僅略言之；《譯注》未備者，〈詞典〉可補充之，對讀者或者有些好處。」〔註49〕《孟子譯注》是《論語譯注》的姐妹篇，兩書體例一致，成就與影響也難分軒輊，四十年來，一版再版，長盛不衰。

（三）春秋左傳注

　　楊伯峻用力最勤、最見功力、成就也最高的著作是《春秋左傳注》。〔註50〕《左傳》是我國第一部敘事詳細的完整的歷史著作，但自從西晉時杜預作《春秋經傳集解》以來，一直沒有好的注本。楊伯峻的家族有研習《左傳》的傳統，他從幼時起便由祖父親自授讀此書，以後幾十年一直在《左傳》上用功，早就有志於對此書作出盡可能全面的整理。

　　20世紀50年代起，他決心撰寫一部高水準的《左傳》注本，並開始搜集有關資料。在完成了《論語譯注》和《孟子譯注》之後，除校點《晉書》以外，就以全部精力投入這一工作。1966年以後，除因「文革」被迫停止工作多年外，十數年間，殫精竭慮，全力為之，至1979年夏天，《春秋左傳注》全書脫稿，總計近二百萬字，並於1981年由中華書局出版。

　　書前的〈前言〉討論的問題有《春秋》名義、《春秋》和孔丘、《春秋》評價、《春秋》和三傳、《左傳》的作者、《左傳》成書年代、《左傳》和《國語》、《左傳》在西漢的流傳、從《左傳》看春秋時代等九個問題。這篇長達四萬字左右的〈前言〉，可視為楊伯峻對《春秋》學基本問題的觀點總集，更是一篇深度與廣度兼具的學術論文，隨著《春秋左傳注》的流傳與使用，也對學界產生一定的影響力。

　　書中所使用的《春秋經》、《左傳》都是以阮元刻本為底本，並以〈校勘記〉所未見的資料進行補校。〔註51〕在註解方面，盡量採取前人及今人研究成果及近代發掘資料，對《經》、《傳》全文進行注釋，著重在史實、制度、名物的考訂和難字難句的訓釋。書中注釋頗詳，除前人成果的採用之外，也

〔註49〕　楊伯峻：《孟子譯注》（臺北縣樹林鎮：漢京文化事業公司，1987年1月），〈例言〉，頁17～18。

〔註50〕　「我用力最勤的是《春秋左傳注》。」見《中國現代社會科學家傳略》第4輯，頁130。

〔註51〕　楊伯峻：《春秋左傳注》（北京市：中華書局，1990年5月第2版），〈凡例〉，頁1。

有不少是作者自己的見解，從天文、歷法、地理、禮制、風俗、卜筮以及訓詁修辭，凡應注釋的都盡量注釋，可供研究春秋史和古漢語者參考。另附有〈《春秋左傳注》引用書目〉及〈《左傳》中所見部分器物圖〉四十六幅。

　　《論語》、《孟子》的篇幅較小，楊伯峻將譯文和注釋附於原文之後，書末附以〈詞典〉。《左傳》卷帙浩繁，便分為三部書處理──《春秋左傳注》、《左傳譯文》、《春秋左傳詞典》。由於本書對於詞義，只就難講的、古今異同較大的加以詮釋，為了兼顧一般讀者的需要，由沈玉成依據注文為全部傳文作了《左傳譯文》。〔註52〕因為《左傳譯文》雖是在楊伯峻的指導下完成的，〔註53〕但是畢竟是另外一人的著作，自有其體例〔註54〕與差異，本文也就不對《左傳譯文》進行討論。〔註55〕

（四）春秋左傳詞典

　　《春秋左傳詞典》於 1985 年由中華書局出版，匯釋了《春秋左傳》經傳中詞語 10456 條。編纂目的就如同書前的〈例言〉所說的「本詞典與《春秋左傳注》相輔相成」〔註56〕又本詞典「文字俱依《春秋左傳注》。」〔註57〕可見的此書是與《春秋左傳注》搭配使用的。

　　本書在編寫過程中曾參考哈佛燕京學社所出版的《春秋經傳引得》及日本學者重澤俊郎（1906～1990）、佐藤匡玄合編的《左傳人名地名索引》，並

〔註52〕「我把我的印象告訴了楊先生，即注釋對于經傳中史實、典章、制度、名物等等的考辨，縝密精當，無疑對研究工作者會有很多幫助，但對研究者以外的讀者來說，僅據注文去閱讀原文，似乎還有一定的困難。楊先生認為這一意見和他自己的感覺恰相符合。……並表示由於近年來他的精力已不如從前充沛，希望我能幫助他完成譯文部分的工作。」見沈玉成：《左傳譯文》（北京市：中華書局，1981 年 2 月），〈說明〉，頁 1。

〔註53〕「在翻譯的過程中雖然參考過若干前人的成果，但在訓詁上的主要依據就是楊先生的注釋。工作中遇有疑難，就提出來向楊先生請益，間或有一些不同的意見，也提出來就商于楊先生，以求取得注、譯之間的一致。全稿完成後，曾由楊先生校讀一過。」見沈玉成：《左傳譯文》，〈說明〉，頁 2。

〔註54〕「為幫助讀者閱讀，另有《左傳譯文》，由沈玉成同志為之。《譯文》自有體例。」見楊伯峻：《春秋左傳注》（北京市：中華書局，1990 年 5 月），〈凡例〉，頁 3。

〔註55〕參閱馬秀琴：《《左傳譯文》獻疑》（長春市：東北師範大學古典文獻專業碩士論文，2006 年 5 月）。

〔註56〕楊伯峻：《春秋左傳詞典》（臺北縣：漢京文化事業公司，1987 年 1 月），〈春秋左傳詞典例言〉，頁 2。

〔註57〕楊伯峻：《春秋左傳詞典》，〈春秋左傳詞典例言〉，頁 1。

後出轉精，對於此二書的資料有所補正。其體例是論詞不論字，全而書中詞條的安排，是依筆劃來進行的：

> 排列依筆畫爲次；同筆畫者，依所屬部首先後。筆畫與部首大體依《康
> 熙字典》。有的字雖排成新字形，但筆劃計算仍從舊字形。〔註58〕

若爲人名、地名條目，除簡注某國人、臣、當今某地或當時某國地外，還注明出現次數和出處，一般不加例句。《左傳》最令研究者困擾的問題之一，便是書中的人名與地名。不但數量相當龐大，而且同名異實或是異名同實的情況還相當常見。爲此，本書作了以下的處理：

> 一人多名，詞頭同者，並爲一條，依第二、三字筆劃列先後。其有
> 異名而詞頭不同者，另出，但互注參「某某」。如「孔子」、「孔丘」
> 爲一條，並注「參仲尼」，「仲尼」條亦注「參孔子、孔丘」。〔註59〕

以及「同字異人、異地者，分別各立詞條。」〔註60〕等相關的措施。

　　至於釋義方面，若遇一字多義者，則分別列出，解釋多出自心裁。例句僅舉一條，間有不止一條者，或其用法有異，或其義罕見，以示並非孤證。例句後均注明出處，並注有出現於《春秋左傳注》中的頁碼，以便覆核原文。

　　雖然，該詞典並未涵蓋所有《春秋左傳》正文的文句，但所有例句和人名、地名下都有注明出現的次數與其在《春秋左傳注》中位置，能讓讀者快速地找到想要的資料並了解人、地的在時間上的轉變，使本書除詞典功能外，尚兼具專書字詞索引和人名地名索引的部分功能。爲了便利讀者檢索，在《詞典》正文前有〈筆畫索引〉，書後附有〈四角號碼索引〉。

　　除了專著之外，楊伯峻還寫了許多有關語言文字、古籍整理及介紹、古史研究、文物考據、古代思想文化方面的論文以及序跋文字，這些文章大都因其材料詳實，結論可靠而受到好評。早年寫有〈破音考略〉，〔註61〕是作者的一篇重要論文。破讀自何時起，至今尚缺乏深入的研究，很值得注意。而楊伯峻的論文有相當部分的結論都已被視作定論，如1972年長沙一號漢墓發掘，作者撰文於《文物》雜誌，認爲出土女屍是第一代軑侯的妻子，後來二、三號墓的相繼發掘，證實了他的判斷。此外尚有些短文，都是作者讀書自得

〔註58〕楊伯峻：《春秋左傳詞典》，〈春秋左傳詞典例言〉，頁1。
〔註59〕楊伯峻：《春秋左傳詞典》，〈春秋左傳詞典例言〉，頁1。
〔註60〕楊伯峻：《春秋左傳詞典》，〈春秋左傳詞典例言〉，頁1。
〔註61〕楊伯峻：〈破音考略〉，《國文月刊》74期（1948年12月），頁22～24。

之見，如：〈「爰」字上古作「焉」字用例證〉〔註62〕、〈「不廷」「不庭」說〉〔註63〕等等，也都有精湛的見解。這些文章後來大都結集於岳麓書社出版的《楊伯峻學術論文集》及《楊伯峻治學論稿》二書中。

楊伯峻承襲了其叔父楊樹達的治學方法，一方面對傳統文獻熟爛於胸，另一方面又掌握了現代語言學的知識。他治語法，對古典文獻旁徵博引、揮灑自如；整理文獻，又運用語言學的理論掃除各種障礙，因而左右逢源，多有收穫，卓然爲海內一大家。

〔註62〕楊伯峻：〈「爰」字上古作「焉」字用例證〉，《中國語文》1962 年第 2 期（1962 年 2 月），頁 67～69。

〔註63〕楊伯峻：《中國語文》1963 年第 4 期（1963 年 8 月），頁 282～283。

第四章　楊伯峻的《春秋》觀

　　我們在第一章緒論即言之，《春秋》是我國流傳下來最重要經典書籍之一，而《左傳》、《公羊傳》、《穀梁傳》則是認爲被用來解《春秋》經，《左傳》以史解經，《公羊》、《穀梁》二傳則以義解經，故此三書稱爲《春秋》三傳。《四庫全書總目》中記載：「說經家之有門戶，自《春秋》三傳始，然迄能並立於世。」〔註1〕因此從漢代至今，研究《春秋》經傳的學者頗多，解疏經傳之義的著作更是汗牛充棟，由此而形成了一個龐大的《春秋》學。此「《春秋》學」之下包含了許多的問題，如歷來討論最多的《左傳》作者問題，《左傳》的作者是否爲左丘明？《左傳》與《春秋》的關係爲何？《左傳》與《國語》的關係又爲何？還有《春秋》與孔子的關係如何，自古以來，無論經學的家派怎樣，大部分的學者都認定《春秋》爲孔子所作或是所修，但是這樣的看法近來有許多學者提出反對的意見。對於以上這些問題，楊伯峻提出了一些自己的看法和見解，與前代學者有許多不盡相同之處。本章即就楊伯峻對《春秋》、《左傳》、《公羊傳》以及《穀梁傳》的相關問題做一探討。

第一節　楊伯峻論《春秋》

　　杜預說：「《春秋》者，魯史記之名也。記事者，以事繫日，以日繫月，以月繫時，以時繫年，所以記遠近、別同異也。故史之所記，必表年以首事。年有四時，故錯舉以爲所記之名也。」〔註2〕蓋「春秋」就成了編年史冊的代

〔註1〕　參閱〔清〕永瑢、紀昀等奉敕撰：《欽定四庫全書總目》，第一冊（臺北縣板橋市：藝文印書館，1997 年），頁 536。
〔註2〕　〔晉〕杜預注：《春秋經傳集解》（臺北市：七略出版社，1991 年 9 月二版），

稱，後來或許是由於魯史爲儒家素所研習，隨著儒家勢力的張大，「春秋」也就逐漸成了魯史的專名了。〔註3〕

　　流傳至今的《春秋》不但是一部魯國的編年史，亦是目前我國史書記載年代最早的編年史。其書分年紀事，上起魯隱公元年（當周平王四十九年，公元前 722 年），下至魯哀公十四年（當周敬王三十九年，公元前 481 年），其中包括隱、桓、莊、閔、僖、文、宣、成、襄、昭、定、哀十二公二百四十二年間的大事，內容則包括了侵伐、朝聘、會盟、災異等等之事。〔註4〕楊伯峻對於《春秋》的作者、《春秋》的義法及對《春秋》的評價等問題做了一些探討，本節討論如下。

一、《春秋》的作者問題

　　孟子說：「世衰道微，邪說暴行有作，臣弒其君者有之，子弒其父者有之。孔子懼，作《春秋》。《春秋》，天子之事也；是故孔子曰：『知我者其惟《春秋》乎！罪我者其惟《春秋》乎！』……昔者禹抑洪水而天下平，周公兼夷狄，驅猛獸而百姓寧，孔子成《春秋》而亂臣賊子懼。」〔註5〕又說：「王者之迹熄而《詩》亡，《詩》亡然後《春秋》作。晉之《乘》，楚之《檮杌》，魯之《春秋》，一也：其事則齊桓、晉文，其文則史。孔子曰：『其義則丘竊取之矣。』」〔註6〕《史記》則於〈孔子世家〉記載：「子曰：『弗乎！弗乎！君子病沒世而名不稱焉。吾道不行矣，吾何以自見於後世哉？』乃因史記作《春秋》……至於爲《春秋》，筆則筆，削則削，子夏之徒不能贊一辭。弟子受《春秋》，孔子曰：『後世知丘者以《春秋》，而罪丘者亦以《春秋》。』」〔註7〕自從孟子和司馬遷言孔子作《春秋》以後，後代的儒者也皆認定孔子作（或修）《春秋》，就是到清代或民國以後的學者也都如此認定。例如觀清儒皮錫瑞之《經學通論》可見「說《春秋》者，須知《春秋》是孔子作。」〔註8〕觀近代

　　　　頁 39。
〔註3〕　參閱趙伯雄：《春秋學史》，頁 4。
〔註4〕　參閱周于同：《群經概論》（臺北市：臺灣商務印書館，1997 年），頁 86～88。
〔註5〕　見楊伯峻：《孟子譯注》（臺北縣樹林鎮：漢京文化事業公司，1987 年 1 月），〈滕文公章句下〉，頁 155。
〔註6〕　見楊伯峻：《孟子譯注》，〈離婁章句下〉，頁 155。
〔註7〕　見〔日〕瀧川龜太郎：《史記會注考證》（臺北市：文史哲出版社，1997 年）頁 745～746。
〔註8〕　皮錫瑞：《經學通論》，第四冊（臺北市：臺灣商務印書館，1965 年），頁 2。

馬宗霍之《中國經學史》可見「孔子七十始作《春秋》。」〔註9〕再觀熊十力之《讀經示要》亦可見「昔孔子成《春秋》，制萬世法。」〔註10〕

　　雖說自古至今以來的學者幾乎皆認定《春秋》是經過孔子筆削魯史而成的，然而楊伯峻卻仍提出了反駁，他不認為孔子作（或修）《春秋》。我們首先看到的是楊伯峻在《春秋左傳注》的〈前言〉中，所提出的四點原因：

（一）根據《史記》〈孔子世家〉，孔子是在哀公十四年西狩獲麟以後作《春秋》的，而孔子於二年後即病逝。〈前言〉認為：「以古代簡策的繁重，筆寫刀削，成二百四十二年的史書，過了七十歲的老翁，僅用兩年時間，（據第一節所引〈春秋說〉，僅用了半年時間。）未必能完成這艱巨任務罷。」〔註11〕

（二）《史記》〈十二諸侯年表序〉說：「是以孔子明王道，干七十餘君莫能用，故西觀周室，論史記舊聞，興於魯而次《春秋》。」根據這一段話，則孔子次《春秋》，是在觀書周室之後，而非西狩獲麟之後。〈前言〉指出：「〈世家〉記孔丘到周王朝，在孔丘三十歲以前，其後未載再去周室。孔丘三十歲以前去周室，在魯昭公之世，如何能作《春秋》至哀公之世？」〔註12〕

（三）《論語》是專記孔子及其弟子言行的書，但卻完全沒有提及《春秋》，更未嘗提及孔子修《春秋》或作《春秋》。《論語》中記載孔子讀《易》，以及其引用《詩》、《書》，並記載孔子自己說：「吾自衛反魯，然後樂正，〈雅〉、〈頌〉各得其所。」（〈子罕〉）孔子若真的曾修或作《春秋》，其貢獻比整理〈雅〉、〈頌〉還大，為甚麼孔子及其弟子在《論語》中卻隻字不提呢？〔註13〕

（四）《春秋》以魯國史書作根據，魯史書不曉得經過多少史官的手筆。如果孔子真的修或作《春秋》，為甚麼不把文風統一，不把體例統一？〔註14〕

〔註9〕　馬宗霍：《中國經學史》（北京市：商務印書館，1936年11月第1版，1998年4月北京影印第1版），頁13。

〔註10〕　熊十力：《讀經示要》（臺北市：廣文書局，1960年），下冊，頁140。

〔註11〕　楊伯峻：《春秋左傳注》（修訂本），〈前言〉，頁8。

〔註12〕　楊伯峻：《春秋左傳注》（修訂本），〈前言〉，頁8～9。

〔註13〕　楊伯峻：《春秋左傳注》（修訂本），〈前言〉，頁9。

〔註14〕　楊伯峻：《春秋左傳注》（修訂本），〈前言〉，頁9。

楊伯峻認定孔子未作《春秋》的理由有四點：第一，古代的書寫工具落後，已經七十高齡的孔子無法在短時間內完成繁重的著書工作。第二，孔子若是在魯昭公時寫作《春秋》，書中無法寫到尚未發生的魯哀公時事。第三，《春秋》是孔子唯一的著作，整部《論語》卻對孔子作《春秋》一事隻字未提。第四《春秋》的文風和體例不一，不是一人的創作，也沒有經過後人的整理。以上爲楊伯峻論證孔子未作《春秋》之語。

除了由孔子的寫作情況來判斷之外，他還舉了許多的例子證明我們現今所看的《春秋》本文，與原本的魯史《魯春秋》並無不同。《春秋》就是魯國的史書，沒有經過孔子的修訂，自然也就沒有「微言大義」。

> 古本《竹書紀年》，是晉國、魏國的歷史文獻，西晉的杜預親自看見
> 剛出土的竹簡，在其《春秋左傳集解》〈後序〉中說：「其〈紀年篇〉……
> 大似《春秋經》。」唐代劉知幾也看到這書，在《史通》〈惑經篇〉中
> 也說：「《竹書紀年》，其所記事，皆與《魯春秋》同。」就《公羊傳》
> 和《穀梁傳》以及董仲舒《春秋繁露》〈深察名號篇〉所極度推崇的
> 僖公十六年《春秋》的「隕（《公羊》作「霣」，同）石於宋五」的一
> 條說，不過記載那天宋國有隕星，落下五塊石頭罷了。這種措辭構句
> 沒有什麼奇怪，而《公羊傳》等都越說越離奇，董仲舒認爲這是「君
> 子於其言，無所苟而已」（本孔丘語，見《論語》〈子路篇〉）。其實，
> 根據《史通》〈惑經篇〉所引《竹書紀年》，也是「隕石於宋五」。可
> 見這是宋國的天象，宋國把它通報諸侯，各國史官記了下來，何嘗是
> 孔丘的筆墨？《禮記》〈坊記〉曾經兩三次引用《魯春秋》，就是《公
> 羊傳》所謂「不脩春秋」，也和今天的《春秋》基本相同。〔註15〕

這是楊伯峻從《竹書紀年》和《禮記》等外部文獻證明《春秋》即是魯史本文。不論是《竹書紀年》本身，或是《禮記》所引用的《魯春秋》，其文字敘述與現今所看到的《春秋》並沒有太大的差別，說明孔子對《魯春秋》的原文並沒有增減。除了這些外部證據，楊伯峻也據了一些內部證據，也就是從《春秋》與《左傳》的文本，證明《春秋》不曾經過孔子的修改。

楊伯峻從《春秋》、《左傳》的文本中提出《春秋》就是魯史本文的證據，來證明孔子不曾修改過《春秋》。如《左傳》〈文公十五年〉記載：「三月，宋

〔註15〕楊伯峻等：《經書淺談》，頁 82。關於此段的敘述與例證，在《春秋左傳注》的〈前言〉，頁 12～15 有更加明確的說明，請參閱。

華耦來盟，……公與之宴，辭曰：『君之先臣督，得罪於宋殤公，名在諸侯之策。臣承其祀，其敢辱君！請承命於亞旅。』魯人以爲敏。」〔註16〕楊伯峻說：

> 宋華督殺宋殤公在魯桓公二年，春秋說：「宋督弒其君與夷及其大夫孔父。」華耦說：「先臣督……名在諸侯之策」，可見各國史官都是這樣寫的。〔註17〕

又說：

> 至於宣公二年《春秋》「晉趙盾弒其君夷皋」，襄公二十五年《春秋》「齊崔杼弒其君光」，都本於晉、齊兩國太史的直筆，《左傳》都有詳細的紀述，孔丘何曾改動？〔註18〕

楊伯峻藉由《左傳》所敘述其他各國史官的著錄情況，與《春秋》的內容相同，證明《春秋》的書寫方式是當時各國史官的通用法則，不是出自孔子的創見。既然當時各國的史書記載著相同的字句，《春秋》未曾經過修改的事實，也就顯而易見了。

最後，楊伯峻最後總結孔子與《春秋》的關係爲：

> 那麼《春秋》和孔丘究竟有什麼關係呢？我認爲孔丘曾經用《魯春秋》作過教本，傳授弟子。《論語》〈述而〉曾經說「子以四教，文、行、忠、信。」在這四者之中，文自包括魯國歷史文獻，即當時的近代史和現代史。〔註19〕

又說：

> 《春秋》本是魯國官書，由此傳到民間，由孔門弟子傳述下來，孔門弟子或者加上孔子生的年月日，或者加上孔子死的年月日，以此

〔註16〕〔晉〕杜預注：《春秋經傳集解》，頁143頁。
〔註17〕楊伯峻：《春秋左傳注》（修訂本），〈前言〉，頁13。張以仁認爲「桓公二年《左傳》說：『二年春，宋督攻孔氏，殺孔父而取其妻。公怒，督懼，遂弒殤公。』則是孔父先死，殤公後弒。乃經文作『宋督弒其君與夷及其大夫孔父』，殤公在前，孔父居後。是以《左傳》解釋說：『君子以督爲有無君之心，而後動於惡，故先書弒其君。』然則，孔子脩經在於與夷與孔父二名之先後，楊氏安得以文十五年《左傳》「名在諸侯之策」以證孔子未曾脩經？」張以仁：〈孔子與《春秋》的關係〉，《春秋史論集》（臺北市：聯經出版事業公司，1990年1月），頁49。這一事件的發展先後與史書的紀錄順序並不相同，由此可見《春秋》並不是單純的將史事紀錄下來而已，它自有一套敘事的標準。
〔註18〕楊伯峻：《春秋左傳注》（修訂本），〈前言〉，頁13。
〔註19〕楊伯峻：《春秋左傳注》（修訂本），〈前言〉，頁15。

作爲紀念而已。〔註20〕

綜合以上的論述，楊伯峻認爲孔子並非《春秋》一書的作者，也不曾對《春秋》進行過修改。《春秋》與孔子的關係，僅是孔子在教導學生的時候，將《春秋》當作指定的教科書而已。又由於《春秋》與孔門的關係相當密切，所以在傳授過程中，孔門弟子在經文中或加入了孔子的生辰，或加入了孔子過世的紀錄來加以紀念。在楊伯峻之前，不認爲孔子所作（或修）春秋的有顧頡剛〔註21〕和錢玄同，〔註22〕而現代學者趙伯雄亦說：「孔子沒有作或修《春秋》這種看法也許更接近於歷史眞實。」〔註23〕這些見解是否正確，見仁見智，然而目前還是有相當多的學者以爲孔子作（或修）《春秋》，〔註24〕我們以爲

〔註20〕 楊伯峻等：《經書淺談》，頁 83。

〔註21〕 「看劉知幾的《惑經》，《春秋》倘使眞是孔子作的，豈非太不能使『亂臣賊子懼』了嗎？」顧頡剛：〈論孔子刪述六經說及戰國著作僞書書〉，載《古史辨》第一冊，頁 42。

〔註22〕 「（《春秋》）是一部魯國底『斷爛朝報』，不但無所謂『微言大義』等等，並且是沒有組織，沒有體例，不成東西的史料而已。這樣，便決不是孔二先生做的。」錢玄同：〈論《春秋》性質書〉，載《古史辨》第一冊，頁 276。

〔註23〕 趙伯雄：《春秋學史》，頁 7。

〔註24〕 沈玉成以爲現代史學家持《春秋》非孔子所作或所修的意見，可以舉出錢玄同《春秋左氏考證書後》、顧頡剛《春秋三傳及國語之綜合研究》、楊伯峻《春秋左傳注》〈前言〉爲代表；持《春秋》爲孔子所作或所修的意見，則以范文瀾《中國通史》、白壽彝《中國史學史》、衛聚賢《古史研究》、蘇淵雷《讀春秋及三傳札記》爲代表。參閱沈玉成、劉寧：《春秋左傳學史稿》（南京：江蘇古籍出版社，1992 年），頁 31。而與顧頡剛同時代的錢穆以爲孔子作《春秋》。參閱錢穆：《兩漢經學今古文平議》（臺北市：東大圖書公司，2003 年），頁 233～284。傅斯年則以爲「《春秋》之是否孔子所寫是小題，《春秋》傳說的思想是否爲孔子的思想是大題。由前一題，無可取證。由後一題，大近情理。」即無論《春秋》是否爲孔子所作，皆應蘊藏著孔子之思想。引自傅斯年：〈與顧頡剛論古史書〉，載《傅斯年全集》，第四冊（臺北市：聯經出版事業公司，1980 年），頁 471。現代學者李威熊先生也以爲「（孔子）作《春秋》之說，尚有待徵信，但孔子編定六經……這是不可否認的事實」，「雖然從季清以來，有不少疑古學者否定孔子作《春秋》的說法，但證據都欠充分，無法推翻成說。」引自李威熊：《中國經學發展史論》，上冊（臺北市：文史哲出版社，1988 年），頁 54 及 77。而對於楊伯峻「孔子未曾修或作《春秋》」的說法，據筆者所知，張以仁、孔祥軍、單周堯更是寫作專文加以反駁，請參閱張以仁：〈孔子與《春秋》的關係〉，收入《春秋史論集》，頁 1～59。孔祥軍：〈駁楊伯峻「孔子不作《春秋》」說〉，《中國經學》第三輯（桂林市：廣西師範大學出版社，2008 年 4 月），頁 281～288。單周堯：〈讀《春秋左傳注》札記五則〉，（古道照顏色——先秦兩漢古籍國際學術研討會論文，香港中文大學中國語言及文學系、中國文化研究所中國古籍研究中心合辦，2009

這個問題實有待於後之學者更努力的去挖掘探究。

二、論《春秋》的義法

　　自從董仲舒在《春秋繁露》中發揚他的公羊大義以來,《春秋》學的「三統說」、「三世說」及「內外思想」等學說就被後世儒者引爲政治改革的根據,尤其是到了清末,一些倡論變法的知識份子,更是將《春秋》公羊思想發揮到極致,甚至演變成爲「大同思想」。〔註25〕到底《春秋》有否存在所謂的「微言大義」,如果有,這個大義又爲何呢?這個見仁見智的問題,至今說法眾論紛紜,還沒有一定的結論。而楊伯峻對於此問題的看法爲何呢?以下是我們的論述分析。

　　傳《春秋》者認爲《春秋》之文存在許多義法,例如隱公元年《春秋》:「元年春王正月」《公羊傳》解釋爲「元年者何?君之始年也。春者何?歲之始也。王者孰謂?謂文王也。曷爲先言王而後言正月?王正月也。何言乎王正月?大一統也。」〔註26〕似乎《春秋》紀時的書法都存在著某種微言大義,但是楊伯峻卻不這麼認爲,他說:

> 陸粲也徵引金文,認爲:「今世所傳古器物銘,往往有稱『王月』者,如〈周仲稱父鼎銘〉則『王五月』,〈父己鼎銘〉則『王九月』,〈敔殷銘〉則『王十月』,是周之時凡月皆稱『王』,不獨正月也。〈商鍾銘〉曰『惟正月王春吉日』,又曰『惟王夾鐘春吉月』,是三代之時皆然,亦不獨周矣。以爲立法創制裁自聖（孔丘）心者,殆未考於此耶?」彝器銘文標年月時有「王」字,在現今傳世古器物中可以得到證明。〔註27〕

《公羊》作者將「王正月」解爲「大一統」,而楊伯峻卻不以爲然,他以陸粲爲例,說明金文中時常使用「王月」的稱呼,不單是大家熟悉的「王正月」,亦有「王五月」、「王九月」等紀時的書法,並且早在商朝之時已有使用「王

　　　年1月16日至1月18日),16頁。
〔註25〕孫春在說:「由公羊思想中發展並蛻變而成的『大同思想』,成爲二十世紀後中國的世界理念,具有十分重要的地位。」孫春在:《清末的公羊思想》,頁4～5。
〔註26〕〔漢〕公羊壽傳,〔漢〕何休解詁,〔唐〕徐彥疏:《春秋公羊傳注疏》(臺北市:臺灣古籍出版公司,2001年10月),頁2～11。
〔註27〕楊伯峻:《春秋左傳注》(修訂本),〈前言〉,頁10。

月」的習慣，所以「春王正月」並非是孔子的特定書法。「足見《公羊傳》所謂『大一統』之說只是秦、漢大一統後想像之辭而已。」〔註28〕

又公羊家認爲《春秋》記事的措辭當中，隱含著聖人的褒貶予奪，最著名的當數所謂七等進退之說。《公羊傳》莊公十年曰：「州不若國，國不若氏，氏不若人，人不若名，名不若字，字不若子。」〔註29〕以爲在《春秋》的敘述中，對人物稱名或稱字都蘊含了褒貶之意。楊伯峻則是認爲這是由於形勢不同所造成的結果：春秋初期，鄭國較爲富強，甚至戰勝周桓王，有了小霸的局面。不久，齊國稱霸，楚國也日漸強盛。接著秦國霸西戎而晉國久霸中原。最後，晉國政出多門，吳、越相爭，越又滅吳。因爲形勢的不同，魯史紀事便有不同的體例。例如：

> 春秋之初，外國大夫侵伐，稱某國人而不書名氏。僖十五年救徐，始書公孫敖及諸侯之大夫，猶未歷敘名氏。外國大夫獨帥師書名，自文三年晉陽處父始；外國大夫連兵書名，自宣六年晉趙盾、衛孫免始；至鞌之戰，然後本國及外國大夫之名歷書之。說詳張自超《春秋辨義》〈總論〉。〔註30〕

又如：

> 魯僖公以前，多稱某國君爲某人；僖公而後，惟秦、楚兩國之君間稱秦人、楚人；宣公五年而後，即秦、楚之君亦不稱人。此自是時代不同，稱謂有異，無關所謂大義微言。〔註31〕

又如：

> 《春秋》書帥師者百三十次，而僖公以前僅九次，且皆爲内大夫。文公、宣公以後，外大夫亦多書帥師，定公、哀公之間所書尤多，可見諸侯大夫之權日益增重，而史書體例因之有變。〔註32〕

在《春秋左傳注》之中，我們還能找到相當多這方面的例證。所以楊伯峻總結他對「書法」的意見爲：

> 書法的意義何在？前人說孔丘意在「寓褒貶，別善惡」；但深入研究，並不如此。只是因爲時代推移，形勢變動，太史有死者，有繼承者，

〔註28〕楊伯峻：《春秋左傳注》（修訂本），〈前言〉，頁11。
〔註29〕〔漢〕公羊壽傳，〔漢〕何休解詁，〔唐〕徐彥疏：《春秋公羊傳注疏》，頁169。
〔註30〕楊伯峻：《春秋左傳注》（修訂本），頁22。
〔註31〕楊伯峻：《春秋左傳注》（修訂本），第一冊，頁67。
〔註32〕楊伯峻：《春秋左傳注》（修訂本），第二冊，頁528。

因此各不相同而已。〔註33〕

綜合以上之論述看來，楊伯峻認為《春秋》筆法並無存在所謂的「微言大義」是非常的清楚了，他認為《春秋》的義例均為後世儒生所加，根本不存在孔子所寓的「大義」。《春秋》經文記載二百四十二年的大事，當時的形勢經過了很大的變化，歷代史官在紀錄史事的時候，不得不適應當時的形勢；另一方面，史官經過許多次的交替，彼此之間觀點與文風有所差異也是無法避免的，才會造成《春秋》體例不統一的情形。

三、論《春秋》的價值

　　既然《春秋》並非孔子所作或所修，書中也沒有蘊含「微言大義」，那麼《春秋》一書還有什麼樣的價值嗎？楊伯峻說：

> 《春秋》是魯國的一部自隱公元年至哀公十四年（後人又續至十六
> 年）共二百四十四年的不完備而可信的編年史。〔註34〕

楊伯峻認為能證明《春秋》的記載可信者有三點：

　　（一）從天象的記載來看，《春秋》所記載的日蝕有三十六次，扣除可能是誤認或誤記的襄公二十一年十月初一的紀錄，和可能是錯簡的襄公二十四年八月的紀錄這兩次後，剩餘的三十四次紀錄中，「三十三次據現代較精密的科學方法追算，是可靠的。這古人所不能偽造的。」〔註35〕此外，莊公七年對天琴座流星雨的紀錄，以及文公十四年對哈雷彗星的紀錄，也在在說明了《春秋》紀事的可信度。〔註36〕

　　（二）彝器和古代文物不斷地發現，很多能和《春秋》相印證。例如：

> 隱公二年「無駭帥師入極」，極國就是金文中「遽」；又如隱公四年
> 「莒人伐杞」，清光緒年間，在山東新泰縣出土杞伯器多種，因之可
> 以推定春秋前杞國國都所在；又如隱公五年「衛師入郕」，從古青銅

〔註33〕楊伯峻等：《經書淺談》（臺北市：萬卷樓圖書公司，1989 年 10 月），頁 81～
　　　　82。

〔註34〕楊伯峻：《春秋左傳注》（修訂本），〈前言〉，頁 16。

〔註35〕楊伯峻等：《經書淺談》，頁 84。

〔註36〕「莊公七年記載『星隕如雨』，這是公元前六八七年三月十六日所發生的天琴
　　　　星座流星雨記事，而且是世界上最早的一次記載。不是當時人看到，當時史
　　　　官加以記載。誰也不能假造。還有文公十四年的『秋七月，有星孛入於北斗』，
　　　　這是世界上對哈雷彗星的最早記錄，也是無法假造的。」楊伯峻等：《經書淺
　　　　談》，頁 84。

器和泉（錢幣）文中知道郕國古本作「成」，後來才加「邑」（「阝」）旁寫作「郕」。文公元年：「楚世子商臣弒其君頵」，今傳世青銅器有楚王頵鐘，銘文云：「楚王頵自作鈴鐘」，足證楚成王名頵。又如襄公十七年「邾子牼（丂ㄥ）卒」，邾子牼即邾宣公，名「牼」，可是《公羊》《穀梁》「牼」皆作「瞯」，而端方《陶齋吉金錄》有邾公牼鐘四器，可證《左氏經》正確。這些僅僅是少數例子，已足以證明《春秋》是可信史料。〔註37〕

（三）前文所提到的《竹書紀年》，其中的記事也有能和《春秋》相印證的部分。

《春秋》紀事不完備有兩方面：

（一）古代史官紀事本來簡略。例如：

宣公二年《春秋》「秋九月乙丑〈二十六日〉晉趙盾弒其君夷皐」。其實，殺晉靈公〈名夷皐〉的不是趙盾，而是趙穿，趙盾可能是指使者，也可能不是。其中有一段曲折，《左傳》有詳細敘述。若沒有《左傳》，誰知道其中底蘊？又如莊公二十六年《經》，「曹殺其大夫」；僖公二十五年《經》，「宋殺其大夫」，兩條《春秋》都沒有《傳》來說明，究竟殺人者是君是臣，被殺者又是誰，爲什麼被殺，怎樣被殺的，從《春秋》經文僅僅五個字中，誰也看不出。杜預也不懂，只得說「其事則未聞」。王安石譏諷《春秋》是「斷爛朝報」（見蘇轍《春秋集解》〈自序〉），很可能就是對《春秋》殘缺的不滿意。〔註38〕

（二）《春秋》記事可能本不完備，又加上後來抄寫有遺漏。「（《春秋》）目前所存全文，不過一萬六千多字，但據曹魏時的張晏和晚唐時人徐彥引《春秋說》，都說是一萬八千字〈張說見《史記》〈太史公自序〉《集解》引，徐說見《公羊傳》〈昭公十二年疏〉引〉，可見《春秋》原文，從三國以後脫漏了一千多字，很多大事漏記。」〔註39〕其他部分，如以前文所說的日蝕爲例，「春秋二百四十二年間，魯都曲阜可以見到的日蝕在六十次以上，《春秋》僅記載了一半，另外一半或者失載，或者脫落了。」〔註40〕還有由魯國的婚嫁情況

〔註37〕楊伯峻等：《經書淺談》，頁84。
〔註38〕楊伯峻等：《經書淺談》，頁85～86。
〔註39〕楊伯峻等：《經書淺談》，頁85。
〔註40〕楊伯峻等：《經書淺談》，頁85。

來看，「《春秋》載魯國女公子出嫁的僅七次，難道在十二代君主中，一共只有七個女孩出嫁？而且宣公十六年有『郯伯姬來歸』，成公五年又有『杞叔姬來歸』，這兩位女公子，只記載她們被男方拋棄回娘家，都未記載她們的出嫁，又是什麼緣故呢？」〔註 41〕可見得有不少紀錄在《春秋》中已經看不到了，是脫落，還是失載，我們已經無法得知。

綜合以上所述，楊伯峻認爲《春秋》並非孔子所作，也沒有「微言大義」蘊含於其中，但我們能由天文記載與出土文獻等方面來加以印證，《春秋》一書的記載仍有史料的價值。但是由於古代史官記事簡陋，再加上歷代的傳鈔有遺漏，春秋時期還是有不少的史事因爲缺乏史料，已湮沒無聞了。

第二節　楊伯峻論《左傳》

一、《左傳》的作者

《左傳》的作者問題，向來眾說紛紜，莫衷一是。《春秋經傳集解》〈序〉孔穎達《疏》引沈文阿說：

> 《嚴氏春秋》引《觀周篇》云：「孔子將脩《春秋》，與左丘明乘如
> 周，觀書於周史，歸而脩《春秋》之經，丘明爲之傳，共爲表裏。」
> 〔註 42〕

〈觀周篇〉是西漢本《孔子家語》中的一篇，〔註 43〕如果上述文獻可靠，那麼，這就是最早提到《左傳》作者的記載了。此外，司馬遷《史記》〈十二諸侯年表序〉也說：

> 是以孔子明王道，干七十餘君，莫能用，故西觀周室，論史記舊聞，
> 興於魯而次《春秋》，上記隱，下至哀之獲麟，約其辭文，去其煩重，
> 以制義法。王道備，人事浹。七十子之徒，口受其傳指，爲有所刺
> 譏褒諱挹損之文辭，不可以書見也。魯君子左丘明，懼弟子人人異
> 端，各安其意，失其眞，故因孔子史記，具論其語，成《左氏春秋》。

〔註 41〕楊伯峻等：《經書淺談》，頁 85。
〔註 42〕〔晉〕杜預注，〔唐〕孔穎達正義，浦衛忠等整理：《春秋左傳正義》，卷第一，
　　　　〈春秋序〉，頁 15。
〔註 43〕這裡所引的〈觀周篇〉是西漢本《孔子家語》中的一篇。今本《孔子家語》
　　　　是曹魏時代的王肅所僞造的。

〔註44〕

《嚴氏春秋》的作者嚴彭祖要早於司馬遷，但是這兩人的說法有同有異。兩人同樣提到了孔子作《春秋》，左丘明作《傳》。不同的是，嚴彭祖說孔子和左丘明同車到周太史那裡看書，之後孔子作《經》，左丘明作《傳》，是《經》、《傳》寫作同時。司馬遷則是說孔子作《春秋》在前，左丘明恐怕孔門學生各執己見，爲了避免孔子的原意失眞，因而作《傳》，是《左傳》的寫作在後。其後的《漢書》〈藝文志〉說：

> 周室既微，載籍殘缺，仲尼思存前聖之業，……以魯周公之國，禮文備物，史官有法，故與左丘明觀其史記，據行事，仍人道，因興以立功，就敗以成罰，假日月以定曆數，藉朝聘以正禮樂。有所褒諱貶損，不可書見，口授弟子，弟子退而異言。丘明恐弟子各安其意，以失其眞，故論本事而作傳，明夫子不以空言說經也。〔註45〕

班固的意見比較含糊，既說左丘明和孔子同看了當時的史書，又說左丘明作傳在孔子弟子「異言」可能「失眞」之後，則左丘明作《傳》，在孔子傳《春秋》給弟子之後了。因此晉初杜預在《春秋經傳集解》〈序〉中說：「左丘明受經於仲尼。」〔註46〕而《晉書·荀崧傳》引荀崧上疏也說：

> 昔周之衰，下陵上替，上無天子，下無方伯，善者誰賞，惡者誰罰，孔子懼而作《春秋》。……時左丘明、子夏造膝親受，無不精究。孔子既沒，微言將絕，於是丘明退撰所聞，而爲之傳。〔註47〕

依照杜預、荀崧的說法，也都認爲《左傳》的作者是左丘明，而左丘明的身份大概是孔子的後輩或學生。

然而「左丘明」一名，最早見於《論語》，《論語·公冶長》說：「子曰：『巧言、令色、足恭，左丘明恥之，丘亦恥之。匿怨而友其人，左丘明恥之，丘亦恥之。』」〔註48〕唐代的趙匡，認爲根據《論語》這一章的辭氣，認爲左

〔註44〕〔日〕瀧川龜太郎：《史記會注考證》，頁228。
〔註45〕〔漢〕班固撰，〔唐〕顏師古注，楊家駱主編：《新校本漢書并附編二種》（臺北市：鼎文書局，1979年10月6版），卷第十，藝文志第十，頁1715。
〔註46〕〔晉〕杜預注：《春秋經傳集解》，頁39。
〔註47〕〔唐〕房玄齡等撰，吳則虞點校：《晉書》，卷七十五，頁1978。
〔註48〕楊伯峻在此段話下注：「歷來相傳左丘明爲《左傳》的作者，又因爲司馬遷在〈報任安書〉中說過：『左丘失明，厥有《國語》。』又說他是《國語》的作者。這一問題，經過很多人的研究，我則以爲下面的兩點結論是可以肯定的：（甲）《國語》和《左傳》的作者不是一人；（乙）兩書都不可能是左

丘明乃孔子以前賢人：

> 夫子自比，皆引往人，故曰：「竊比於我老、彭」。又說伯夷等六人
> 云：「我則亦於是。」並非同時人也。丘明者，蓋夫子以前賢人，如
> 史佚、遲任之流，見稱於當時爾。〔註49〕

趙氏的看法，對後代學者頗有影響，後來的學者大多不同意左丘明是孔子弟子
的說法。朱熹《論語章句集注》引程頤曰：「左丘明，古之聞人也。」〔註50〕
「古之聞人」，即趙匡「夫子以前賢人」之意。韓國學者丁若鏞《論語古今注》
亦謂左丘明「年齒或長於孔子，其云孔子弟子者，未可信。」〔註51〕丁氏的說
法，與趙匡稍異，蓋趙氏認爲左丘明與孔子非同時人，而丁氏則沒有說非同時
人，只說左丘明「年齒或長於孔子」。張心澂《僞書通考》云：「孔子說：『左
邱明恥之，丘亦恥之』，左邱明好像是他的前輩，不然也就是同時稍有先後的朋
友。」〔註52〕意思與丁氏略同。楊伯峻也說：

> 孔丘說話，引左丘明以自重，可見左丘明不是孔丘學生，所以司馬
> 遷稱他爲「魯君子」，〈仲尼弟子列傳〉也沒有他的名字。那麼，他
> 至少是孔丘同時人，年歲也不至小於孔丘。〔註53〕

楊伯峻也認爲孔子說話，引左丘明以自重，可見左丘明不是孔子學生，年歲
也不至小於孔子。

　　楊伯峻更進一步說：「無論左丘明是孔丘以前人或同時人，但《左傳》作
者不可能是《論語》中的左丘明。」〔註54〕其理由是：

> 《左傳》最後記載到魯哀二十七年，而且還附加一段，說明智伯之
> 被滅，還稱趙無恤爲襄子。智伯被滅在紀元前四五三年，距孔丘之
> 死已二十六年，趙襄子之死距孔丘死已五十三年。左丘明若和孔丘

> 和孔子同時甚或較早於孔子（因爲孔子這段言語把左丘明放在自己之前，
> 而且引以自重）的左丘明所作。」楊伯峻：《論語譯注》，〈公冶長篇第五〉，
> 頁 52。

〔註49〕〔唐〕趙匡：《春秋纂例》，《經苑》（臺北市：大通書局，1970 年），第五冊，
　　　　頁 2361 下。

〔註50〕〔宋〕朱熹：《四書章句集注》（北京市：中華書局，1983 年），頁 82。

〔註51〕〔韓〕丁若鏞：《與猶堂全書》，收入民族文化推進會編輯：《影印標點韓國文
　　　　集叢刊》（首爾市：民族文化推進會，1990 年），第 2 冊，頁 203。

〔註52〕張心澂：《僞書通考》（臺北史：宏業書局，1975 年）頁 469。

〔註53〕楊伯峻：《春秋左傳注》（修訂本），〈前言〉，頁 30。

〔註54〕楊伯峻：《春秋左傳注》（修訂本），〈前言〉，頁 32。

　　同時，不至於孔丘死後五十三年還能著書。〔註55〕

如果左丘明的年代與孔子同時，《左傳》中不可能記載到孔子過世之後五十三年的史事。因爲左丘明作《傳》在時間上不合理，所以衍生出許多的不同說法，楊伯峻都一一加以駁斥。〔註56〕近代較爲著名的說法，是錢穆所主張的「吳起作《左傳》」說，〔註57〕楊伯峻也不相信，他說：

> 據《史記》〈吳起傳〉，吳起治國，用法家；善用兵，幾乎戰無不勝。大凡古代的眞法家和大軍事家，極少有迷信思想的。如果迷信，便會不知敵我，不講形勢。而《左傳》一書講「怪、力、亂、神」的地方很多，其不是吳起所著可知。〔註58〕

楊伯峻由吳起與《左傳》的思想不同來判斷《左傳》並非由吳起所作。那麼，楊伯峻認爲誰是《左傳》的作者呢？他說：

> 我認爲，《左傳》作者不是左丘明，不但不是《論語》的左丘明，也沒有另一位左丘明（有一說如此），因爲《漢書》〈古今人表〉以及其他任何史料都沒有提到第二位左丘明。……《左傳》採取很多原始資料，……《左傳》作者安排改寫這些史料，有始有終，從惠公生隱公和桓公至智伯之滅，首尾畢具，風格一致。其人可能受孔丘影響，但是儒家別派。《韓非子》〈顯學篇〉說：「故孔墨之後，儒分爲八，墨離爲三。」孔丘不講「怪、力、亂、神」，《左傳》作者至少沒有排斥「怪、力、亂、神」，所以我認爲是儒家別派。〔註59〕

楊伯峻不但否定了「左丘明作《左傳》」的說法，並認爲由《左傳》全書「首尾畢具，風格一致」來看，《左傳》應出自一人之手，屏除有後人增益的說法，〔註60〕「後人所謂劉歆等增益者（如南宋林栗說：『《左傳》凡言「君子曰」，

〔註55〕楊伯峻：《春秋左傳注》（修訂本），〈前言〉，頁32。

〔註56〕如呂大圭、姚鼐的說法，楊伯峻都不認同。參閱楊伯峻：《春秋左傳注》（修訂本），〈前言〉，頁32～33。

〔註57〕參閱錢穆：《先秦諸子繫年》（臺北市：東大圖書公司，1986年2月臺北東大初版），卷二，〈吳起傳左氏春秋攷〉，頁192～195。

〔註58〕楊伯峻：《春秋左傳注》（修訂本），〈前言〉，頁33。

〔註59〕楊伯峻：《春秋左傳注》（修訂本），〈前言〉，頁33～34。

〔註60〕「『君子曰』云云，《國語》、《國策》及先秦諸子多有之，或爲作者自己之議論，或爲作者取他人之言論。文二年《傳》躋僖公『君子以爲失禮』云云，〈魯語〉作宗人有司之言；襄三年《傳》『君子謂祁奚於是能舉善矣』，二十一年《傳》作叔向之言，《呂氏春秋‧去私篇》則作孔丘之言。《北史‧魏澹傳》，魏澹以爲所稱『君子曰』者，皆左氏自爲論斷之辭。清人張照則云：『君子之

是劉歆之辭』），都不可信。」〔註61〕而從此人與孔子關係密切卻又不避「鬼神」之說看來，楊伯峻推測《左傳》的作者應為「儒家別派」的一位學者。

二、《左傳》的成書年代

（一）成書的下限

《左傳》的流行，在戰國已經開始。楊伯峻就舉出幾條證據來加以證明。《史記》〈十二諸侯年表序〉中說：

> 鐸椒為楚威王傅，為王不能盡觀《春秋》，采取成敗，卒四十章為《鐸氏微》。趙孝成王時，其相虞卿，上采《春秋》，下觀近世，亦著八篇，為《虞氏春秋》。〔註62〕

司馬遷上文所說的《春秋》，實際上就是《左傳》，楊伯峻請讀者參考金德建（生卒年不詳）的《司馬遷所見書考》〈司馬遷所稱春秋系指左傳考〉，並說：「不然，《春秋》在當時最多不過一萬八千字，為什麼『為王不能盡觀』？《春秋》和《左傳》近二十萬字，才『為王不能盡觀』。」〔註63〕我們從這段文字中知道：戰國時代，楚威王時有個太傅叫鐸椒的，曾經摘鈔《左傳》，寫過一本書，名叫《鐸氏微》（又名《抄撮》）。之後趙孝成王時，宰相虞卿也採取《左氏傳》，寫了八篇，叫《虞氏春秋》。楊伯峻說：「楚威王元年為公元前三三九年，末年為前三二九年，鐸椒作《鐸氏微》或《抄撮》，不出這十一年之間，足見戰國時代的上層人物都喜愛《左傳》。」〔註64〕這是最早引用《左傳》的紀錄。

西晉武帝咸寧五年，有個汲郡人，名字叫不準，盜掘魏襄王墓，發現一本名叫《師春》的書，完全抄錄了《左傳》有關卜卦占筮的文字，連上下次第都沒有變動。杜預和束皙都親眼看到這書，並且認為師春是抄錄者的姓名。〔註65〕

由以上三事看來，《左傳》已被戰國時人所愛好，並且採摘成書。楊伯峻

稱，或以德，或以位。左氏所謂君子者，謂其時所謂君子其人者，皆如是云云也，非左氏意以如是云云者，乃可稱君子之論也。』兩說不同，俱有所偏，合之則較備。」楊伯峻：《春秋左傳注》（修訂本），頁15。

〔註61〕楊伯峻：《春秋左傳注》（修訂本），〈前言〉，頁34。

〔註62〕〔日〕瀧川龜太郎：《史記會注考證》，頁228。

〔註63〕楊伯峻：《春秋左傳注》（修訂本），〈前言〉，頁35。

〔註64〕楊伯峻：《春秋左傳注》（修訂本），〈前言〉，頁36。

〔註65〕參閱楊伯峻：《春秋左傳注》（修訂本），〈前言〉，頁37。

於是說：「至公元前四世紀三十年代（鐸椒爲楚太傅時），《左傳》便在讀書人中流傳，而且往往引用、抄撮以成書。則《左傳》之成書，應該在流行以前，這是理所當然的。」因爲公元前四世紀三十年代，鐸椒爲楚太傅時已抄撮《左傳》爲《鐸氏微》，《左傳》的成書應在此之前，所以楊伯峻將《左傳》成書年代的下限定在西元前三二九年（楚威王末年）。

（二）成書的斷代

楊伯峻認爲：

> 《左傳》作者每每借他人之口作預言。預言被證實的，是作者所親見的；預言不靈驗的，是作者所未及聞見的。由此可以測定《左傳》成書年代。〔註66〕

《左傳》中有許多的預言，楊伯峻以爲事情發展與預言所說相同的，一定是《左傳》的作者已經知道事情的結果，再從眾多預言中挑選出準確的預言加以寫入書中。而那些沒有應驗的預言，就是作者已經過世，來不及看到事後的發展了。以此當作標準，來找出《左傳》成書的斷代所在。

界定《左傳》成書的斷代，可以從兩部分來看。首先是莊公二十二年《左傳》說：

> 初，懿氏卜妻敬仲，其妻占之，曰：「吉，是謂『鳳皇于飛，和鳴鏘鏘，有嬀之後，將育于姜。五世其昌，並于正卿。八世之後，莫之與京。』」……及陳之初亡也，陳桓子始大於齊。其後亡也，成子得政。〔註67〕

這段預言的最後提到陳成子成爲齊國的主政者，呼應了「八世之後，莫之與京」的預言。當時也有許多人看出陳氏取代姜氏的預兆，例如昭公三年，晏嬰說：「此季世也，吾弗知齊其爲陳氏矣。」〔註68〕昭公八年，史趙說：「虞之世數未也，繼守將在齊，其兆既存矣。」〔註69〕哀公十五年，子路也說：「天或者以陳氏爲斧斤，既斲喪公室，而他人有之，不可知也；其使終饗之，亦不可知也。」〔註70〕但陳氏是否眞能取代姜氏在齊國的地位，那時候誰也不

〔註66〕楊伯峻：《春秋左傳注》（修訂本），〈前言〉，頁38。
〔註67〕楊伯峻：《春秋左傳注》（修訂本），頁221～224。
〔註68〕楊伯峻：《春秋左傳注》（修訂本），頁1234～1235。
〔註69〕楊伯峻：《春秋左傳注》（修訂本），頁1305。
〔註70〕楊伯峻：《春秋左傳注》（修訂本），頁1692～1693。

敢肯定。楊伯峻說：

> 然而不能肯定到陳成子之曾孫太公和竟託人向周王請求，立他爲齊
> 侯。所以卜辭只說「八世之後，莫之與京」；不言十世之後，爲侯代
> 姜。〔註71〕

《左傳》並沒有預測出「田和爲齊侯」這件重大的歷史事件，所以楊伯峻認爲《左傳》的作者沒有看到這件事，而「田和爲齊侯」是周安王十三年的事，那時是公元前389年，《左傳》的成書應在此年之前。

第二件事是，閔公元年《左傳》說：

> 晉侯作二軍，公將上軍，大子申生將下軍。趙夙御戎，畢萬爲右，
> 以滅耿、滅霍、滅魏。還，爲大子城曲沃。賜趙夙耿，賜畢萬魏，
> 以爲大夫。……卜偃曰：「畢萬之後必大。萬，盈數也；魏，大名也。
> 以是始賞，天啓之矣。天子曰兆民，諸侯曰萬民。今名之大，以從
> 盈數，其必有眾。」〔註72〕

又說：

> 初，畢萬筮仕於晉，遇《屯》之《比》。辛廖占之，曰：「吉。……
> 公侯之卦也。公侯之子孫，必復其始。」〔註73〕

畢萬本是周代畢國的後代，到他本人，早已國滅人微，淪爲一般士人。到此時，剛到晉國做官，得到魏邑的賞賜，職位爲大夫。《左傳》作者說畢萬所占得的卦是「公侯之卦」，他的後代一定會「復其始」，意思是恢復爲國君。楊伯峻認爲：

> 「復其始」就是恢復爲公侯。這樣，《左傳》作者一定看到魏斯爲侯。
> 那時是周威列王二十三年，公元前四〇三年。〔註74〕

《左傳》說畢萬之後代一定昌盛而恢復爲公侯，證明作者曾見到魏文侯稱侯，所以成書時間應晚於公元前403年。

楊伯峻從這兩件事情推論，認爲：

> 我們可以大膽推定，《左傳》成書在公元前四〇三年以後，公元前三
> 八六年前，離魯哀公末年約六十多年到八十年。〔註75〕

〔註71〕楊伯峻：《春秋左傳注》（修訂本），〈前言〉，頁39。
〔註72〕楊伯峻：《春秋左傳注》（修訂本），頁258～259。
〔註73〕楊伯峻：《春秋左傳注》（修訂本），頁259～260。
〔註74〕楊伯峻：《春秋左傳注》（修訂本），〈前言〉，頁40。
〔註75〕楊伯峻等：《經書淺談》，頁95。

楊伯峻認爲《左傳》作者曾經歷過「三家分晉」的歷史事件，因此他的上限設在公元前 403 年。另一方面，《左傳》作者雖然見到陳成子的後代有代齊的可能，但沒有見到公元前 389 年的田和爲齊侯，〔註76〕因此《左傳》的成書下限就設在公元前 389 年。

三、《左傳》與《春秋》的關係

在西漢哀帝時，劉歆曾竭力爭取使《左傳》「立學官」，也就是在當時的國立大學開設專門課程。但遭到守舊派的一些人反對，反對理由之一，是說《左氏》爲不傳的《春秋》。這樣的看法，不僅被後來的今文學者所繼承，即便在反對劉歆僞作說的學者中，仍是有人堅持「《左氏》不傳《春秋》」的意見，其中趙光賢、胡念貽的論文闡述最詳、最有代表性，他們認爲《左傳》原是獨立於《春秋》之外的歷史雜著，直到有人加進了解經的內容，才成爲《春秋》的傳。〔註77〕

楊伯峻說：「《左傳》是否傳《春秋》，只有就《左傳》本身來考察。」〔註78〕楊伯峻考察《左傳》之後，肯定它是「傳」《春秋》的。並且可以將《左傳》傳《春秋》分爲四種方式：〔註79〕

〔註76〕 楊伯峻於〈左傳成書年代論述〉、《經書淺談》〈左傳〉中提到《左傳》成書的下限是「公元前 386 年」，《春秋左傳注》〈前言〉、〈春秋左氏傳淺講〉則是「公元前 389 年」。尤其是《春秋左傳注》〈前言〉中是提到「田和爲齊侯在公元前三八四年」（頁 39），結論卻是「周安王十三年（公元前三八九）」（頁 41）。〈春秋左氏傳淺講〉是「公元前 386 年時田和爲齊侯」（頁 42），結論時是「周安王十三年，即公元前 389 年以前」（頁 43）。筆者查詢藤島達朗、野上俊靜編：《東方年表》（京都市：平樂寺書店，2007 年 5 月第 36 刷）和華世出版社編訂：《中國歷史紀年表》（臺北市：華世出版社，1978 年 1 月）確認周安王 13 年是爲公元前 389 年，又再查詢王修德編著：《齊國大事紀年》（濟南市：齊魯書社，2007 年 12 月），「公元前 389 年」下注「齊國田和在濁澤約會魏文侯及楚國、衛國貴族，要求做諸侯。魏文侯替他向周安王及各國諸侯申請，周安王准許。」「公元前 386 年」下則注「周王朝開始任命齊國國相田和爲齊國國君。」（頁 263）所以公元前 389 年，周王已經答應讓田和爲齊侯，只是到公元前 386 年田和才正式上任。按照楊伯峻文中的敘述，《左傳》的作者無法完全肯定「田和代齊」一事的發生，所以決定採用《左傳》寫作下限是公元前 389 年的說法。

〔註77〕 參閱沈玉成、劉寧：《春秋左傳學史稿》，頁 373～374。

〔註78〕 楊伯峻：《春秋左傳注》（修訂本），〈前言〉，頁 23。

〔註79〕 依照楊伯峻等：《經書淺談》，〈左傳〉，〈第二節 《左傳》是怎樣解說《春秋》的〉一節的分類進行闡述。

　　第一種方式是說明書法。楊伯峻說：「《左傳》直接解釋《經》文的話比較少，但基本上是必要的。如隱公『元年春王正月』，《左傳》不像《公羊傳》，把『元年』、『春』、『王』、『正月』，先截成幾段，加以無謂的解釋，又綜合起來，從詞的順序加以臆測。」〔註80〕這裡楊伯峻舉的是隱公元年的例子，隱公元年《春秋》：「元年春王正月」《左傳》則說：「元年春，王周正月，不書即位，攝也。」〔註81〕《左傳》的傳文對經文作了兩個解釋。第一個解釋「王正月」的「王」，《左傳》在「王」下加一「周」字，說明這王是周王，也就說明，這個「春正月」是遵循周王朝所頒布的曆法而定的。第二個解釋是，因為依照《春秋》條例，魯國十二君，於其元年，應該寫「元年春王正月公即位」，而隱公元年卻沒寫「公即位」三字，《左傳》加以解釋，因為隱公只是代桓公攝政，所以不寫「公即位」。這個理由是有根據的，楊伯峻從《左傳》中舉出四點證明：

> 　　隱公元年冬十月，改葬隱公和桓公的父親惠公，隱公都不為喪主，便是不敢以君主繼承者自居，傳文也明白地表示惠公在世，桓公已被立為太子，一也。
>
> 　　二年冬十二月，桓公的母親子氏死了，用夫人禮，史書「薨」。而隱公自己母親於第二年夏四月死了，卻不用夫人禮，只寫「君氏卒」，便說明隱公自己只是攝政（代行政事）者，桓公實際將為正式魯君，所以用夫人禮對待桓公母，而對待自己母親卻不用夫人禮，二也。
>
> 　　隱公五年九月「考仲子之宮」，就是替桓公之亡母別立一廟而落成之，這表示對待桓公之母何等尊重，也就表明隱公之把幼小的異母弟桓公視為魯君，三也。
>
> 　　隱公十一年傳：「羽父（即公子翬）請殺桓公，將以求大（同「太」）宰。公曰：『為其少故也，吾將授之矣。使營菟裘（地名），吾將老焉。』」就是說羽父請求隱公允許他把桓公殺死，他自己以此要求太宰的官。隱公說：「因為他（桓公）年輕，所以我代他為君主，我不久便把君位交還給他。我已派人在菟裘這地建築房屋，打算在那兒過老。」這更表明隱公無意於留戀君位，這是證據之四。〔註82〕

〔註80〕楊伯峻：《春秋左傳注》（修訂本），〈前言〉，頁24。
〔註81〕楊伯峻：《春秋左傳注》（修訂本），頁9。
〔註82〕楊伯峻等：《經書淺談》，頁90。

由此足以說明《左傳》之說隱公代桓公攝行政治，完全是當時史實，《春秋》因此於隱公元年不書「公即位」。也正是《左傳》解經是根據事實來加以說明，「所以司馬遷作《史記》，在〈魯世家〉中，用《左傳》，而不用《公羊》和《穀梁》。」〔註83〕這種《左傳》中像這種說明《春秋》「書法」的部分還有許多，這只是其中一個例子。

第二種方式是，用事實補充甚至說明《春秋》。隱公十一年《春秋》記載：「冬十有一月壬辰，公薨。」透過《左傳》的敘述，我們知道魯隱公實際上是被暗殺而死的。羽父求隱公殺桓公，隱公不同意，並且表明本心，但隱公太缺乏警覺心了，並沒有對羽父這樣的壞人加以處置。導致羽父反而害怕遇禍，先下手向桓公挑撥，於是，隱公被暗殺了，並且使某些無辜者作了代罪羔羊。「《春秋》只寫『公薨』二字，好像是病死的。《左傳》便把這事源源本本敘述出來。」〔註84〕如果沒有《左傳》的補充，誰能從《春秋》所紀錄的「公薨」二字知道隱公去世的內情？經由《左傳》的補充，我們對《春秋》有更深一層的了解。

第三種方式是訂正《春秋》的錯誤。楊伯峻說：

> 《左傳》有和《經》矛盾的，一般是《左傳》對《經》的糾正，如昭公八年《左傳》說：「夏四月辛亥，哀公（陳哀公）縊」，辛亥為四月二十日，而《經》文作「辛丑」，則為初十日，兩者相差十天。孔《疏》說：「《經》、《傳》異者，多是《傳》實《經》虛。」就是《傳》文實在，《經》文虛假。〔註85〕

又如一般日食，《傳》文不述。可是襄公二十七年《春秋》：「冬十有二月乙亥朔，日有食之。」〔註86〕《左傳》則是：「十一月乙亥朔，日有食之。」〔註87〕「日有食之」是當時習慣語，等於今天說「日蝕」。《春秋》和《左傳》只有一字之差，《春秋》是「十二月」，《左傳》是「十一月」。這一條傳文是《左傳》作者訂正《春秋》經文的錯誤。楊伯峻說：

> 按今法推算，這是當時公曆十月十三日之日全蝕，丁亥朔日應在十一月，日食也應在十一月。《經》寫成「十二月」是錯誤的。作《左

〔註83〕楊伯峻：《春秋左傳注》（修訂本），〈前言〉，頁24。
〔註84〕楊伯峻等：《經書淺談》，頁91。
〔註85〕楊伯峻：《春秋左傳注》（修訂本），〈前言〉，頁25。
〔註86〕楊伯峻：《春秋左傳注》（修訂本），頁1126。
〔註87〕楊伯峻：《春秋左傳注》（修訂本），頁1138。

傳》者大概掌握了更可靠的史料，才寫這一條《傳》文，以糾正《經》

文。〔註88〕

根據今法計算，這是當時公曆十月十三日的日全蝕，丁亥朔應在周正十一月，日蝕就在這天。《春秋》作「十二月」，可能是當時的筆誤，也可能爲後人的誤鈔，而《左傳》作者根據更可靠的資料改訂爲「十一月」。

第四種方式是，《春秋》經所不載的，《左傳》作者認爲有必要寫出來流傳後代，於是有「無經之傳」。《左傳》開頭便寫了「惠公元妃孟子」一段，〔註89〕這本是和「元年春，王周正月，不書即位，攝也。」相連結爲一章的，後來因爲杜預「分經之年與《傳》之年相附」，每年必以「元年春」開始，有時便截斷上下文，把「元年春」的上文截置於上年傳尾。〔註90〕有了這段文字補充，我們就能清楚隱公與桓公兩人的關係，以及「隱公攝政」的前因後果。除此之外，類似的例子還有很多，所以楊伯峻說：

> 以隱公元年論，《春秋經》共七條，都有《傳》；《傳》有十四條，有七條是「無經之傳」，而且傳文都說明太史所不書於《春秋》的緣故，這些都是對《春秋》史料缺失的補充。《春秋》經文僅一萬六千多字，除掉無傳之經，還不足一萬字，而傳文則有十八萬多字，絕大多數是敘述史實的，而且行文簡煉含蓄，流暢活潑；描寫人物，千姿百態，如聞其聲，如見其人，既是較可信史料，又可作爲文學作品欣賞。如果沒有《左傳》，《春秋》的價值便會大大下降。例如魯莊公二十六年《春秋經》：「曹殺其大夫。」僖公二十六年經又書：「宋殺其大夫。」這兩條都沒有傳來說明或補充，那麼，殺者是誰，被殺者又是誰，爲什麼被殺，其經過如何，一切無法知道。杜預作注，也只得說「其事則未聞。」〔註91〕

由楊伯峻的敘述中，我們就能夠了解到《左傳》對於《春秋》來說是多麼的

〔註88〕 楊伯峻：《春秋左傳注》（修訂本），〈前言〉，頁 26。

〔註89〕 「惠公元妃孟子。孟子卒，繼室以聲子，生隱公。宋武公生仲子，仲子生而有文在其手，曰爲魯夫人，故仲子歸于我。生桓公而惠公薨，是以隱公立而奉之。」楊伯峻：《春秋左傳注》，頁 2～4。

〔註90〕 「最初《春秋》自《春秋》，《左傳》自《左傳》，各自爲書，古人叫『別本單行』，把《春秋》經文和《左傳》分年合併，杜預〈春秋序〉自認是他自己『分經之年與《傳》之年相附，比其義類，各隨而解之。』」楊伯峻：《春秋左傳注》（修訂本），〈前言〉，頁 25。

〔註91〕 楊伯峻等：《經書淺談》，頁 90。

重要。如果沒有《左傳》的補充，光憑《春秋》的記載，我們對春秋歷史的了解將相當有限，很多部分甚至會不知所云。

　　楊伯峻認爲《左傳》透過以上所述的四種方式來「傳」《春秋》，使《春秋》所要表達的事件與用意更加的完整與明顯。楊伯峻引用東漢桓譚的話語來說明《左傳》對《春秋》的重要性：「無怪乎桓譚《新論》說：『《左氏傳》于《經》，猶衣之表裏相待而成。《經》而無《傳》，使聖人閉門思之十年，不能知也。』這話完全正確。」〔註92〕桓譚特別強調讀《春秋》是離不開《左傳》的，就好像衣服的兩面，若是缺少了《左傳》輔助，光憑《春秋》簡略的記事，我們根本無法得知每個事件背後那複雜的因果關係，對於《春秋》中「書法」、「大義」的了解也就十分有限了。林師慶彰也說：「《春秋》一經，是簡明的編年體，王安石喻爲『斷爛朝報』，如果沒有《左氏傳》補充歷史事件的經過，彌補了《春秋》記事的不足，就很難掌握史事的來龍去脈。」〔註93〕由此可見，《左傳》對幫助《春秋》內容的理解是有其必要性的。

　　但是《左傳》與《春秋》的關係並不是單向的補充，而是雙向的互補，正如桓譚所說「猶衣之表裏相待而成」，表裡相互配合才能成爲一件衣服。楊伯峻強調：「若有《傳》無《經》，也有許多費解處，還有更多史事闕文。」〔註94〕可見《左傳》和《春秋》兩者互相配合的的重要性，楊伯峻舉例說：

> 成十七年《經》云：「夏，公會尹子、單子、晉侯、齊侯、宋公、衛侯、曹伯、邾人伐鄭。」《傳》云：「公會尹武公、單襄公及諸侯伐鄭，自戰童至於曲洧。」《傳》僅云「諸侯」，若沒有《經》所記載的「晉侯、齊侯」等，離開《經》，不知道「諸侯」是哪些國君。同樣，襄公十年《經》云：「十年春，公會晉侯、宋公、衛侯、曹伯、莒子、邾子、滕子、薛伯、杞伯、小邾子、齊世子光，會吳于柤。」襄十年《傳》云：「春，會于柤，會吳子壽夢也。」（下略）若沒有《經》文，誰知道哪些人在柤地相會。〔註95〕

桓譚說《春秋經》不能離開《左傳》，其實《左傳》也不能離開《春秋經》。

〔註92〕楊伯峻：《春秋左傳注》（修訂本），〈前言〉，頁19。

〔註93〕林師慶彰：〈戰國至漢初傳記之學的形成〉（古道照顏色——先秦兩漢古籍國際學術研討會主題演講論文，香港中文大學中國語言及文學系、中國文化研究所中國古籍研究中心合辦，2009年1月16日至1月18日），頁11。

〔註94〕楊伯峻：《春秋左傳注》（修訂本），〈前言〉，頁19。

〔註95〕楊伯峻：《春秋左傳注》（修訂本），〈前言〉，頁23。

所以《左傳》與《春秋》就好像衣服的兩面一樣，誰也離不開誰，若是缺少了其中一方，那另一方的價值就要大打折扣了。

最後楊伯峻對《左傳》與《春秋》的關係作出了結論：

> 《左氏傳》是「傳」《春秋經》的。它和《春秋經》相結合，正如桓譚所論，好比衣服之有表有裏，不過它的「傳」《春秋》是根據大量可靠史料來補充，甚至訂正《春秋》脫漏和錯誤的，也有說明「書法」的，不像《公羊傳》《穀梁傳》多逞臆說罷了。〔註96〕

楊伯峻肯定《左傳》傳《春秋經》的事實，認爲「《左傳》以具體史實來說明或者補正以至訂正經文。」〔註97〕楊伯峻的這樣的看法，可說是對杜預所提出的「傳或先經以始事，或後經以終義，或依經以辯理，或錯經以合異」〔註98〕的解經體例的進一步闡發。

四、《左傳》與《國語》的關係

上文提及《史記》〈十二諸侯年表序〉說：「魯君子左丘明，懼弟子人人異端，各安其意，失其真，故因孔子史記，具論其語，成《左氏春秋》。」司馬遷認爲《左氏春秋》(即《左傳》)，是由左丘明所作。他又在〈太史公自序〉中說：

> 孔子戹陳、蔡，作《春秋》；屈原放逐，著〈離騷〉；左丘失明，厥有《國語》；孫子臏腳，而論《兵法》；不韋遷蜀，世傳《呂覽》；韓非囚秦，〈說難〉、〈孤憤〉。〔註99〕

司馬遷這段話實際是他〈報任安書〉的翻版。從這兩段話看來，似乎《左傳》與《國語》均是左丘明一人所作。班固便因此於《漢書》〈司馬遷傳贊〉說：「孔子因魯史記而作《春秋》，而左丘明論輯其本事以爲之《傳》，又纂異同爲《國語》。」〔註100〕清末的康有爲更因此提出「《左傳》從《國語》分出」的看法，引發後人激烈的論辯。

關於這個問題，我們先從司馬遷〈太史公自序〉說起。楊伯峻說：

> 司馬遷說「左丘失明，厥有《國語》」，這話是靠不住的，正和他說

〔註96〕楊伯峻等：《經書淺談》，頁93。
〔註97〕楊伯峻：《春秋左傳注》（修訂本），〈前言〉，頁28。
〔註98〕〔晉〕杜預注：《春秋經傳集解》，頁39。
〔註99〕〔日〕瀧川龜太郎：《史記會注考證》，頁1338～1339。
〔註100〕〔漢〕班固撰，〔唐〕顏師古注，楊家駱主編：《新校本漢書并附編二種》，卷六十二，司馬遷傳第三十二，頁2737。

「不韋遷蜀，世傳《呂覽》；韓非囚秦，〈說難〉、〈孤憤〉。」同樣靠
不住一般。〔註 101〕

楊伯峻舉出呂不韋召集門下賓客寫作《呂覽》（即《呂氏春秋》）在前，免職
遷蜀在後，兩者相差數年之久，在時間點上並不相同；同樣的，韓非著書也
是進入秦國之前的事，韓非於秦國被囚禁之後，連替自己辯駁都來不及便被
李斯毒死了，是沒有著書的可能的。所以楊伯峻認爲：

司馬遷寫文章是一回事，寫史書是另一回事。寫文章，可以信手拈
來，不求切合史實；寫史書，卻需符合歷史客觀情況。……司馬遷
本應說「左丘失明，厥有《春秋》」，爲著避免上文「孔子厄陳、蔡，
作《春秋》」重複「春秋」兩字，於是改《春秋》爲《國語》，應把
《國語》的作者加於左丘明，遂成後代爭論問題之一。〔註 102〕

司馬遷在〈太史公自序〉及〈報任安書〉中所說「左丘失明，厥有《國語》」
只是爲了避免文章的文字重複而作出的變化，並不是真的事實。《左傳》與《國
語》不是同一作者所作，〈太史公自序〉及〈報任安書〉的敘述不能當作《左
傳》與《國語》同源的證據。

除了由歷史事實證明〈太史公自序〉的說法不可信之外，楊伯峻也從《左
傳》和《國語》本身進行分析，由兩方面來證明《左傳》與《國語》是絕不
相同的。

第一，《左傳》和《國語》的文章風格不同，楊伯峻舉崔述《洙泗考信錄》
〈餘錄〉說「《左傳》紀事簡潔，措詞亦多體要；而《國語》文詞支蔓，冗弱
無骨，斷不出於一人之手明甚。」〔註 103〕《左傳》與《國語》的文章風格根
本完全不同，不可能是同一個作者。崔述又說：「且《國語》周、魯多平衍，
晉、楚多尖穎，吳、越多恣放，即《國語》亦非一人所爲也。」〔註 104〕甚至
《國語》書中各篇的行文風格也有不同的差異，所以《國語》也不可能只有
一個作者，應是集合多人的創作而成的。

第二，如果按照體例來區分，《左傳》屬於編年史，《國語》屬於國別史，
兩者除了體例不同之外，其所述的內容也有很大的差異。《國語》中的〈鄭語〉

〔註 101〕楊伯峻：《楊伯峻學術論文集》（長沙市：岳麓書社，1984 年 3 月），頁 213。
〔註 102〕楊伯峻：《楊伯峻學術論文集》，頁 214。
〔註 103〕參閱楊伯峻：《春秋左傳注》（修訂本），〈前言〉，頁 43。
〔註 104〕參閱楊伯峻：《春秋左傳注》（修訂本），〈前言〉，頁 44。

所記載的內容與《左傳》無關，即使是鄭國的大政治家子產在〈鄭語〉中也沒有記載。《左傳》對越國的記載很簡略，《國語》對句踐復國的紀錄卻相當詳盡，而且兩者記載越國滅吳的時間相差了十二年。〈周語〉、〈齊語〉所述述的史事和《左傳》幾乎都不相同；而〈魯語〉、〈晉語〉卻又與《左傳》所言重複，「只是《左傳》言簡意賅，《國語》囉唆蕪穢，使人讀他產生厭倦。」〔註105〕如果《國語》真如班固所說是「左丘明論輯其本事以為之《傳》，又纂異同為《國語》」的話，那麼「《左傳》作者為什麼既不去其重複，又不採其異聞，使自己的兩種著作起互相配合的作用呢？」〔註106〕這種種的矛盾與不合理之處，楊伯峻認為正是因為《左傳》與《國語》根本就是不同的兩本書，「《左傳》和《國語》是兩書，《國語》更不是一人所作。」〔註107〕我們把《左傳》和《國語》當作兩本不同的史書來看，就不會對上述的情形感到奇怪了。

　　《左傳》與《國語》是否原為一書的問題，似乎已有定論，馮沅君（1900～1974）〈論《左傳》與《國語》的異點〉、衛聚賢（1899～1989）〈讀「論《左傳》與《國語》的異點」以後〉、童書業（1908～1968）〈《左傳》與《國語》問題後案〉，孫次州（生卒年不詳）〈《左傳》《國語》原非一書證〉、卜德（生卒年不詳）〈《左傳》與《國語》〉、楊向奎（1910～2000）〈論《左傳》之性質及其與《國語》之關係〉等篇在論《左傳》與《國語》之關係時，雖立證取材各有不同，但結論則有共同的部分，即《左傳》與《國語》原非一書。〔註108〕黃彰健（1919～）說：「《國語》與《左傳》所紀事有多處不同，不可能自一書分出，故康有為曾命其女康同薇將《左傳》併入《國語》，此一工作即無法完成。」〔註109〕張以仁（1930～）對《左傳》、《國語》二書進行詳密的比對分析後，亦說：「今傳《國語》與《左傳》二書非由一書化分。」〔註110〕劉起釪（1917～）則認為「《左氏春秋》主要採集了大量的晉、楚兩國史料及與之有關各國的一些史料，所以是『薈萃眾史』，例如也曾採用了《國語》中一些史料，故《左氏》成書又晚於《國語》。」〔註111〕顧立

〔註105〕參閱楊伯峻：《春秋左傳注》（修訂本），〈前言〉，頁44～45。
〔註106〕楊伯峻：《春秋左傳注》（修訂本），〈前言〉，頁45。
〔註107〕楊伯峻：《春秋左傳注》（修訂本），〈前言〉，頁43。
〔註108〕參閱陳新雄、于大成主編：《左傳論文集》（臺北市：木鐸出版社，1976年）。
〔註109〕黃彰健：《經今古文學問題新論》（臺北市：中央研究院歷史語言研究所，1982年），頁783。
〔註110〕張以仁：《國語左傳論集》（臺北市：東昇文化事業公司，1980年9月），頁103。
〔註111〕顧頡剛講授，劉起釪筆記：《春秋三傳及國語之綜合研究》，〈後記〉，頁130。

三（生卒年待查）也曾經對《左傳》與《國語》作過全面性的比較研究，結論「雖未能因之判斷出《左傳》係增減《國語》而成書，或《國語》為削加《左傳》之作，其有增加減少現象是確實的」﹝註112﹞王靖宇（1934～）論述《左傳》與《國語》「二書既非由一書化分而成，亦非由一人所作。儘管如此，二書間顯然也存在著非比尋常的密切關係……而《國語》編寫者曾採用過《左傳》的可能性又微乎其微，《左傳》作者曾參考並採用《國語》的可能性應可存在。」﹝註113﹞由以上諸多學者論述《左傳》與《國語》之關係的論點，我們可發現與楊伯峻之看法是相當接近的。

第三節　論《公羊傳》與《穀梁傳》

一、《公羊傳》和《穀梁傳》之成書

關於《公羊傳》的傳授，楊伯峻說：

> 《公羊傳》的傳授，據東漢何休《春秋公羊傳》〈序〉（「傳」字阮刻本無，今據《公羊校勘記》補）唐徐彥《疏》所引戴弘序說：「子夏傳與公羊高，高傳與其子平，平傳與其子地，地傳與其子敢，敢傳與其子壽。至漢景帝時，壽乃共弟子齊人胡毋（音「無」）子都著於竹帛。」﹝註114﹞

又說：

> 《公羊傳》〈隱公二年〉「紀子伯者何，無聞焉爾」何休注也說：「其說口授相傳，至漢，公羊氏及弟子胡毋生等乃始記於竹帛。」「生」是「先生」之意，胡毋生就是胡毋子都。由此可以證明，《春秋公羊傳》到漢景帝時才寫定。﹝註115﹞

根據戴弘〈序〉和何休《注》的說法，《公羊傳》是由孔子的弟子子夏開始傳與公羊高，之後是公羊平、公羊地、公羊敢、公羊壽，公羊氏的子孫代代以

﹝註112﹞顧立三：《左傳與國語之比較研究》（臺北市：文史哲出版社，1983 年），頁194。
﹝註113﹞王靖宇：〈從敘事文學角度看《左傳》與《國語》的關係〉，《中國文哲研究集刊》第六期（1995 年 3 月），〈提要〉，頁 29。
﹝註114﹞楊伯峻等著：《經書淺談》，頁 97。
﹝註115﹞楊伯峻等著：《經書淺談》，頁 97～98。

口耳相傳，直至漢景帝時才公羊壽和胡毋子都寫定。而《穀梁傳》的傳授過程則是：

> 唐楊士勛《春秋穀梁傳》〈序〉《疏》云：「穀梁子名淑（案「淑」，當依《穀梁校勘記》作「俶」），字元始，魯人。一名赤。（案：顏師古《漢書》〈藝文志〉《注》又以為名喜）受經於子夏，為經作傳，故曰《穀梁傳》。傳（「傳」字阮刻本無，今從《校勘記》所引毛本補）孫卿，孫卿傳魯人申公，申公傳博士江翁。其後魯人榮廣大善《穀梁》，又傳蔡千秋。漢宣帝好《穀梁》，擢千秋為郎，由是《穀梁》之傳大行於世。」〔註116〕

楊士勛說《穀梁傳》亦是出於子夏，子夏傳與穀梁俶（一名赤），之後經過孫卿、申公、江翁、榮廣和蔡千秋，由漢宣帝的提倡，終於大行於世。從這些敘述《公羊傳》、《穀梁傳》成書過程的文字中，楊伯峻提出兩個問題。第一，是《公羊傳》與《穀梁傳》同樣出自於子夏的傳授，這點不可信。第二，楊士勛的說法有誤，《穀梁傳》的成書應晚於《公羊傳》。〔註117〕

（一）《公》《穀》同出子夏的不可信

在前一段的敘述中，我們知道《公羊傳》的起源是「子夏傳與公羊高」。而在《穀梁傳》的傳授過程中，一開始是「穀梁子受經於子夏」。如此說來，則是《公》、《穀》同源，兩傳同樣出自於子夏的傳授。然而楊伯峻說：

> 同一《春秋經》，子夏自然可以授與不同弟子，但只應大同小異，互有詳略，不能自相矛盾，更不會自相攻擊。〔註118〕

楊伯峻研究《公羊傳》和《穀梁傳》時，發現不但兩傳矛盾之處很多，而且有《穀梁》攻擊《公羊》的部分，茲舉三個例子加以證明。

第一個例子，隱公五年《春秋經》「九月，考仲子之宮。」《公羊傳》對此解釋為：「考宮者何？考猶入室也，始祭仲子也。桓未君，則曷為祭仲子？隱為桓立，故為桓祭其母也。然則何言爾？成公意也。」〔註119〕《穀梁傳》卻是說：

〔註116〕楊伯峻等著：《經書淺談》，頁98。

〔註117〕「《穀梁傳》作者為穀梁俶（一名赤），他是子夏弟子，自是戰國初人，比《公羊傳》到漢景帝時才寫定的應早若干年，而且寫於戰國初，應該是用古文寫的，這一點更難相信。」楊伯峻等著：《經書淺談》，頁98。

〔註118〕楊伯峻等著：《經書淺談》，頁99。

〔註119〕〔漢〕公羊壽傳，〔漢〕何休解詁，〔唐〕徐彥疏：《春秋公羊傳注疏》（臺北市：臺灣古籍出版公司，2001年10月），頁57～58。

「考者成之也，成之爲夫人也。禮：庶子爲君，爲其母築宮，使公子主其祭也。
於子祭，於孫止。仲子者，惠公之母，隱孫而脩之，非隱也。」〔註120〕楊伯峻
對這兩段闡述經意的文字加以分析後發現：

> 試比較兩傳，大不相同。第一，解釋「考」字不同，《公羊傳》以爲
> 「考宮」是把仲子神主送入廟室而祭祀她；《穀梁傳》卻認爲這是完
> 成以妾爲夫人之禮。第二，對仲子這人認識不同。《公羊傳》認爲仲
> 子是魯惠公妾，《穀梁傳》卻認爲是魯孝公妾，惠公庶母，同時也是
> 生母。第三，《公羊傳》認爲「考仲子之宮」是完成隱公讓位桓公的
> 夙願，無可非議。《穀梁傳》卻認爲隱公爲孫，違背「於孫止」的禮
> 而祭祀庶祖母，應該被譴責。同一子夏所傳，而矛盾如此，豈非咄
> 咄怪事？〔註121〕

《公羊傳》與《穀梁傳》對於「考」字的訓詁不同，對於「仲子」的身分也
有不同的認識，但是歧異最大的，是對同一事件的看法竟是全然不同。若是
《公》、《穀》同出子夏的傳授，不應該發生這樣的情況。

第二個例子是，僖公二十二年宋襄公和楚成王戰於泓，因爲宋襄公不想
在敵人半渡時以及立足未穩時發動攻擊，錯失兩次進攻得勝機會，結果吃了
大敗仗，自己也因爲傷重來過世。對於這知名的歷史事件，《公羊傳》與《穀
梁傳》的看法更是南轅北轍：

> 《公羊傳》極度誇獎宋襄公，說什麼「雖文王（周文王）之戰不過
> 此也。」《穀梁傳》卻提出作戰原則：「倍則攻（我軍倍於敵人，便
> 發動進攻），敵則戰，少則守」，認爲宋襄公違背這原則，簡直不配
> 做個人！責罵得何等憤慨！對同一人的同一行動，評價完全相反：

> 《公羊》是捧上天，《穀梁》卻貶入地，豈能出於同一師傳？〔註122〕

《公羊傳》與《穀梁傳》在此事上的觀點是互相牴觸，由此可知《公羊》跟
《穀梁》不可能是出自同一個人的傳授。

第三例是，魯宣公十五年，魯國初次實行按田畝收稅的制度。冬天的時
候，發生「蝝（食穀物蟲）生」的事件。《公羊傳》以爲魯國實行「初稅畝」，

〔註120〕〔晉〕范甯集解，〔唐〕楊士勛疏：《春秋穀梁傳注疏》（臺北市：臺灣古籍出
　　　　版公司，2001 年 11 月），頁 23～24。
〔註121〕楊伯峻等著：《經書淺談》，頁 99～100。
〔註122〕楊伯峻等著：《經書淺談》，100。

這是「變古易常」，上天於是降蝝爲災，魯國實該受罰。但《穀梁傳》卻說：「非災也。其曰蝝，非稅畝之災也。」〔註123〕於是楊伯峻說：

> 這是對《公羊傳》的批判和和駁斥。一個說，蝝生由於實行「初稅畝」；一個說，蝝生不是由於實行「初稅畝」。假如這截然相反的兩說都出於子夏，子夏是孔門弟子，後期大儒，這便是他自己打自己一掌響亮的耳光。我想，子夏不會做出這等事。〔註124〕

在「蝝生」此事的評論上，《公羊傳》與《穀梁傳》的意見又再一次相互矛盾。如果《公羊傳》和《穀梁傳》同樣出自於子夏的傳授，絕不會齟齬的情況一而再、再而三的發生，於是楊伯峻認爲：「無論公羊高或者穀梁赤，都未必是子夏學生。托名子夏，不過借以自重罷了。」〔註125〕

（二）《穀梁傳》成書晚於《公羊傳》

上文第三例論「蝝生」，《公羊傳》以爲這是因實行「初稅畝」而遭致天譴，罪有應得。《穀梁傳》加以駁斥，認爲蝝生和稅畝無關。楊伯峻以爲：「一定先有某種論點，然後才有人加以反對。由此足以證明，《公羊傳》在前，《穀梁傳》在後。」〔註126〕除了這個例證之外，楊伯峻並根據宋人劉敞《春秋權衡》中所提出的證據略加介紹，並予修訂補充：

第一個證據，隱公二年《春秋》「無駭〔註127〕帥師入極。」《公羊傳》說：

> 無駭者何？展無駭也。何以不氏？貶。曷爲貶？疾始滅也。……其言入何？内大惡，諱也。〔註128〕

而《穀梁傳》則說：

> 入者，内弗受也。極，國也。苟焉以入人爲志者，人亦入之矣。不稱氏者，滅同姓，貶也。〔註129〕

我們試比較二傳異同，兩者都對經文中的「展無駭」省稱「無駭」和「入」字加以解釋。《公羊傳》說「無駭帥師入極」此事爲春秋時代滅人之國的開始，

〔註123〕〔晉〕范甯集解，〔唐〕楊士勛疏：《春秋穀梁傳注疏》，頁236。

〔註124〕楊伯峻等著：《經書淺談》，頁101。

〔註125〕楊伯峻等著：《經書淺談》，頁101。

〔註126〕楊伯峻等著：《經書淺談》，頁102。

〔註127〕《公羊傳》作「駭」，《穀梁傳》作「侅」，兩者意思相同。

〔註128〕〔漢〕公羊壽傳，〔漢〕何休解詁，〔唐〕徐彦疏：《春秋公羊傳注疏》，頁36～38。

〔註129〕〔晉〕范甯集解，〔唐〕楊士勛疏：《春秋穀梁傳注疏》，頁11～12。

因爲痛恨這種滅人之國的行爲，貶抑「無駭」，不稱其氏。《穀梁傳》卻說「不稱氏者」，因爲所滅是同爲姬姓之國。解釋「入」字，《公羊傳》只說是諱內大惡。什麼是「內大惡」，毫無交代，不能使讀者明白其涵義。《穀梁傳》卻認爲魯隱公及展無駭以強大軍力侵入他國，該國國民並不願接受這種敵軍。並且警告說，你以軍隊侵入他國爲志，別國也會將大軍開進你的國家。楊伯峻說：「《穀梁傳》說得比較明確，極可能是採用《公羊傳》的論點加以補充。」〔註130〕又「兩相比較，《穀梁傳》似乎採擇《公羊傳》而加以修飾潤色了。」〔註131〕

　　第二個證據，隱公八年《春秋》「冬十有二月，無駭〔註132〕卒。」《公羊傳》是說：

　　　此展無駭也。何以不氏？疾始滅也，故終其身不氏。〔註133〕

《穀梁傳》則是說：

　　　無侅之名未有聞焉。或曰，隱不爵大夫也。或說曰，故貶之也。
　　〔註134〕

《春秋》在記載魯國大夫展無駭（侅）死亡一事時，既不書氏，也不書日。《穀梁傳》對這樣的情形提出了三種假設。第一種假設，展無駭並沒有名聲。然而這是說不通的，因爲前文提到，在隱公五年他曾統率軍隊滅亡極國。第二種假設，隱公一心想讓位給桓公，於是不給大夫以上官以爵位。這話也不正確。楊伯峻說：「五年經有『冬十有二月辛巳，公子彄卒』，九年經有『俠卒』，凡魯臣於《春秋》書『卒』者，都是卿大夫，隱公既代行國政，豈能『不爵大夫』？」〔註135〕最後的第三種假設，似乎是《穀梁傳》的作者也知道前面所提出的兩種解釋是行不通的，因此不得不引用「或說」的解釋，而從「或說」的內容來看，「明明是抄襲《公羊傳》，只是文字簡省而已。」〔註136〕

　　第三個證據是，莊公二年《春秋》「夏，公子慶父帥師伐於餘丘。」〔註137〕

〔註130〕楊伯峻等著：《經書淺談》，頁102。

〔註131〕楊伯峻等著：《經書淺談》，頁103。

〔註132〕《公羊傳》作「駭」，《穀梁傳》作「侅」，兩者意思相同。

〔註133〕〔漢〕公羊壽傳，〔漢〕何休解詁，〔唐〕徐彥疏：《春秋公羊傳注疏》，頁72。

〔註134〕〔晉〕范甯集解，〔唐〕楊士勛疏：《春秋穀梁傳注疏》，頁31。

〔註135〕楊伯峻等著：《經書淺談》，頁103。

〔註136〕楊伯峻等著：《經書淺談》，頁103。

〔註137〕楊伯峻：《春秋左傳注》（修訂本），頁158。

《公羊傳》說：

> 於餘丘者何？邾婁之邑也。曷爲不繫乎邾婁？國之也。曷爲國之？
> 君存焉爾。〔註138〕

魯慶父所伐者僅是邾國的一邑，名叫「於餘丘」。《春秋》應記爲「伐邾婁之於餘丘」。然而邾國的國君當時在於餘丘，於是把於餘丘視爲邾國的國都，因而不寫出國名「邾婁」。可是《穀梁傳》卻說：

> 國而曰伐。於餘丘，邾之邑也。其曰伐，何也？公子貴矣，師重矣，
> 而敵人之邑，公子病矣。病公子，所以譏乎公也。其一曰，君在而
> 重之也。〔註139〕

《穀梁傳》把重點擺在「伐」字上。「伐」是有特別涵義的詞，一般攻奪一個地方，不使用「伐」字。這次攻打邾國於餘丘一地，特地使用「伐」字，是因爲公子慶父身爲一軍的統帥，身分既尊貴，軍隊也多，以公子慶父高貴的身份去和邾國一小地爲敵，未免太不值得，因此譏諷公子慶父，也所以譏諷魯莊公。最後又引一說：「君在而重之也」，楊伯峻說：「這是採用《公羊傳》的「君存焉爾」的理由而變其詞。」〔註140〕經過這三個例證，楊伯峻以爲：「足以證明《穀梁傳》係在看到《公羊傳》後才寫定的。」〔註141〕

　　綜合以上的說法，楊伯峻認爲《公羊傳》和《穀梁傳》同出於子夏的說法有誤，無論是《公羊》還是《穀梁》都未必出自於子夏的傳授，兩書同出於子夏更是完全不可能，而兩書同將傳授的源頭推向子夏，目的是希望能「借以自重」。在成書的時間上，因爲《穀梁傳》中有著許多參考引用《公羊傳》，甚至是反駁《公羊傳》的文字，所以「《公羊傳》若說作於漢景帝時，大致可信。至於《穀梁傳》肯定又晚於《公羊傳》。」〔註142〕

二、對《公羊傳》、《穀梁傳》之解經

　　《春秋》三傳之中，《左傳》以敘事爲主，甚至有《春秋經》所沒有的史事紀錄，即所謂「無經之傳」。解釋「書法」的話並不多。而《公羊傳》、《穀

〔註138〕〔漢〕公羊壽傳，〔漢〕何休解詁，〔唐〕徐彥疏：《春秋公羊傳注疏》，頁137～138。
〔註139〕〔晉〕范甯集解，〔唐〕楊士勛疏：《春秋穀梁傳注疏》，頁76。
〔註140〕楊伯峻等著：《經書淺談》，頁104。
〔註141〕楊伯峻等著：《經書淺談》，頁104。
〔註142〕楊伯峻等著：《經書淺談》，頁102。

梁傳》主要是「以義解經」，〔註143〕以解釋《春秋經》文爲主，書中敘述史事的部分很少，楊伯峻將其定義爲「不是史書，而是所謂講『微言大義』的『經』書」，〔註144〕而對於歷來儒者所推崇的「微言大義」，楊伯峻則是認爲「（《公羊》、《穀梁》）所講的『微言大義』，大半各逞胸臆，不合本旨。」〔註145〕楊伯峻以《公羊》、《穀梁》對《春秋經》第一句「元年春王正月」的解釋爲例，說明他對《公羊傳》、《穀梁傳》解經的看法。《公羊傳》說：

> 元年者何？君之始年也。春者何？歲之始也。王者孰謂？謂文王也。曷爲先言王而後言正月？王正月也。何言乎王正月？大一統也。公何以不言即位？成公意也。何成乎公之意？公將平國而反之桓。曷爲反之桓？桓幼而貴，隱長而卑。其爲尊卑也微，國人莫知，隱長又賢，諸大夫扳隱而立之。隱於是焉而辭立，則未知桓之將必得立也。且如桓立，則恐諸大夫之不能相幼君也。故凡隱之立，爲桓立也。隱長又賢，何以不宜立？立適以長不以賢，立子以貴不以長。桓何以貴？母貴也。母貴則子何以貴？子以母貴，母以子貴。〔註146〕

而《穀梁傳》則說：

> 雖無事，必舉正月，謹始也。公何以不言即位？成公志也。焉成之？言君之不取爲公也。君之不取爲公，何也？將以讓桓也。讓桓正乎？曰不正。《春秋》成人之美，不成人之惡。隱不正而成之，何也？將以惡桓也。其惡桓何也？隱將讓而桓弑之，則桓惡矣。桓弑而隱讓，則隱善矣。善則其不正焉，何也？《春秋》貴義而不貴惠，信道而不信邪。孝子揚父之美，不揚父之惡。先君之欲與桓，非正也，邪也。雖然，既勝其邪心以與隱矣，已探先君之邪志而遂以與桓，則是成父之惡也。兄弟，天倫也。爲子受之父，爲諸侯受之君。已廢天倫而忘君父，以行小惠，曰小道也。若隱者，可謂輕千乘之國，

〔註143〕趙伯雄說：「《公羊傳》的解經，主要是著眼於《春秋經》中的義。」引自趙伯雄：《春秋學史》（濟南市：山東教育出版社，2004年），頁38。薛安勤說《穀梁傳》「解詞以明道，設問以達義。」引自薛安勤：《春秋穀梁傳今註今譯》（臺北市：臺灣商務印書館，1994年），〈前言〉，頁2。

〔註144〕楊伯峻等著：《經書淺談》，頁104。

〔註145〕楊伯峻等著：《經書淺談》，頁104。

〔註146〕〔漢〕公羊壽傳，〔漢〕何休解詁，〔唐〕徐彥疏：《春秋公羊傳注疏》，頁7～16。

踘道則未也。〔註147〕

我們從《左傳》中可以了解到這件事情的前因後果：魯隱公是魯惠公續娶的姬妾所生，是爲庶子；魯桓公則是繼配夫人所生，是爲嫡子。按照宗法，應由桓公繼位，但因桓公年紀幼小，所以隱公爲政而奉桓公爲國君。魯國君即位，按例《春秋》應書「公即位」，然而《春秋經》隱公元年卻沒有這樣寫。關於這點，《左傳》解釋經文，僅僅「不書即位，攝也」六個字，表示隱公代替桓公攝政。但是《公羊傳》和《穀梁傳》就不同了，不但解釋的文字多出《左傳》很多，解經的內容也各逞胸臆，不合乎《春秋》本旨。「(《公羊傳》)除說明『大一統』(『大一統』這個觀念，要在秦、漢以後才能有，這就足以證明《公羊傳》不出於子夏)，還有所謂『子以母貴，母以子貴』的原則。文字拖沓，很難使人讀下去，沒有文學價值。」〔註148〕《穀梁傳》在楊伯峻眼裡也是一樣的糟糕，「所謂「《春秋》成人之美，不成人之惡」，是抄自《論語》〈顏淵篇〉，把孔丘的話，改「君子」爲《春秋》罷了。」〔註149〕總之，楊伯峻以爲：

> 《公》《穀》二傳，廢話多，史事少。所謂大義，也未必是大義，更
> 未必合乎《春秋》作者本旨。那麼，三傳的價值由此可以知道了。
> 宋人葉夢得說得好：「《公羊》《穀梁》傳義不傳事，是以詳於經而義
> 未必當。」〔註150〕

總之，楊伯峻覺得《公羊傳》、《穀梁傳》中歷史資料不多，所解說的「大義」又不符合歷史事實，連文字敘述也沒有文學的美感，《公》、《穀》二傳的價值甚低，是遠遠比不上《左傳》的。

雖然楊伯峻認爲《公》、《穀》二傳的價值不高，但是對《公羊傳》、《穀梁傳》仍然是有肯定的部分：

> 《公羊傳》、《穀梁傳》，不是空話，便是怪話，極少具體的有價值的
> 歷史資料。但偶然發現一兩點全經體例，爲漢人所重視，所抄襲，
> 甚至加以附會。這種地方，還應該加以表彰和說明。〔註151〕

以《公羊傳》爲例，《公羊傳》宣公十八年說：「甲戌，楚子旅卒。何以不書

〔註147〕〔晉〕范甯集解，〔唐〕楊士勛疏：《春秋穀梁傳注疏》，頁2～3。
〔註148〕楊伯峻等著：《經書淺談》，頁106。
〔註149〕楊伯峻等著：《經書淺談》，頁106。
〔註150〕楊伯峻等著：《經書淺談》，頁106。
〔註151〕楊伯峻：《春秋左傳注》(修訂本)，〈前言〉，頁26。

葬？吳、越之君不書葬，辟其號也。」〔註152〕《禮記》〈坊記〉因而附會說：「子云：『天無二日，土無二王，家無二主，尊無二上，示民有君臣之別也。《春秋》不稱楚、越之王喪。』」〔註153〕由於楚、吳、越等南方三國的國君自稱王，經文若是要記載這三個國家的國君的葬禮，一定要出現「葬某某王」諸字，如《左傳》於襄公三十九年便記載「葬楚康王」。這便違反了〈坊記〉所說「土無二王」的原則。楊伯峻在對《春秋》的全文進行統計後說：「《春秋》全經的確沒有寫過楚、吳、越君之葬，《公羊》加以總結，成爲全經義例，還是有道理、有參考價值的。」〔註154〕除此之外，還有《公羊》、《穀梁》兩傳解經正確而《左傳》反而有誤的部分，例如：「莊公七年經『夜中，星隕（《公羊》作『霣』，同）如雨』二傳解『如』字便作像字解，和恆星雨天象符合。《左傳》解『如』爲『而』，說成是『與雨偕』，便錯解了。」〔註155〕綜合以上所論，楊伯峻雖以爲《公羊傳》、《穀梁傳》解說經文「大牛各逞胸臆，不合本旨」，但是不因此全面否定《公》、《穀》二傳的價值，對於《公》、《穀》正確的體例和解說仍表示贊同。再加上《公羊傳》曾在中國政治史、學術史上發揮重大的影響力，因此楊伯峻認爲：

> 《春秋公羊傳》和《春秋穀梁傳》，既不是史書，也談不上文學價值，
> 一般人可以不讀。但要研究中國經學史、政治思想史、學術史，卻
> 不可不讀。〔註156〕

所以一般大眾雖然不必閱讀《公羊傳》與《穀梁傳》，但是對於中國傳統文化研究者來說，卻是不可忽視的必讀書籍。

〔註152〕〔漢〕公羊壽傳，〔漢〕何休解詁，〔唐〕徐彥疏：《春秋公羊傳注疏》，頁423～424。
〔註153〕〔漢〕鄭玄注，〔唐〕孔穎達疏：《禮記正義》（臺北市：臺灣古籍出版公司，2001年10月），卷五十一，頁1639。
〔註154〕楊伯峻：《春秋左傳注》（修訂本），〈前言〉，頁27。
〔註155〕楊伯峻：《春秋左傳注》（修訂本），〈前言〉，頁28。
〔註156〕楊伯峻等著：《經書淺談》，頁109。

第五章　楊伯峻的注釋方法

　　《春秋左氏傳》是一部重要典籍，研究先秦史者固然必須讀它，研究先秦文學者也一定要讀它。但它所包括的內容比較豐富，某些地方不大容易理解。所以從漢代以來，便不斷有人替《左傳》作注釋，最有代表性的著作，便是先前介紹的西晉杜預《春秋左氏經傳集解》，以及孔穎達所編《五經正義》中的《春秋左傳注疏》。而《春秋左傳注疏》是《十三經注疏》之一，直到今日都還有參考價值。但是《春秋左傳注疏》是唐代的著作，在唐代之後《左傳》的注釋就不再有代表作的產生：

> 杜預以後還有一些關於《左傳》的著作，但比較完善的都沒有。清洪
> 亮吉《左傳詁》，著筆不多，有意排斥杜預的注釋，而引用賈逵、服
> 虔之餘說較多，談不到通釋《左傳》。劉文淇有意作《春秋左氏傳》
> 新疏，可惜他和他的兒子、孫子幾代用功，還僅寫到襄公初爲止。而
> 且從今天看來，難以使人滿意。一則爲他們所處時代所限制，缺乏科
> 學性；二則劉氏過於相信《周禮》，用《周禮》來套《左傳》，往往齟
> 齬不合，反而不如孫詒讓的《周禮正義》，能夠求學術之眞。〔註1〕

楊伯峻認爲洪亮吉（1746～1809）與劉文淇所作的《左傳》注釋都不夠充分，不能通釋全書，觀點又都各有偏頗，不符合現代學術的需要。所以楊伯峻下定決心完成一部「廣泛採取古今中外有關春秋一代歷史的研究成果，加以己意，務求探索本意，不主一家之言」，〔註2〕並能夠通釋《左傳》全書的著作，於是他開始進行《春秋左傳注》的寫作工作。他的寫作程序是這樣的：

> 我首先熟讀本書，搞清「經」和「傳」的體例。這是注解任何一部

〔註1〕 楊伯峻等：《經書淺說》，頁 95～96。
〔註2〕 楊伯峻等：《經書淺說》，頁 96。

古書最必要的基礎條件。我大致對《春秋經》和《左氏傳》的撰寫體例理解了，然後做第二步工作。這便是訪求各種版本，除阮元作《校勘記》已采取的版本外，我還得了楊守敬在日本所見的版本，又得了日本的金澤文庫本。金澤文庫本是六朝人手寫的，而且首、尾完具，可說是最有參考價值的版本。用來互相校勘，並且參考各種類書和其他唐宋以前文、史、哲各種書籍的引文，取長舍短，作爲定本。然後廣泛閱覽經史百家之書，除《春秋》、《左傳》的專著必讀以外，《三禮》和《公羊》、《穀梁》二傳，也在必讀之列。尤其是《史記》，如〈十二諸侯年表〉、春秋各國〈世家〉，必須一一和《左氏傳》相對勘。説明兩者的同異。

我又重新溫習了一遍甲骨文和青銅器銘文，並且泛閱有關這類的書籍，有可以采取的，都摘錄下來。又對歷來從地下所得資料，都摘錄在有關文字下面。把以上所説各種資料，作爲「長編」。可惜這個「長編」，在文革時期喪失了一部分，又再沒有工夫將它補全，只好就記憶所及，臨時檢書稍作補充。就憑這一不太完具的長編，刪繁就簡，淘汰無用部分，加以自己研究所得，寫成《春秋左傳注》初稿。再就初稿進行修改補充，因爲原稿比較雜亂，只好請人謄正，就算基本定稿了。〔註3〕

由這兩段文字的敘述中，我們可以知道楊伯峻的解經方法可以分爲下列幾個部分：一、清楚經、傳的體例。二、對經、傳的文本進行校勘，作爲定本。三、廣泛閱覽經史百家之書、甲文、金文及出土文獻，將相關資料摘錄，寫作「長編」。四、根據長編刪繁就簡，加以己見，完成《春秋左傳注》。以下我們就依照編纂的次序來一一加以了解。

第一節　對經、傳體例的理解

一、稱謂體例

在上一章第一節的〈楊伯峻論《春秋》〉中，討論《春秋經》的義法問題

〔註3〕 楊伯峻：〈我和《左傳》〉，收入《楊伯峻治學論稿》（長沙市：岳麓書社，1992年7月），頁126～127。

時我們已經知道，楊伯峻認為《春秋》未曾經過孔子的修改，書中也不曾蘊含著「微言大義」，《春秋》的體例是魯國史官在記載歷史事件時，因時勢不同而造成的。楊伯峻將這些條例一一加以釐清，上文已舉了幾個例子，現在再做些補充。例如：

> 在隱公和桓公時，若不是魯國卿大夫，無論國際盟會或者統軍作戰，都不寫外國卿大夫的姓名。到莊公二十二年，《春秋》才寫「及齊高傒盟於防」，這是和外國卿大夫結盟寫出外國卿大夫姓名的開始。文公八年春寫「公子遂會晉趙盾：盟於衡雍」，這是盟會魯國和外國的卿大夫都寫出姓名的開始。〔註4〕

楊伯峻還說「舊說謂若是命卿，則書名于《經》，否則書人。則豈莊公、文公以前代表列國參予盟會侵伐者，皆無一是命卿邪？恐未必然。」〔註5〕可見楊伯峻對《春秋》體例有自己的看法。又如：

> 楚國君，《春秋》在文公九年以前都稱「楚人」，文公九年一則書「楚人（實是楚穆王）伐鄭」，一則書「楚子使椒來聘」，書「楚人」「楚子」同在一年。宣公五年以後就都書「楚子」。而且楚大夫書名，也從「使椒來聘」開始，椒是鬬椒，却不寫他的姓氏。〔註6〕

這些都是《春秋》在進行寫作的時候，因應當時的情勢不同而改變體例的證據，而楊伯峻則加以統整與發明。此外還有一些《春秋》敘述上的條例，在用字遣詞方面，如隱公元年《左傳》「三月，公及邾儀父盟于蔑——邾子克也。未王命，故不書爵。曰『儀父』，貴之也。」楊伯峻注：

> 此是釋《經》語。莊十六年《經》既書「邾子克卒」，子是爵：而此不云邾子，左氏以為此時尚未得王命。杜預《注》以為附庸之君未王命，例稱名。而邾子克能自通於大國，繼好息民，故書字貴之。然考之《經》例，凡小國，或文化落後，或在邊裔，所謂蠻、夷、戎、狄者，皆稱其君為子。考之彝銘，鼄公牼、鼄公華、鼄公托三鐘自稱公，鼄伯鬲、鼄伯御戎鼎又稱伯。〔註7〕

《春秋》經「邾儀父」的稱呼，我們在此可以看到《左傳》、杜《注》和楊伯

〔註4〕　楊伯峻等：《經書淺談》（臺北市：萬卷樓圖書公司，1989年10月），頁81。
〔註5〕　楊伯峻：《春秋左傳注》（修訂本），頁8。
〔註6〕　楊伯峻：《春秋左傳注》（修訂本），〈前言〉，頁10。
〔註7〕　楊伯峻：《春秋左傳注》（修訂本），頁9～10。

峻等三種解釋。《左傳》以爲郕子克未得王命,杜《注》以爲郕子克能有所表現,所以「書字貴之」。楊伯峻則認爲《春秋》對於小國的國君均稱爲「子」,並引金文爲據。又例如桓公十三年《春秋》「齊師、宋師、衛師、燕師敗績。」楊伯峻曰:

> 莊公十一年《傳》云:「大崩曰敗績。」《春秋》書「敗績」者十六次,其十四次皆稱某師敗績,唯莊二十八年稱「衛人敗績」,成公十六年稱「楚子、鄭師敗績」。〔註8〕

又如隱公二年《春秋》「十有二月乙卯,夫人子氏薨。」楊伯峻注曰:

> 諸侯之死曰薨,諸侯之夫人或母夫人死,亦曰薨。《春秋》記魯公或魯夫人之死,除隱三年「君氏卒」及哀十二年「孟子卒」等特殊情況外,皆用「薨」字;記其他諸侯之死,則用「卒」字。〔註9〕

《春秋》在紀事的時候,對待魯國與其他諸侯國的標準是不一樣的,由此也可以獲得證明。莊公二十八年《春秋》「二十有八年春,王三月甲寅,齊人伐衛。衛人及齊人戰,衛人敗績。」楊伯峻明白的說出《春秋》在敘述時先後順序的規律:

> 《春秋》書某及某戰,若魯與人戰,以魯爲主,桓十七年「及齊師戰于奚」、成二年「會晉郤克、衛孫良夫、曹公子首及齊侯戰於鞌」之屬是也。若晉與秦、楚戰,則先晉而後秦或楚,韓(僖十五年)、彭衙(文二年)、令狐(文七年)、河曲(文十二年)、城濮(僖二十八年)、邲(宣十二年)、鄢陵(成十六年)諸役是也。若宋與楚戰(僖二十二年泓之役)、蔡與楚戰(定四年柏舉之役)、齊與吳戰(哀十一年艾陵之役),皆先中原諸國而後楚或吳,所謂先諸夏而後夷狄也。若宋與齊、鄭戰,則先宋而後齊或鄭,僖十八年「宋師及齊師戰于甗」,宣二年「宋華元帥師及鄭公子歸生帥師戰于大棘」是也。即衛、齊相戰,亦先衛而後齊,成二年新築之役是也。楚、吳相戰,又先楚而後吳,昭十七年「楚人及吳戰于長岸」是也。《公羊傳》謂伐人者爲客,是伐者爲主,此是衛見伐,故是衛主之,按之《經》例,未必然。〔註10〕

〔註8〕 楊伯峻:《春秋左傳注》(修訂本),頁136。
〔註9〕 楊伯峻:《春秋左傳注》(修訂本),頁21。
〔註10〕 楊伯峻:《春秋左傳注》(修訂本),頁237～238。

除此之外，《春秋左傳注》中還有相當多的例子，皆可證明楊伯峻對《春秋》的體例有相當的了解。

二、傳皆不虛載經文

至於《左傳》的體例，上文也說過了《左傳》解經的四種方式，現在同樣補充幾點。首先是杜預以爲《左傳》中有一體例，叫做「傳皆不虛載經文」，「意思是《左傳》作者，如果對《春秋》經文某些條文沒有補充、修改或說明，便不爲這條經文立傳，所以《左傳》中有不少經文沒有傳文。」〔註11〕楊伯峻很贊成杜氏的觀點，他說：

> 杜預很懂得《左傳》體例，假若《經》文和《傳》文相類，如文公元年《傳》「夏四月丁巳，葬僖公」，和《春秋》「夏四月丁巳葬我君僖公」，好像無所謂增加和說明，而杜預卻注云：「《傳》皆不虛載《經》文。」那麼，爲什麼這裏「虛載《經》文」呢？杜預認爲後文「穆伯如齊始聘焉……」這條《傳》文應在「葬僖公」下，就是孔穎達《疏》所說的「既葬除喪，即成君之吉位也。」我則認爲這是表示下一《傳》文「王使毛伯衛來錫公命。叔孫得臣如周拜。」若不寫僖公已葬，周王既不能使人錫命，文公也不得接受，並且使人答謝。正如宣十年《經》「公孫歸父帥師伐邾，取繹。」《傳》僅云：「師伐邾，取繹。」實際爲下文「冬，子家如齊，伐邾故也。」作伏筆。因爲最初《春秋》自《春秋》，《左傳》自《左傳》，各自爲書，古人叫「別本單行」。把《春秋經》文和《左傳》分年合併，杜預〈春秋序〉自認是他自己「分《經》之年與《傳》之年相附，比其義類，各隨而解之。」若在《經》、《傳》未合併以前，作《傳》者於與其他《傳》文有關之《經》，不能不也寫一筆。這不叫「虛載」。〔註12〕

楊伯峻同意杜預「傳皆不虛載經文」的看法，〔註13〕對於《春秋》和《左傳》

〔註11〕 楊伯峻等：《經書淺說》，頁91。

〔註12〕 楊伯峻：《春秋左傳注》（修訂本），〈前言〉，頁24～25。

〔註13〕 在文公元年《左傳》「夏四月丁巳，葬僖公。」下，楊伯峻注：「杜《注》：『《傳》皆不虛載《經》文，而此《經》孤見，知僖公末年《傳》宜在此下。』吳闓生《文史甄微》曰：『《傳》當在「必有後於魯國」之下，終「會葬」之文。後人引《傳》附《經》，拘於時月先後，因以「閏三月」傳文間廁其中。』《傳》無虛載《經》文之例，杜氏所見甚是；而此《傳》孤立，兩氏所言俱有理，

敘述文字相類的情形，他認為有兩種解釋，一種是《左傳》訂正《春秋》的錯誤，前一章已經提及，不再贅述。另一種就是本節所要說明的：原本的《春秋》與《左傳》是各自單行的，所以《左傳》在解釋《春秋》的時候，不得不把前因後果先介紹一下，這時便會出現與《春秋》相似或相同的文字，這是很理所當然的。但是後來杜預將《左傳》與《春秋》合併成一書時，這些原本《左傳》中介紹事件始末的文字便與《春秋》經文重複了，這就造成我們今日所見《春秋》和《左傳》文字相類的情況發生。

　　將《春秋》與《左傳》兩書合併所產生的問題很多，除了《經》、《傳》文字重複之外，因為杜預採用的合併方式是「分《經》之年與《傳》之年相附」，因此造成另一情況：

> 《左傳》還有時把幾條相關的《經》文，合併寫成一《傳》，如僖公三十二年「冬十有二月己卯晉侯重耳卒」，三十三年「春王二月秦人入滑」、「夏四月辛巳，晉人及姜戎敗秦師于殽。」、「癸巳，葬晉文公」，一共四條經文，《左傳》寫成一傳，不過今本《左傳》因三十二年和三十三年之間，插入經文，因而隔斷，文氣實際是相聯的。
>
> 〔註14〕

同樣的例子，在《左傳》還有很多，隱公元年《左傳》「惠公元妃孟子。孟子卒，繼室以聲子，生隱公。宋武公生仲子，仲子生而有文在其手，曰為魯夫人，故仲子歸于我。生桓公而惠公薨，是以隱公立而奉之。」楊伯峻注：

> 此與下《傳》「元年春王周正月不書即位，攝也」為一《傳》，後人分《傳》之年，必以「某年」另起，故將此段提前而與下文隔絕。
>
> 〔註15〕

莊公二十九年《左傳》「樊皮叛王。」楊伯峻注：

> 此句本應與下年《傳》「王命虢公討樊皮」為一《傳》，為後人割裂分為二《傳》。〔註16〕

還有莊公二十年《左傳》「虢公曰：『寡人之願也。』」楊伯峻注：

> 此《傳》文與下年《傳》文貫穿一氣，知本緊接，後人因欲《經》、

　　　未詳孰是。」楊伯峻：《春秋左傳注》（修訂本），頁 512。
〔註14〕楊伯峻：《春秋左傳注》（修訂本），〈前言〉，頁 25。
〔註15〕楊伯峻：《春秋左傳注》（修訂本），頁 5。
〔註16〕楊伯峻：《春秋左傳注》（修訂本），頁 245。

《傳》按年相配，故今爲下年《經》文隔開。由此足知原本《左傳》

不載《經》文而單行。〔註17〕

以上這些情況，都應將兩部分的文字合併在一起解釋，文義才能暢通。由此可見，楊伯峻對於《左傳》的寫作體例深有體會與了解。

三、用詞條例

另外，《左傳》用詞上的條例，楊伯峻也將其列出討論，例如隱公三年《左傳》「不稱夫人，故不言葬，不書姓。爲公故，曰『君氏』。」楊伯峻注：

國君曰君，君夫人曰小君，「君氏」者，猶言「小君氏」，「氏」亦猶

「母氏」「舅氏」之義例。〔註18〕

又隱公三年《左傳》「鄭武公、莊公爲平王卿士。」楊伯峻注：

經書屢見卿士一詞，意義不一。《尚書》〈洪範〉「謀及卿士，謀及庶

人」，〈顧命〉「卿士邦君麻冕蟻裳，入即位」，卿士似泛指在朝之卿

大夫，此廣義之卿士。〈牧誓〉言「是以爲大夫卿士」，則卿士不包

括大夫；此卿士義當同于《詩》〈小雅〉〈十月之交〉「皇父卿士，番

維司徒」、〈商頌〉〈長發〉「降于卿士，實維阿衡」之「卿士」，此狹

義之卿士。杜《注》謂「卿士，王卿之執政者」，蓋得之。《左傳》

凡八用「卿士」，皆狹義。〔註19〕

從這些地方我們也能知道楊伯峻對《左傳》字詞含意的了解是非常精確的。以上這些條例的闡述，在在說明楊伯峻能掌握《左傳》的寫作體例，這對寫作《春秋左傳注》有很大的幫助。

四、君子曰

還有，《左傳》中許多學者認爲是後人增補的「君子曰」部分，〔註20〕楊

〔註17〕楊伯峻：《春秋左傳注》（修訂本），頁215。

〔註18〕楊伯峻：《春秋左傳注》（修訂本），頁26。

〔註19〕楊伯峻：《春秋左傳注》（修訂本），頁26。

〔註20〕「自宋以來，就有人懷疑是劉歆改造了《左傳》，加進了解經語。宋人林栗説：『《左傳》凡言君子曰是劉歆之辭。』到了清代，劉逢祿作《左氏春秋考證》，詳細論證了劉歆是怎樣把先秦舊書《左氏春秋》改編爲《春秋左氏傳》的。後來康有爲繼承其説，進而提出劉歆割裂《國語》、僞造《左傳》的新説。」趙伯雄：《春秋學史》，頁19。

伯峻認爲這是《左傳》寫作的體例之一：

> 「君子曰」云云，《國語》、《國策》及先秦諸子多有之，或爲作者自
> 己之議論，或爲作者取他人之言論。文二年《傳》躋僖公「君子以
> 爲失禮」云云，〈魯語〉作宗人有司之言；襄三年《傳》「君子謂祁
> 奚於是能舉善矣」，二十一年《傳》作叔向之言，《呂氏春秋》〈去私
> 篇〉則作孔丘之言。《北史》〈魏澹傳〉，魏澹以爲所稱「君子曰」者，
> 皆左氏自爲論斷之辭。清人張照則云：「君子之稱，或以德，或以位。
> 左氏所謂君子者，謂其時所謂君子其人者，皆如是云云也，非左氏
> 意以如是云云者，乃可稱君子之論也。」兩說不同，俱有所偏，合
> 之則較備。〔註21〕

楊伯峻認爲自古以來，史書的作者在進行寫作的時候，本就會將自己或當時
名人對事件的看法一併寫入書中，這在先秦的許多書中都能找到例證，所以
《左傳》中「君子曰」的論述是原有的寫作體例，並不是後人所附加的，更
不是劉歆所竄入的文字。

　　綜合以上所論，楊伯峻將了解《經》、《傳》的體例當作是「注解任何一
部古書最必要的基礎條件」，可見楊伯峻對這件事的重視。上文中曾提到楊伯
峻認爲「凡閱讀古人的著述，必須探求古人的本意，唯有做到了這一點，才
有發表意見的權力。」我們從楊伯峻注釋經典的方法來看，與他所說的言論
是可以互相印證。

第二節　對《左傳》本文的校勘

　　《春秋左氏傳》雖貴爲「十三經」之一，受到經師們的重視，但是歷經
千餘年的輾轉傳授，反覆傳抄刊刻，其中的訛、誤、脫、衍的情況必不在少
數，這就影響了後代經學家對《左傳》的說解。爲了恢復《左傳》的原貌，
楊伯峻先生在寫作《春秋左傳注》時，把對《左傳》的校勘放在首要的位置。
爲此，他傾注全力，辛勤耕耘，廣收異本用來校勘，並且參考了各種類書和
唐宋以前各種古籍的引文，參酌比較。正如他在第一條〈凡例〉所說：

> 《經》、《傳》都以阮元刻本爲底本，一則以其流通廣，影響大；二
> 者以其有〈校勘記〉，可以利用。復取〈校勘記〉所未見者補校，其

〔註21〕楊伯峻：《春秋左傳注》（修訂本），頁15。

中有敦煌各種殘卷，除據前人各家題記外，復取北京圖書館所藏照
片覆校。有楊守敬所藏所謂六朝人手書殘本，據有正書局石印本。
楊守敬跋六朝人手書本記日本石山寺藏本三條，亦採入。而最可貴
者，爲日本卷子本，以其曾有「金澤文庫」圖章，今稱金澤文庫本。
皆能於阮本有所校正。凡改正底本者，多於《注》中作〈校記〉。其
文字有重要不同，雖不改動底本，亦注出，以供參考。至一般異文，
則省而不出注，以避繁瑣。〔註22〕

可見其底本採用經過清代學者精校過的阮刻本，並且使用了清人所未見的敦
煌卷子本，以及日本金澤文庫本，取材範圍較以前學者更爲廣闊，在校勘方
面取得了豐富的成果。以下分爲分段、斷句、文誤、衍文、脫文、互乙與錯
簡等項目，各舉數例，略爲敘述。

一、分段（分章）

在《春秋左傳注》之前的注釋本中原本是同一段的文字，楊伯峻則根據
實際的文意將其分爲兩段。〈凡例〉說「各本所分章節，頗多歧異。今據《經》、
《傳》義例並依文義史事，重爲釐定。」〔註23〕例如莊公十六年《左傳》：

鄭伯自櫟入，緩告于楚。秋，楚伐鄭，及櫟，爲不禮故也。鄭伯治
於雍糾之亂者，九月殺公子閼，刖強鉏，公父定叔出奔衛，三年而
復之。曰：「不可使共叔無後於鄭。」使以十月入，曰：「良月也，
就盈數焉。」君子謂強鉏不能衛其足。〔註24〕

在《春秋左傳注》則析爲兩段：

鄭伯自櫟入，緩告于楚。秋，楚伐鄭，及櫟，爲不禮故也。

鄭伯治與於雍糾之亂者，九月，殺公子閼，刖強鉏。公父定叔出奔
衛。三年而復之，曰：「不可使共叔無後於鄭。」使以十月入，曰：
「良月也，就盈數焉。」君子謂強鉏不能衛其足。〔註25〕

對於這樣的處理方式，楊伯峻於「君子謂強鉏不能衛其足」後注曰：

此與楚伐鄭事全不相干，當另是一無《經》之《傳》，各本與「鄭伯

〔註22〕楊伯峻：《春秋左傳注》，〈凡例〉，頁1。
〔註23〕楊伯峻：《春秋左傳注》（修訂本），〈凡例〉，頁2。
〔註24〕李宗侗：《春秋左傳今注今譯》，頁160。
〔註25〕楊伯峻：《春秋左傳注》（修訂本），頁202。

自櫟入」合爲一《傳》，今分析別出之。〔註26〕

楊伯峻按照實際的文意，將此部分的文字分爲兩段，使得此部分的敘述更容易爲讀者所了解，是很適當的做法。又例如莊公十六年《左傳》，《春秋左傳今注今譯》如此處理：

> 王使虢公命曲沃伯以一軍爲晉侯。初，晉武公伐夷，執夷詭諸，蔿國請而免之，既而弗報，故子國作亂，謂晉人曰：「與我伐夷而取其地。」遂以晉師伐夷，殺夷詭諸，周公忌父出奔虢，惠王立而復之。
> 〔註27〕

《春秋左傳注》則將此析爲兩段：

> 王使虢公命曲沃伯以一軍爲晉侯。
>
> 初，晉武公伐夷，執夷詭諸。蔿國請而免之。既而弗報，故子國作亂，謂晉人曰：「與我伐夷而取其地。」遂以晉師伐夷，殺夷詭諸。周公忌父出奔虢。惠王立而復之。〔註28〕

楊伯峻亦於「惠王立而復之」句後注曰：

> 此與命曲沃伯爲晉侯爲兩事，舊本合爲一《傳》，今別出之。〔註29〕

段落就是處理同一主題之相關句子的結合。通過分段使文章有行有止，在讀者視覺上形成更加醒目明晰的印象，便於讀者閱讀、理解和回味，也有利於作者條理清楚的表達內容。楊伯峻依照文意將原本合爲一段的文字分成兩段，更容易讓人明白文章段落的含意，由此看來，楊伯峻的重新分段的做法比原本的安排更爲恰當。

二、斷句（句讀）

斷句又稱爲句讀，是閱讀古籍時的基本功課。隨著斷句的不同，有時候一句話甚至能解釋成完全不一樣的意思，可見得斷句的重要性。楊伯峻在《左傳》本文的斷句方面，亦有一些不同於前人的看法，例如襄公二十二年《左傳》：

> 春，臧武仲如晉，雨，過御叔。御叔在其邑，將飲酒，曰：「焉用聖

〔註26〕楊伯峻：《春秋左傳注》（修訂本），頁202～203。
〔註27〕李宗侗：《春秋左傳今注今譯》，頁161。
〔註28〕楊伯峻：《春秋左傳注》（修訂本），頁203～204。
〔註29〕楊伯峻：《春秋左傳注》（修訂本），頁204。

人！我將飲酒而已。雨行，何以聖爲？」〔註30〕

《春秋左傳注》對御叔的話語則是有例外一種斷句：「焉用聖人！我將飲酒，而己雨行，何以聖爲？」楊伯峻對此解釋：

> 或讀「我將飲酒而已」爲句，此從梁履繩《補釋》引張彝說。陶鴻慶《別疏》說同。己爲自己之己，非而已之已，《石經》可證。御叔謂我正準備飲酒，而他自己卻雨中來此，聰明何用？〔註31〕

原來的斷句是這樣解說的：「何必用聖人呢？我只是即將喝酒而已，雨天時在外行走，哪稱得上聖人呢？」楊伯峻的斷句則要解釋爲：「何必用聖人！我打算喝酒，而他自己卻冒著大雨出行，聰明有什麼用呢？」由此就能看出兩者的不同。

另外一例是昭公十五年《左傳》，周景王曰：「且昔而高祖孫伯黶司晉之典籍，以爲大政，故曰籍氏。及辛有之二子董之，晉於是乎有董史。」〔註32〕舊本將「董」字當作動詞「督理」來使用，「之」字就成了代名詞「史冊」，於是整句話就解釋爲「後來辛有的兩個兒子來督理晉國的史冊，晉國於是有了史官『董氏』的出現。」然而楊伯峻不同意這樣的說法，《春秋左傳注》斷句爲：「及辛有之二子董之晉，於是乎有董史。」他解釋說：

> 日人安井衡《左傳輯釋》云：「二子，次子也，謂第二子。文十八年《傳》，文公二妃敬嬴，生宣公；昭八年《傳》，陳哀公元妃鄭姬，生悼太子偃師；二妃生公子留，下妃生公子勝。皆謂次妃。次妃可言二妃，則次子亦可言二子。」沈欽韓《補注》云：「《晉語》（四）『秦伯納公子，董因迎公于河』，韋昭注：『董因，晉大夫，周太史辛有之後。《傳》曰，辛有之二子董之晉，故晉有董史』，則『董』是人名顯然。」〔註33〕

楊伯峻引用安井衡的看法「二子」就是第二個兒子，並引沈欽韓的說法，認爲「董」是周太史辛有次子的名字，是名詞；「之」字就解釋爲動詞「到」。於是這句話的的解釋是「後來辛有的次子『董』到了晉國，於是晉國有了『董史』這個官職。」兩句話相較起來，楊伯峻的斷句更顯得精簡，表達的意涵

〔註30〕〔晉〕杜預：《春秋經傳集解》，頁242。
〔註31〕楊伯峻：《春秋左傳注》（修訂本），頁1065。
〔註32〕〔晉〕杜預：《春秋經傳集解》，頁329。
〔註33〕楊伯峻：《春秋左傳注》（修訂本），頁1373。

也更加的豐富。

三、文 誤

　　文字訛誤是《春秋左傳注》中出現最爲頻繁的校勘注語，先舉數例加以說明。文公十一年《春秋經》「夏，叔彭生會晉郤缺于承匡。」楊伯峻曰：

> 「承匡」阮刻本作「承筐」，「筐」乃「匡」之或體，見《說文》，今依《唐石經》、金澤文庫本、宋本。襄三十年《傳》亦作「承匡」。
>
> 承匡，宋地，當在今河南省睢縣西三十里。〔註34〕

楊伯峻在此先用其他版本進行對校，之後再用本校法以《左傳》校《左傳》，指出「承筐」乃「承匡」之訛誤。匡、筐乃正俗字，《說文解字注》「簞」字條下，「簞，小匡也。」段注云：「匡，俗作筐。」〔註35〕可知「筐」乃「匡」之俗字。承匡，春秋宋地，在河南睢縣西。《戰國策》〈齊策〉：「犀首以梁與齊戰于承匡而不勝。」〔註36〕《後漢書》〈郡國志〉：「襄邑有承匡城。」《校勘記》云：「石經、宋本、岳本『筐』作『匡』，《傳》文同，即襄三十年《傳》會郤成子于承匡之歲也，是也。」〔註37〕楊伯峻利用了多種材料，反覆參照，改正了底本之誤字。

　　昭公三年《左傳》曰：

> 則使宅人反之，曰：「諺曰：『非宅是卜，唯鄰是卜。』」〔註38〕

楊伯峻於第一個「曰」下注：

> 「曰」原作「且」，沈彤《小疏》謂：「或且字爲曰字之誤。」金澤文庫本「且」正作「曰」，《太平御覽》一五七、《初學記》二十四並引《左傳》俱不作「且」，而作「曰」，今依以訂正。並參王引之《述聞》、汪之昌《青學齋集》〈且諺曰解〉。〔註39〕

王引之（1766～1834）的《經義述聞》曰：「上『曰』字仍是記事之詞，自諺

〔註34〕　楊伯峻：《春秋左傳注》（修訂本），頁 579。

〔註35〕　〔漢〕許慎、〔清〕段玉裁：《說文解字注》（臺北市：洪葉文化事業公司，1998年 10 月初版一刷，1999 年 11 月增修一版一刷，2000 年 9 月普及版一版一刷），頁 194。

〔註36〕　〔漢〕高誘注：《戰國策》（北京市：中華書局，1985 年），頁 238。

〔註37〕　〔周〕左丘明傳，〔晉〕杜預注，〔唐〕孔穎達正義，浦衛忠等整理：《春秋左傳正義》，頁 284。

〔註38〕　楊伯峻：《春秋左傳注》（修訂本），頁 1238。

〔註39〕　楊伯峻：《春秋左傳注》（修訂本），頁 1238。

曰以下，方是晏子之語。若作『且諺曰』，則與上文不相承矣。自唐石經上曰字誤作且，而各本皆從之。《初學記》〈居處部〉、《太平御覽》〈州郡部三〉，引此並作『曰諺曰』。」〔註40〕楊伯峻在此使用了類書《太平御覽》加以校對，比對《太平御覽》中引用《左傳》的文字，並參照金澤文庫本，吸收前人的校勘成果，作出了此校。

　　昭公五年《左傳》「楚子以屈申爲貳於吳，乃殺之。」楊伯峻曰：

　　　　「申」本作「伸」，今從昭四年《傳》、五年《經》及敦煌伯三七二

　　　　九殘卷、《石經》、宋本、金澤文庫本、淳熙本、岳本、足利本訂正。

　　　〔註41〕

昭公四年《傳》云：「使屈申圍朱方。」杜《注》云：「屈申，屈蕩之子。」〔註42〕昭公五年《經》云：「楚殺其大夫屈申。」〔註43〕杜預並未出注。可見兩處的屈申爲同一人，所以杜預並未出注。此處作「屈伸」，杜預亦未出注，而「屈伸」僅此一見，依杜注體例，可知此屈伸當爲屈申。楊伯峻此校使用本校法，用《經》、《傳》來校《傳》，並參之以各種版本，可謂精當。

　　昭公二十五年《左傳》「吾聞文、成之世。」楊伯峻曰：

　　　　「文成」本作「文武」，今從《石經》、宋本、岳本、《史記》〈宋世

　　　　家〉、《漢書》〈五行志〉、《論衡》〈異虛篇〉、《文選》〈幽通賦注〉、《史

　　　　通》〈雜說上篇〉及惠棟說訂正。此謂魯文公、宣公、成公之世，不

　　　　言宣，舉其首尾耳。〔註44〕

楊伯峻在此使用了三種版本以及各種古籍的引文，並參照了惠棟的說法，改正底本，爲對校法與他校法並用的例子。此處的「文、成」係指魯文公、宣公、成公等三公的時代，沒有提到宣公，是因爲說話時舉首尾以概全，如果寫成「文武」，就與上下文意不合了。《漢書》〈五行志〉云：「《左氏傳》『文、成之世童謠曰』」，〔註45〕所引用的童謠與此處相同，可知此處確實爲「文成之世」無誤。

　　昭公二十五年《左傳》「鸜鵒之巢，遠哉遙遙，裯父喪勞，宋父以驕。」

〔註40〕　〔清〕王引之：《經義述聞》（臺北市：廣文書局，1979年），頁231。

〔註41〕　楊伯峻：《春秋左傳注》（修訂本），頁1265。

〔註42〕　〔晉〕杜預：《春秋經傳集解》，頁297。

〔註43〕　〔晉〕杜預：《春秋經傳集解》，頁299。

〔註44〕　楊伯峻：《春秋左傳注》（修訂本），頁1459。

〔註45〕　〔漢〕班固撰，〔唐〕顏師古注，楊家駱主編：《新校本漢書并附編二種》，頁1638。

楊伯峻曰：

> 「裯父」本作「稠父」，今從《石經》、宋本、岳本、足利本、金澤
> 文庫本及《漢書》〈五行志〉訂正。裯，昭公名也。《史記》及《漢
> 書》〈古今人表〉作「稠」。〔註46〕

楊伯峻此校用及多種版本，並根據《漢書》〈五行志〉校改底本，並指出各種
古籍間的異文。《校勘記》云：「石經、宋本、小字宋本、岳本、足利本作裯
父，與《漢書五行志》引《傳》合。」〔註47〕《史記》〈魯世家〉說：「魯人
立齊歸之子裯爲君，是爲昭公。」〔註48〕《漢書》〈五行志〉也說：「昭公名
裯。」再加上有金澤文庫本作爲依據，可知此處「稠」當爲「裯」，楊伯峻的
校對是正確的。

四、衍　文

　　衍文是指文獻流傳過程中，在文句之間衍生出贅字的現象。楊伯俊對《左
傳》中衍文的部分加以訂正，現在舉數例說明。文公十一年《春秋經》「夏，
叔彭生會晉郤缺于承匡。」楊伯峻曰：

> 「叔彭生」，各本均作「叔仲彭生」，衍「仲」字，今從《唐石經》、
> 宋本正。《漢書》〈五行〉志、《水經》〈陰溝水注〉引亦均無「仲」
> 字，此時尚未立叔仲氏，故但書「叔彭生」。十四年伐邾，三《傳》
> 皆書「叔彭生」，尤可證。《傳》稱「叔仲惠伯」者，仲爲其字也。《經》
> 文「仲」字蓋因《傳》文而誤衍。說參《校勘記》及錢綺《札記》。
> 〔註49〕

杜預於此注云：「彭生，叔仲惠伯。」〔註50〕《釋文》云：「叔仲彭生，本
或作叔彭生。仲，衍字。」〔註51〕十四年《經》云：「邾人伐我南鄙，叔彭
生帥師伐邾。」〔註52〕杜預未出注。「彭生」僅此二見，按杜預注釋體例，

〔註46〕楊伯峻：《春秋左傳注》（修訂本），頁1460。
〔註47〕〔周〕左丘明傳，〔晉〕杜預注，〔唐〕孔穎達正義，浦衛忠等整理：《春秋左
　　　　傳正義》，頁538。
〔註48〕〔日〕瀧川龜太郎：《史記會注考證》，頁738。
〔註49〕楊伯峻：《春秋左傳注》（修訂本），頁579。
〔註50〕〔晉〕杜預：《春秋經傳集解》，頁139頁。
〔註51〕〔周〕左丘明傳，〔晉〕杜預注，〔唐〕孔穎達正義，浦衛忠等整理：《春秋左
　　　　傳正義》，頁387。
〔註52〕〔晉〕杜預：《春秋經傳集解》，頁142。

每個人名第一次出現時，一般都爲之出注，而第二次出現時，除一人多名，或用字不一，一般不再出注。可知「叔仲彭生」即是「叔彭生」，「仲」爲衍字。此處《釋文》已提出疑問，楊伯峻從豐富材料中映證了《釋文》的疑問。

宣公二年《左傳》「二年春，鄭公子歸生命于楚伐宋。」楊伯峻曰：

「命于楚」各本均作「受命于楚」，唯金澤文庫本無「受」字，與《釋文》或本合。杜此《注》云：「受楚命也。」臧琳《經義雜記》云：「《傳》本無『受』字，故《注》云『受楚命』。若《傳》本作『受命于楚』，則文義已明，杜可無庸注矣。」洪亮吉《詁》亦云：「按杜《注》，不當有『受』字。」劉文淇《疏證》云：「按〈宋世家〉『文公四年春，鄭命楚伐宋』，亦無『受』字。」諸說是也。「命」即「受命」之義，十二年《傳》「皆命而往」義即「皆受命而往」，尤可證。今從金澤文庫本刪正。〔註53〕

楊伯峻在此使用的是理校法，「命于楚」之「命」表示被動，解釋爲「受命」之義，與宣十二年《傳》「皆命而往」之「命」義同。〔註54〕後人不明白古漢語的語法，所以在旁增加了「受」字，後來「受」字又混入《左傳》的本文之中。楊伯峻根據金澤文庫本刪除「受」字是正確的做法。

五、脫　文

脫文是古書中文字脫漏的現象，現舉數例證明楊伯峻在校勘脫文方面的成果。桓公三年《左傳》「齊侯送姜氏于讙，非禮也。」楊伯峻曰：

「于讙」二字本無，阮元《校勘記》云：「《釋文》云：『本或作送姜氏于讙。』《水經注》〈汶水編〉引《傳》文作『齊侯送姜氏于下讙。』」此是釋《經》「齊侯送姜氏于讙」文，宜有「于讙」二字。楊守敬所藏六朝人手寫《左氏傳》及日本金澤文庫本俱有此兩字，今據補。〔註55〕

《校勘記》參考《經典釋文》的說法以及《水經注》引用《左傳》的文字，認爲「齊侯送姜氏」之下應有「于讙」二字。楊伯峻採用《校勘記》的說法，

〔註53〕楊伯峻：《春秋左傳注》（修訂本），頁651。
〔註54〕「皆命即皆受命之義，亦猶宣二年《傳》『命于楚』義即『受命于楚』也，《石經》『皆』與『命』之間旁注『受』字，蓋不識其義而然。」楊伯峻：《春秋左傳注》（修訂本），頁736～737。
〔註55〕楊伯峻：《春秋左傳注》（修訂本），頁99。

並依據六朝手抄本、金澤文庫本加以補正《左傳》本文。

　　昭公三年《左傳》「二宣子曰：『吾不可以正議而自與也。』皆舍之。」
楊伯峻曰：

> 「二宣子」原作「二子」，然據下文「二子」，杜始出《注》曰「二
> 子，二宣子也」，則杜據本作「二宣子」。今從《石經》及金澤文庫
> 本。〔註56〕

《校勘記》云：「《石經》二字下後人旁增『宣』字。」〔註57〕是阮元等認為
此處當為「二子」。楊伯峻此校首先根據杜預注釋的體例認為「二子」應為「二
宣子」，此是理校法的運用。後來又依據《石經》和金澤文庫本改正底本，糾
正了《校勘記》之誤校。

　　昭公五年《左傳》「初，穆子之生也，莊叔以《周易》筮之，遇〈明夷〉
之〈謙〉，以示卜楚丘。楚丘曰：『是將行，而歸為子祀。』」其中第二個楚丘
是楊伯峻所增補的：

> 本無「楚丘」二字，敦煌殘卷伯三七二九及金澤文庫本重「楚丘」
> 二字，今從之增。〔註58〕

其他的版本大多僅有「以示卜楚丘」，楊伯峻根據敦煌殘卷及金澤文庫本重複
增加「楚丘」二字，使得文意更加的明白。

　　昭公二十四年《左傳》「冬十月癸酉，王子朝用成周之寶珪沉于河。」楊
伯峻曰：

> 「沉」字原無，今從金澤文庫本、《史記》〈周本紀〉《正義》引《傳》、
> 《漢書》〈五行志〉及阮元《校勘記》增。〔註59〕

此句原本沒有「沉」字，楊伯峻依據金澤文庫本、其他古籍的引文和《校勘
記》的說法，為此句增補「沉」字。

六、互乙與錯簡

　　古籍的句子其文字上下顛倒的現象，我們稱之為「互乙」。成公十三年《左
傳》「能者養以之福，不能者敗以取禍。」楊伯峻曰：

〔註56〕楊伯峻：《春秋左傳注》（修訂本），頁1240。
〔註57〕〔周〕左丘明傳，〔晉〕杜預注，〔唐〕孔穎達正義，浦衛忠等整理：《春秋左
　　　　傳正義》，頁938。
〔註58〕楊伯峻：《春秋左傳注》（修訂本），頁1263。
〔註59〕楊伯峻：《春秋左傳注》（修訂本），頁1452。

「養以之福」，《漢書》〈五行志〉、〈律曆志〉，〈漢酸棗令劉熊碑〉並
如此，自《唐石經》後誤倒作「養之以福」，今各本皆沿此誤。金澤
文庫本不誤，今從之乙正。「養以之福」意謂保持動作禮義威儀之則
以致幸福，「之」作動詞，與下文「敗以取禍」正相對爲文，說參姚
寬《西溪叢話》、顧炎武《補正》、阮元《校勘記》等。〔註60〕

漢朝的時候引用此句都說是「養以之福」，但是從《唐石經》將句子誤倒作「養
之以福」之後，現今大部分的版本都沿習著這個錯誤。「能者養以之福」一句
從上下文意來看，應解釋爲「有能力的人保持動作、禮義、威儀等典則以得
致福祿」，「之」應當作動詞，與下文的「敗以取禍」可以相互對照。並可參
考姚寬、顧炎武與阮元等人的意見。

　　錯簡是古籍中文字排列順序錯亂的現象，例如昭公十六年《左傳》「齊侯
伐徐。」楊伯峻說：

石韞玉《讀左卮言》云：「『齊侯伐徐』四字應接『二月丙申』之文，
中間楚取蠻氏一段，別是一事而錯簡在此。《經》文本不相蒙，《傳》
亦無所蟬連也。」楊樹達先生《讀左傳》說同。〔註61〕

之後「楚子聞蠻氏之亂也與蠻子之無質也，使然丹誘戎蠻子嘉殺之，遂取蠻
氏。既而復立其子焉，禮也。」楊伯峻說：

自「楚子」至「禮也」三十八字，應另是一傳，在「其是之謂乎」
後。錯簡以久，不復移訂。〔註62〕

「楚子」至「禮也」等三十八字與上下文意不合，應改將之一至適當的位置，
但是這個「錯簡」的錯誤由來已久，所以楊伯峻選擇不將《左傳》本文順序
改正，只出校語。像這樣「只出校語，不改本文」的例子在《春秋左傳注》
亦相當常見，下文繼續論述之。

　　楊伯峻在進行校勘的時候十分謹慎，在無版本依據的情況下，大多只出
校語，提出自己的觀點，以供讀者參考，而不改動底本，體現出楊伯峻實事
求是的科學精神。例如襄公六年《左傳》「晏弱圍棠，十一月丙辰，而滅之。」
楊伯峻曰：

十一月無丙辰，「十一月」當依《經》作「十二月」。丙辰，十二月

〔註60〕楊伯峻：《春秋左傳注》（修訂本），頁 860～861。
〔註61〕楊伯峻：《春秋左傳注》（修訂本），頁 1375。
〔註62〕楊伯峻：《春秋左傳注》（修訂本），頁 1375。

十日。〔註63〕

楊伯峻此處以《經》文校《傳》文，《經》云：「十有二月，齊侯滅萊。」《傳》
文當作「十二月」。然而因爲缺乏其他版本的依據，所以只出校語而不改動底
本的文字。又如僖公十二年《左傳》「管仲受下卿之禮而還。」楊伯峻曰：

〈周本紀〉作「管仲卒受下卿之禮而還」。王念孫謂此「受」字上
亦當有一「卒」字，自《唐石經》始脫「卒」字，而各本皆沿其誤。
《白帖五十九》、《太平御覽》〈人事部〉六十四引此並作「卒受下卿
之禮。」說詳王引之《述聞》。然金澤文庫本、敦煌初唐寫本殘卷俱
無「卒」字。〔註64〕

王念孫認爲《左傳》的原文「受」字上有「卒」字，從《唐石經》之後「卒」
字才脫漏了。然而楊伯峻因金澤文庫本與敦煌殘卷也沒有「卒」字，在無其
他版本依據下，仍是不輕易改動底本的文字。又如僖公二十四年《左傳》「不
穀不德，得罪于母弟之寵子帶。」楊伯峻曰：

「母弟」當從僖五年《傳正義》引作「母氏」，然金澤文庫本、《唐
石經》俱已誤作「母弟」矣，宋本有脫「弟」字者，直以其不可通
而刪之耳。〔註65〕

依據《左傳正義》的引文以及《左傳》的文意，「母弟」應修正爲「母氏」。
然而金澤文庫本與《唐石經》都已誤寫爲「母弟」，在沒有其他版本可供參考
的情況下，楊伯峻仍是僅出校語，不改動底本的文字。

經由以上論述可知，楊伯峻確實於《左傳》本文的校勘上花費了相當大
的心血。楊伯峻傾注全力，努力做好校勘，其目的只有一個，即還《左傳》
以本來面目，以利於後人解經釋傳，進一步探索其內容。在這方面，以前有
許多學者由於不明《經》、《傳》中的訛、誤、脫、衍而未能正確解釋《經》
文和《傳》文。由於楊伯峻在《春秋左傳注》中運用了多種校勘方法，使《經》、
《傳》中一些長期困擾經學家們的問題迎刃而解，試舉二例加以說明。襄公
十一年《春秋經》「秋七月己未，同盟于亳城北。」楊伯峻注曰：

「亳」，《公羊》、《穀梁》俱作「京」，《公羊疏》且云：「《左氏經》
作『亳城北』，服氏之《經》亦作『京城北』。」惠棟《公羊古義》

〔註63〕 楊伯峻：《春秋左傳注》（修訂本），頁948。

〔註64〕 楊伯峻：《春秋左傳注》（修訂本），頁342。

〔註65〕 楊伯峻：《春秋左傳注》（修訂本），頁427。

云：「京，鄭地，在滎陽，隱元年《傳》謂之『京城大叔』是也。亳城無考，此傳寫之訛，當從《公》、《穀》是正。」臧壽恭《左傳古義》則謂「亳亦稱京」。然據《續漢書》〈郡國志〉，滎陽有薄亭，薄亭即亳亭。依《文物參考資料》一九五六年三期鄭州金水河南岸工地發現帶字戰國陶片及《文物》一九七七年一期《鄭州商代城址發掘簡報》、一九七八年二期鄒衡《鄭州商城即湯都亳説》，以地下實物證明杜《注》「亳城，鄭地」之不誤，則此亳城北，即商代遺址之北。〔註66〕

楊伯峻採用考古發現的帶字陶片來作爲校勘材料之補充的。王國維（1877～1927）在《古史新證》中曾指出：「吾輩生於今日，幸於紙上之材料外，亦得地下之新材料。由此種材料，我輩因得據以補正紙上之材料，亦得證明古書之某某經與《世本》之某部分全爲實錄。」〔註67〕「亳城北」歷來認爲有誤，楊伯峻以二重證據法通過地下實物證明《左氏經》並無錯誤，肯定杜《注》的正確性，可説是解決了一大疑案。

又如文公十一年《左傳》「齊襄公之二年，鄋瞞伐齊。齊王子成父獲其弟榮如。」楊伯峻曰：

齊襄公之二年，魯桓公之十六年，下距宣十五年焚如之被獲一百零三年，亦決無是理。〈魯世家〉作「齊惠公二年」，〈齊世家〉及〈年表〉同，則魯宣公之二年，三兄弟之先後被獲，相距不甚遠，則合情理。此「齊襄公」之「襄」字，當從《史記》改作「惠」。阮芝生亦主此説。〔註68〕

此句歷來爲眾多學者所爭議，杜《注》云：「榮如，焚如之弟。焚如後死而先說者，欲其兄弟伯季相次。榮如以魯桓十六年死，至宣十五年，一百三歲，其兄猶在。傳言既長且壽，有異於人。」〔註69〕洪亮吉《春秋左傳詁》云：「按《史記》〈魯世家〉引此《傳》文作『齊惠公之二年』。又〈齊世家〉：『惠公二年，長狄來，王子成父攻殺之。』〈十二諸侯年表〉亦于齊惠公二年書『王子城父敗長翟。』三處史文並同，攷齊惠公二年即魯宣公二年，在晉滅潞之

〔註66〕楊伯峻：《春秋左傳注》（修訂本），頁985。
〔註67〕王國維：《古史新證：王國維最後的講義》（北京市：清華大學出版社，1994年），頁38。
〔註68〕楊伯峻：《春秋左傳注》（修訂本），頁584。
〔註69〕〔晉〕杜預：《春秋經傳集解》，頁139。

前僅十三年耳，以惠公爲襄公，蓋傳寫之譌。杜因有既長且壽之說，失之不攷也。」〔註70〕杜說有誤，洪說是也。楊伯峻運用古籍，校「襄」爲「惠」，並參之清人阮芝生（生卒年不詳）之說，指正了杜《注》「既長且壽」的曲解。

楊伯峻爲了作好《春秋左傳注》，在校勘文字方面作了不少工作，他充分吸收前人的校勘成果，參之以己見，運用多種校勘方法，判斷其是非取捨，諸如用大量版本對校，運用經、史、子、集等四部古籍和類書中的引文進行他校，以及使用《左傳》原文進行本校等等，尤其是運用二重證據法，以地下之文物補正紙上之材料，糾正了前人版本中的訛誤、缺脫、增衍、顛倒錯亂等，在校勘上取得了很大的成績。

第三節　編纂《春秋左傳注》長編

爲古籍作注釋需要收集多少的資料呢？張政烺說：

> 如作今注，就應該將前人成果中的精要者全部吸收。比如《史記》，清代梁玉繩的《史記志疑》和日人瀧川資言的《史記會注考證》頗被稱道。可是清人文集、學術筆記中或明或暗涉及《史記》之處甚多，近現代人研究《史記》的成果也很可觀。今注者必須積累、甄別、吸收這些資料。其他有舊注的各史，莫不如是。〔註71〕

以爲《史記》注釋爲例，就必須將上述的資料全部消化吸收，而《左傳》貴爲儒家重要的「經典」，相關的專著在數量上絕不會下於《史記》。這還是僅就書籍而言，今日要從事古籍注釋者要面對的資料將不只是如此，各種出土文獻，如陶文、甲骨文、金文、簡帛、敦煌寫卷等，在注釋時必然有所引用：

> 談到文物、考古方面的史料，自宋代以來，金石學家逐漸加以注目。近百年來，由於甲骨文的大量出土和金文拓本的大量公布，搜集、整理、考釋、斷代、補正古史等一系列工作推動了金石學向中國古史研究的第一手資料——中國古文字學發展的進程。璽印、石刻、陶文（包括磚瓦等）、簡帛和其他各類文書上的文字與圖像，以及發掘出土的各類遺址、遺物，地上保存的文物古蹟等等，其數量是巨

〔註70〕〔清〕洪亮吉：《春秋左傳詁》（北京市：中華書局，1987 年 10 月），卷九，頁 373。

〔註71〕張政烺：〈關於古籍今注今譯〉，收入《張政烺文史論集》（北京市：中華書局，2004 年 4 月），頁 832。

　　大的，地域是遍及全國的，時代是分屬於各朝各代的。僅就其中典
　　型的重大發現來說，其足以補正史籍的材料也是數不勝數的。而這
　　些材料的著錄和研究、考辨的文章發表在書刊甚至報章上，更顯得
　　分散。從甲骨、青銅器、各種文書到其他文物流散在國外的很多，
　　海外出版的專著、論文也不少，注者對於這方面的材料，從搜集、
　　鑒別到直接徵引或參考比照，更非一日之功。〔註72〕

注釋古籍不單是人文社會學科方面的資料必須處理，有時連跨領域的自然科
學方面亦要有所照應：

　　至於各史中的天文、律曆、地理等〈志〉以及各項生產方面的事務，
　　則又有自然科學史的研究成果必須吸收，才能注解得確切。〔註73〕

從以上的論述就可知道，注釋古籍所需要的知識與資料竟是如此的龐大與複
雜。所以如果有人想注釋一部古籍，卻只是找幾部注釋的書參考一下，便以
為能夠寫出優秀的注本，那只是空想罷了：

　　差的今注，有的只是舊注的轉述，舊注沒有涉及的，該注的也不注，
　　新在哪裏，不得而知。更有甚者，舊注裏注得好的、辭書裏講明白
　　了的，也不看、不查，只是隨文敷衍，以致鬧出笑話。〔註74〕

由此可見引用資料對古籍注釋工作的重要性。

　　　楊伯峻深明收集大量的資料，乃是做好古籍譯注工作的重要條件之一，
所以為了撰寫《春秋左傳注》，他於中年以後便開始有意識收集了大量《左傳》
相關的資料：

　　五十歲以後集中精力整理《左傳》，大量參閱了已有的文獻材料，其
　　所利用和徵引的約在四百種以上，包括原始資料，前人的研究專著
　　和筆記，現代學者、國外學者的研究論文以及考古發掘和金甲文的
　　整理成果。此書的出版，從一個側面體現了本世紀中整理《春秋左
　　傳》的成績。〔註75〕

楊伯峻也說「注釋盡量採取前人及今人研究成果及近代發掘資料。」〔註76〕
他整理注釋《左傳》時所披閱的書籍相當多，他於《春秋左傳注》的本文之

〔註72〕張政烺：〈關於古籍今注今譯〉，《張政烺文史論集》，頁832。
〔註73〕張政烺：〈關於古籍今注今譯〉，《張政烺文史論集》，頁832。
〔註74〕張政烺：〈關於古籍今注今譯〉，《張政烺文史論集》，頁831。
〔註75〕沈玉成、劉寧：《春秋左傳學史稿》，頁409。
〔註76〕楊伯峻：《春秋左傳注》（修訂本），〈凡例〉，頁2。

前附上了〈引用書目〉，僅列出定稿時所徵引的著作就已經達到了 442 種之多，所徵引的內容更是涵蓋了經史子集四部。他說：

> 所披閱書數倍於此，僅列其曾徵引者。〔註77〕

可見爲了收集與批閱資料的辛苦，楊伯峻花費了莫大的心血，其中的艱難和辛苦實是外人所難想像的。而楊伯峻將所徵引的書目一一分類列出，條理清晰，一目了然，也體現出嚴謹的治學態度。

〈引用書目〉所列書目共分 11 類，先列出關於《春秋》、《左傳》的專著，其它書籍則按經史子集依次排目，最後是專科類書目，每一類都以大標題冠之，各類中以著者生卒先後爲序。例如第一類〈關於《春秋》的專著〉，按著者生卒的先後，從唐代陸淳《春秋集傳纂例》到現代姚彥渠的《春秋會要》共列書目 41 種，第二類《春秋左傳》類 55 種，第三類〈其他經書類〉46 種，第四類〈史書類〉（附有關史事考證書）37 種，第五類〈子書類〉15 種，第六類〈考證筆記之屬〉129 種，第七類〈天文曆法類〉14 種，第八類〈地理類〉29 種，第九類〈甲骨鐘鼎古器物之屬〉46 種，第十類〈小學字書及語法修辭之屬〉23 種，第十一類〈姓氏世族之屬〉7 種。這樣，將所引用書目分門別類，依次相列，清晰明瞭，便於讀者參閱和借鑒。

楊伯峻於徵引資料的時候是否完全照錄原文，主要的原則是資料文字的多寡：

> 前人解說，論證可信而文字不繁者，則引用原文。不然，則加改寫。
> 〔註78〕

改寫的方式有四種，首先是「若於原文有所刪削，便注明『詳』某人某書。」〔註79〕例如莊公二十一年《左傳》：「夏，同伐王城。」楊伯峻曰：

> 今河南省洛陽舊城西部即王城故址。自平王東遷至景王，十一世皆居此。敬王遷成周，王城廢，至王赧復居之。詳顧棟高《春秋大事表》。〔註80〕

楊伯峻將「王城」現今的地點與當時相關歷史稍作交代，如果讀者要深入研究，顧棟高的《春秋大事表》有詳細的介紹。又如僖公二十四年《左傳》「昔

〔註77〕楊伯峻：《春秋左傳注》（修訂本），〈引用書目〉，頁 1。
〔註78〕楊伯峻：《春秋左傳注》（修訂本），〈凡例〉，頁 2。
〔註79〕楊伯峻：《春秋左傳注》（修訂本），〈凡例〉，頁 2。
〔註80〕楊伯峻：《春秋左傳注》（修訂本），頁 216。

周公弔二叔之不咸。」楊伯峻注：

> 咸，終也。不咸謂不終也。説詳楊樹達先生《積微居小學述林》〈詩
> 敦商之旅克咸厥功解〉。〔註81〕

楊伯峻對「咸」這個字作了解釋，並表示詳細情況請參考楊樹達的《積微居小學述林》一書。再如僖公二十五年《左傳》「戊午，晉侯朝王。王享醴，命之宥。請隧。」楊伯峻注：

> 隧有二義。韋昭注〈晉語四〉以爲六隧。六隧即六遂，周天子有六鄉
> 六遂，百里内分置六鄉，六鄉外置爲六遂。然諸侯亦有三遂，《尚書》
> 〈費誓〉「魯人三郊三遂」是也。以《左傳》證之，襄七年叔仲昭伯
> 爲隧正，則魯有遂矣；九年令隧正納郊保，則宋有遂矣。諸侯已有遂，
> 何乃復請乎？若云晉文不以三遂爲足，而請六遂，參以〈周語中〉「晉
> 文公既定襄王於郟，王勞之以地。辭，請隧焉。王不許，曰：『昔我
> 先王之有天下也，規方千里以爲甸服，以供上帝、山川、百神之祀』」
> 云云，似亦有據。然請六遂省曰請遂，於事理終難通。杜預用賈逵義，
> 謂「闕地通路曰隧，王之葬禮也。」《賈子》〈審微篇〉敍此事云「文
> 公辭南陽，即死，得以隧下」云云，亦解「隧」爲葬禮。其實隧葬與
> 六遂，兩義一貫。説詳章炳麟《左傳讀》卷二。〔註82〕

首先說明「隧」有兩個涵義：一是韋昭所說的「六遂」，是封邑、領土的一種。但是這樣解釋不通。第二種解釋便是賈逵、杜預所說，是屬於周天子的葬禮——「隧葬」。最後說這兩種解釋所代表的含意是一樣的，詳情可以參閱章太炎的《春秋左傳讀》。其實楊伯俊之後也說出這兩者爲何相同的原因：「古代天子葬禮有隧，諸侯以下有羨道。隧有負土，即全係地下道，羨道無負土，雖是地道，猶露出地面。請隧者，晉文請天子允許於其死後得以天子禮葬己耳。蓋晉文先請隧葬，隧葬既得，則必置六遂供葬具也。」〔註83〕所以晉文公請求「隧葬」，也等同向周王請求加封六遂。

　　而「若於原文略有增改，則注明『見』某人某書。」〔註84〕例如莊公二十一年《左傳》「原伯曰：『鄭伯效尤，其亦將有咎！』」楊伯峻說：

〔註81〕楊伯峻：《春秋左傳注》（修訂本），頁420。

〔註82〕楊伯峻：《春秋左傳注》（修訂本），頁432～433。

〔註83〕楊伯峻：《春秋左傳注》（修訂本），頁433。

〔註84〕楊伯峻：《春秋左傳注》（修訂本），〈凡例〉，頁2。

尤，《說文》作「訧」，罪也，過也。僖二十四年、襄二十一年《傳》
並云「尤而效之」，定六年《傳》云：「尤人而效之」，皆此意。說見
楊樹達先生《讀左傳》。〔註85〕

解釋「尤」字在此作「罪過」解，並舉出僖公二十四年、襄公二十一年和定
公六年等爲相同的情況，進一步可以參看楊樹達的《積微居讀書記》中的〈讀
左傳〉部分。又如莊公二十二年《左傳》「〈坤〉，土也；〈巽〉，風也；〈乾〉，
天也；風爲天；於土上，山也。」此在說明觀卦☷與否卦☶之間的關係，楊
伯峻說：

杜《注》以爲〈巽〉變爲〈乾〉，即風變爲天，故曰風爲天。但〈坤〉
未變，代表土地。而自〈否〉卦之第二爻至第四爻，古所謂互體，
爲〈艮〉卦，〈艮〉爲山，故云「山也」。後人多不信互體之說，顧
炎武《日知錄》卷一〈互體〉、〈卦爻外無別象〉即言之，近人高亨
〈左傳國語的周易說通解〉亦言之。然解此節，不用互體，甚難圓
通。此採并力文，見《文史》十六輯。〔註86〕

楊伯俊舉出杜預「互體」解卦之說，並表示顧炎武和高亨等人並不認同，但
是楊伯俊認爲此段文字若是不用「互體」來解說文意很難通順，所以這裡還
是採用了李解民（并力）的說法。再如宣公十二年《左傳》「晉魏錡求公族未
得。」楊伯峻注：

魏錡，下文又稱爲廚武子，成十六年《傳》又稱爲呂錡。杜《注》
以爲魏犨之子，孔《疏》引《世本》以爲魏犨之孫。傳世器有邨鐘，
王國維據其銘文「余畢公之孫，邨白（伯）之子」，定爲呂錡後人所
作，見《觀堂集林》十八。〔註87〕

先道出魏錡的另外兩個異名——「廚武子」、「呂錡」，並表示杜《注》與孔《疏》
分別認爲魏錡爲魏犨的兒子、孫子，兩者有著不同的看法，最後補充王國維
《觀堂集林》的金文資料加以說明。

而「若因前人之說啓我之心，論證多自己出，則注明「本」某人某書。」
〔註88〕例如莊公二十一年《左傳》「鄭伯將王自圉門入。」楊伯峻注：

〔註85〕 楊伯峻：《春秋左傳注》（修訂本），頁 217。
〔註86〕 楊伯峻：《春秋左傳注》（修訂本），頁 223。
〔註87〕 楊伯峻：《春秋左傳注》（修訂本），頁 736。
〔註88〕 楊伯峻：《春秋左傳注》（修訂本），〈凡例〉，頁 2。

《詩》〈周頌〉〈我將〉：「我將我享。」鄭《箋》云：「將猶奉也。」

圉門，王城南門。據昭二十二年及二十六年《傳》，周有東圉及圉澤，

圉門恐以此得名。說本高士奇《地名考略》。〔註89〕

根據昭公二十二年與二十六年的記載顯示，周王室有東圉和圉澤兩個地方，於是楊伯俊推測圉門就是因這兩個地名而得名的，並說明他的推測來自於高士奇的《春秋地名考略》。又如莊公二十二年《左傳》「是謂『觀國之光，利用賓于王。』」楊伯峻曰：

用，於也。「利用賓于王」猶言利於爲君主之上客。說本高亨《周易

古經今注》。〔註90〕

楊伯俊說明「用」的字義和解說「利用賓于王」的文意，而其說法本於高亨的《周易古經今注》一書。再如昭公九年《左傳》「后稷封殖天下，今戎制之，不亦難乎？」楊伯峻說：

二年《傳》「封殖此樹」，封是培土，殖是生長五穀。此言后稷教天

下之民稼穡，今爲戎狄制爲牧地，於我爲天子者甚難爲也。〈吳語〉：

「天王既封殖越國」，封殖爲締造，創立之義，則此句亦可解爲后稷

創立天下，而今爲戎狄割據，於我甚難爲也。說本沈欽韓《補注》。

〔註91〕

楊伯俊認爲此段文字可以有下列兩種解釋：「后稷教天下之民稼穡，今爲戎狄制爲牧地，於我爲天子者甚難爲也。」亦或是「后稷創立天下，而今爲戎狄割據，於我甚難爲也。」這兩者之間的差異，在於對「封殖」一詞的解釋不同，所以白話翻譯的結果也就不一樣。他並表示此說法是參考沈欽韓的《春秋左傳補注》而來的。

而「若於原說並不全用，則注明「參」某人某書。」〔註92〕例如桓公十八年《左傳》「並后、匹嫡、兩政、耦國，亂之本也。」楊伯峻曰：

並后，妾如后。匹嫡，庶子同於嫡子。兩政，政謂正卿，朝廷之臣

執宰相之權者二人。耦國，大城市足與國都相抗衡，所謂「都城過

百雉，國之害也。」閔二年《傳》狐突之言曰：「昔辛伯諗周桓公云：

〔註89〕楊伯峻：《春秋左傳注》（修訂本），頁216～217。

〔註90〕楊伯峻：《春秋左傳注》（修訂本），頁223。

〔註91〕楊伯峻：《春秋左傳注》（修訂本），頁1309。

〔註92〕楊伯峻：《春秋左傳注》（修訂本），〈凡例〉，頁2。

『內寵並后，外寵二政，嬖子配適，大都耦國，亂之本也。』」《韓
非子》〈說疑篇〉：「故曰，尊有擬適之子，配有擬妻之妾，廷有擬相
之臣，臣有擬主之寵，此四者，國之所危也。故曰，內寵並后，外
寵貳政，枝子配適，大臣擬主，亂之道也。故《周記》曰：『無尊妾
而卑妻，無孽適子而尊小枝，無尊嬖臣而匹正卿，無尊大臣以擬其
主也。』」《管子》〈君臣下篇〉云：「內有疑妻之妾，此宮亂也；庶
有疑適之子，此家亂也；朝有疑相之臣，此國亂也；任官無能，此
眾亂也。」語意皆與此同。惟《韓非》與《管子》不言大都耦國，
蓋戰國以後書。說參王引之《述聞》。〔註93〕

楊伯俊解釋了「四亂」的含意，並補充說鄭莊公與共叔段的情形就稱之為「耦
國」。「四亂」在其他地方也有提到，如《左傳》閔公二年、《韓非子》及《管
子》等，又因為《韓非子》、《管子》已是戰國時期的著作，就沒有提到「耦
國」了。楊伯峻參考了王引之《經義述聞》的說法。又如昭公五年《左傳》「卿
喪自朝，魯禮也。」楊伯峻注：

《禮記》〈檀弓下〉云：「喪之朝也，順死者之孝心也。其哀離其室
也，故至於祖考之廟而後行。殷朝而殯於祖，周朝而遂葬。」則周
代之禮，葬前必移柩於宗廟，從朝出正門，正門即《爾雅》〈釋宮〉
之應門，郭璞《注》之朝門。由朝之路，出國都之南門。說參李貽
德《賈服注輯述》。〔註94〕

楊伯峻根據《禮記》，說明周代禮儀，過世者在埋葬之前必移柩於宗廟，從朝
出正門，而正門就是《爾雅》之應門，郭璞《注》之朝門。楊伯峻參考了李
貽德《春秋賈服注輯述》。再如昭公十五年《左傳》「闕鞏之甲，武所以克商
也。」楊伯峻曰：

杜《注》：「闕鞏國所出鎧。」西周僅有皮甲而無金屬鎧，杜《注》
不確。參《文物》一九七七年十期楊泓〈甲和鎧〉一文。〔註95〕

楊伯峻以歷史事實證明杜預「闕鞏國所出鎧」說法的缺失，在於西周時期並沒
有金屬鎧的發明。並說明他參考了楊泓於《文史》所發表的〈甲和鎧〉一文。

楊伯峻在〈凡例〉的最後說：

〔註93〕楊伯峻：《春秋左傳注》（修訂本），頁154。
〔註94〕楊伯峻：《春秋左傳注》（修訂本），頁1262。
〔註95〕楊伯峻：《春秋左傳注》（修訂本），頁1372。

至融合前人之說，其論證爲前人所常見；或爲著者之心得，概不注
明。注明者，示非剽竊。不注明者，示學術爲公器。〔註96〕

由此可見楊伯峻對於徵引資料的書寫，其心中自有一套標準。

第四節　對長編的取捨

上一節提到注釋古蹟需要徵引大量的資料，但如果僅止於堆砌資料，還
算不上優秀的著作。收集資料之後，還要能以這些資料正確的詮釋古籍：

這方方面面的科研成果對於正確理解各類古籍，做普及讀本，都是
極有用的知識。但是絕不能用這些知識去改造古籍，而是據以正確
地解釋原文，在確證原文有錯漏的地方訂正或補充。……要做到善
於選擇廣大讀者的難點，正確地解決，而且深入淺出，絕不是一知
半解者所能爲。〔註97〕

正如《春秋左傳學史稿》評論《春秋左傳注》時所說的：

作者在《前言》中說：「在注解中，搜集並且考慮了前人成果，有所
取捨，有所增補，或者提不同意見和自己的心得，以供讀者參考而
已。」雖然是應有的謙遜，但事實上對浩瀚的材料作出選擇取捨，
從中就見出了功力和識力。〔註98〕

由此可見，書中對於資料的取捨，正好表現出注釋者的功力所在。以下則大
致分爲同意、反駁，申述己說以及存疑等三項來略爲舉例探討。

一、同　意

（一）注　疏

《春秋左傳注》中引用大量杜預《春秋經傳集解》的說法，此僅舉數例
加以說明，例如隱公元年《左傳》「生桓公而惠公薨。」楊伯峻說：

杜《注》：「言歸魯而生男，惠公不以桓生之年薨。」孔《疏》申杜
《注》，理由有三。一謂元年《傳》云「惠公之薨也，有宋師，大子
少」，大子即桓公，言其少，則非初生之稱。又謂本年冬十月改葬惠

〔註96〕楊伯峻：《春秋左傳注》（修訂本），〈凡例〉，頁2。
〔註97〕張政烺：〈關於古籍今注今譯〉，《張政烺文史論集》，頁832～833。
〔註98〕沈玉成、劉寧：《春秋左傳學史稿》，頁409～410。

公，隱公弗臨，則桓公爲喪主。若其年不足二歲，不堪爲喪主。且
羽父殺隱公，與桓公同謀。若桓公年僅十二，未堪定殺君之謀云云。
孔《疏》此說，甚有理。〔註99〕

這裡杜《注》認爲魯桓公的出生與魯惠公的死亡並不是在同一年，楊伯峻贊
同孔《疏》對杜《注》說法的闡發。又如襄公十二年《左傳》「王使陰里結之。」
楊伯峻注：

杜《注》，「陰里，周大夫」，固不誤，蓋王之使必周大夫也。據《管
子》〈輕重丁篇〉，齊地有陰里，自另是一事；而章炳麟《讀》因謂
「陰里當是齊大夫」，不可信。〔註100〕

章太炎受到《管子》說法的影響，誤以爲陰里爲齊大夫，楊伯峻則認同杜《注》
的說法，認爲陰里確實爲周大夫。再如昭公二十一年《左傳》「三月，蔡大子
朱失位，位在卑。」楊伯峻注：

杜《注》：「不在適子位，以長幼齒。」《儀禮》〈士喪禮〉及〈既夕禮〉、
《禮記》〈喪服大記〉俱載有父死，適子應在之位，而國君之葬，太
子亦應有固定之位。而蔡平公葬，其太子朱不在其應在之位。〔註101〕

楊伯峻引《儀禮》與《禮記》的資料，認爲周代「父死，適子應在之位，而
國君之葬，太子亦應有固定之位。」所以蔡平公的葬禮，太子朱不在其應在
之位，與杜《注》之說相符。

（二）諸家之說

楊伯峻時常引用所認同的各家說法，來說明自己的意見，例如桓公五年
《左傳》「戰于繻葛。命二拒曰：『旝動而鼓！』」楊伯峻注：

旝音檜，大將所用軍旗，執以爲號令者也，通用一絳帛，無畫飾。
賈逵以旝爲發石，一曰飛石，段玉裁《說文注》云：「飛石起于范蠡
《兵法》，在《左傳》云『親受矢石』，恐尚非飛石。」段說是也，
故不取此義。〔註102〕

賈逵以爲旝是投擲性武器，也就是飛石。段玉裁證明其非，楊伯峻認同段玉
裁的說法。又如僖公二十四年《左傳》「子臧之服，不稱也夫！」楊伯峻說：

〔註99〕楊伯峻：《春秋左傳注》（修訂本），頁4。
〔註100〕楊伯峻：《春秋左傳注》（修訂本），頁997。
〔註101〕楊伯峻：《春秋左傳注》（修訂本），頁1424。
〔註102〕楊伯峻：《春秋左傳注》（修訂本），頁106。

《釋文》:「之服,一本作『之及』。」王念孫曰:「作『及』者是也。

及謂及於難,言子臧之所以及於難者,由服之不稱也。但言不稱而不

言服者,蒙上文不稱其服而省也。」說詳《述聞》。王說是也。〔註103〕

楊伯峻認同王念孫《經義述聞》中的說法:子臧的死亡歸因於他服裝上的不相稱。但這裡書寫「不稱」而不是「不服」,是因爲上文已經提及,爲避免重複,所以行文之時加以省略之故。再如昭公二十四年《左傳》「何害?同德度義。」楊伯峻注:

竹添光鴻《會箋》云:「度與宅通,猶在也。言所謂同德者,惟在於

義耳。」文十八年《傳》「不度於善」,杜《注》:「度,居也。」即

此義。〔註104〕

竹添光鴻《左傳會箋》將「度」釋爲「宅」、「在」,其說法是杜《注》的闡發,楊伯峻亦表示認同。

二、反駁,申述己說

對於前人的說法,楊伯峻也有許多反駁,申其己說之處;或雖未有反駁文字,而直接提出自己說法。以下略爲舉例討論:

(一)注　疏

歷來春秋學家對於杜《注》多有補正,楊伯峻也將這些研究成果加以吸收。例如隱公三年《左傳》「四月,鄭祭足帥師取溫之麥。」楊伯峻曰:

四月,夏正之四月,麥已熟,故鄭人帥師割取之。趙翼《陔餘叢考》

卷二所謂「是鄭用夏正也。」杜預以爲周正之四月,即夏正之二月,

麥未熟,鄭人故意芟踐之,誤。〔註105〕

引用趙翼的意見,認爲文中的「四月」是夏正的四月,所以麥子已經成熟,駁斥了杜預錯誤的說法。又如昭公十二年《左傳》「殺獻大子之傅庾皮之子過。」楊伯峻說:

庾皮爲獻大子之傅,過爲庾皮子。杜《注》謂「過,劉獻公大子之

傅」,有二誤。劉獻公大子不得謂獻大子,獻似太子之謚,或疑即十

五年死之王大子壽。此一誤也。過明是庾皮之子,庾皮爲太子傅,

〔註103〕楊伯峻:《春秋左傳注》(修訂本),頁427。
〔註104〕楊伯峻:《春秋左傳注》(修訂本),頁1450。
〔註105〕楊伯峻:《春秋左傳注》(修訂本),頁27。

此二誤也。〔註106〕

楊伯峻先說出正確的解釋，庾皮爲獻大子之傅，庾過爲庾皮子。接著舉出杜《注》說法中的兩個錯誤。再如昭公二十六年《左傳》「則有晉、鄭咸黜不端。」楊伯峻注：

> 杜《注》：「黜，去也。晉文殺叔帶，鄭屬殺子頽，爲王室去不端直
> 之人。」依杜意，咸，皆也。孔《疏》又謂「諸本『咸』或作『減』」，
> 則「減黜」爲同意詞運用。王引之《述聞》謂「減黜」爲減絕之意。
> 此說較勝。〔註107〕

杜《注》將「咸」、「黜」兩字分開解釋，但楊伯峻根據王引之的說法，認爲將「減黜」兩字解釋爲「減絕」更爲恰當。

（二）諸家之說

楊伯峻對於前人說法不正確的部分亦不吝給予指正，例如僖公三十年《左傳》「許之，使待命于東。」楊伯峻注：

> 東，晉東界也。《御覽》一四六引服虔《注》注謂「待命于鄭東」者，
> 誤。晉在鄭西，晉東則接鄭界，子蘭不欲參與圍攻本國，自不入鄭
> 境，安得至鄭之東境乎？〔註108〕

即根據實際地理位置和事理推斷，反對服虔的說法，辨正服虔《注》中「東」爲「鄭東」之誤。又如僖公三十三年《左傳》「欒枝曰：『未報秦施，而伐其師，其爲死君乎？』」

> 死君謂文公。惠棟《補注》云：「君在殯，故稱死君。」爲，有也。《易》
> 〈夬〉〈初九〉：「壯于前趾，往不勝，爲咎。」俞樾《平議》讀爲爲
> 「有」，是也。《孟子》多以爲爲「有」，〈滕文公上〉，「夫滕，壞地褊
> 小，將爲君子焉，將爲野人焉」，謂將有君子，將有野人也。〈盡心下〉
> 「爲間不用」，有間不用也。欒枝蓋謂文公受秦惠，不爲之報，反伐
> 秦師，是心目中無先君也。前人不明「爲」字之義，顧炎武《補正》、
> 王引之《述聞》俱解此「死」字爲動詞，云「死君謂忘其先君」，則
> 不知置「爲」字于何地，故不可信。其作宣用。〔註109〕

〔註106〕楊伯峻：《春秋左傳注》（修訂本），頁1335。
〔註107〕楊伯峻：《春秋左傳注》（修訂本），頁1477。
〔註108〕楊伯峻：《春秋左傳注》（修訂本），頁482。
〔註109〕楊伯峻：《春秋左傳注》（修訂本），頁497。

楊伯峻通過博引《易經》〈夬〉〈初九〉、《孟子》〈滕文公上〉以及《孟子》〈盡心下〉等書有關例證，進行了類比與分析，認爲此處「爲」當是「有」之義，並進而推出死君即死去的文公，駁斥顧炎武《左傳杜解補正》、王引之《經義述聞》俱解「死」字爲動詞的觀點。再如文公十一年《左傳》「皇父之二子死焉。」楊伯峻說：

> 此二句舊有三解，俱見孔《疏》。馬融以爲皇父之二子在軍，爲敵所殺。名不見者，方道二子死，故得勝之。如令則死，誰殺緣斯？此說於字面雖可通，但與上下文義無關聯，雖似是而實非。鄭眾以爲穀甥、牛父死耳，皇父不死。此說以「二子」指穀甥、牛父，但仍解「之」爲「的」，但穀甥、牛父實非皇父之子，即于文字亦嫌不順，故不可取。賈逵云：「皇父與穀甥、牛父三子皆死。」服虔云：「下言宋公以門賞耏班，班爲皇父御而有賞，三子不見賞，疑皆死，賈君近之。」則解「之」爲「與」，謂皇父與二子皆死，二子指穀甥、牛父，因與下文獨賞耏班連繫，此說是也。王引之《經傳釋詞》云：「之猶與也。《書》〈立政〉，『惟有司之牧夫』，謂有司與牧夫也。《考工記》〈梓人〉，『作其鱗之而』，謂作其鱗與而也。文十一年《左傳》『皇父之二子死焉』，言皇父與此二子皆死也。」〔註110〕

楊伯峻先說明關於此兩句傳文存在的三種解釋。即：馬融之說，鄭眾之說以及賈逵、服虔之說。先考辨馬融之說錯誤，論定鄭眾之說亦不可取，接著肯定賈、服之說爲是。最後徵引王引之《經傳釋詞》的說法，加以印證。注解全面，說服力強。

三、存　疑

　　《左傳》年代久遠，問題複雜，任何的研究者都不可能將每一細節都能解決得使人沒有異議，也不能對一些文獻不足的困難部分強爲之解，楊伯峻本著實事求是的原則，是則是，非則非，不逞臆說。在不得其解時，楊伯峻則注明「姑闕疑」、「不得其詳」，體現了嚴謹科學的治學態度。如桓公五年《左傳》「魚麗之陳，先偏後伍，伍承彌縫。」楊伯峻說：

> 杜《注》云：「《司馬法》，車戰二十五乘爲偏，以車居前，以伍次之，

〔註110〕楊伯峻：《春秋左傳注》（修訂本），頁538。

承偏之隙而彌縫闕漏也。五人爲伍。此蓋魚麗陳法。」江永引《周禮》〈夏官〉〈司右〉云：「凡軍旅會同，合其車之卒伍而比其乘。」《注》云：「車亦有卒伍。」又引《司馬法》云：「二十五乘爲偏，百二十五乘爲伍。」謂此蓋以二十五乘居前，以百二十五乘承其後而彌縫之，若魚之相麗而進。杜《注》爲五人爲伍，恐誤。說詳《羣經補義》。然《司馬法》既非春秋戰法，杜《注》固難從。即如江說，以百二十五乘而彌二十五乘之縫，於理亦未必合。後代頗多異說，莫衷一是。文獻不足徵，考古又難爲證，姑闕疑可也。〔註111〕

楊伯峻徵引杜預、江永等等諸家之說後，認爲以上各家說法都有其不足之處，文獻資料不夠充分，所以寫下「姑闕疑」的結論。又如桓公十六年《左傳》：「屬諸右公子。」楊伯峻曰：

右公子名職，見下。何謂右公子，則不得其詳。杜《注》謂「左右媵之子，因以爲號」，孔《疏》謂「此左右公子，蓋宣公之兄弟也」，皆不知何據。〔註112〕

關於杜《注》與孔《疏》的說法，我們已經無法知道其根據爲何了，所以在資料不足的情況下，楊伯峻只好注明「不得其詳」。再如莊公二十八年《左傳》：「晉獻公娶於賈，無子。烝於齊姜。」楊伯峻注：

杜《注》云：「齊姜，武公妾。」然〈晉世家〉云：「太子申生，其母齊桓公女也，曰齊姜，早死。」似不以爲武公妾。然《傳》云「烝」，上淫曰烝，杜《注》蓋本此。齊桓立於魯莊九年，晉武死於魯莊十七年，似不及娶齊桓女，《史記》說不可信。顧棟高《大事表》卷五十〈衛夷姜齊辨〉疑之，謂齊姜爲獻公未即位時所娶之適夫人；章炳麟《左傳讀》卷八又謂齊姜非哀侯之妾，則小子侯之妾，皆臆說不足據。存疑可也。〔註113〕

對於齊姜這一人物，爭論較多，杜預以爲是武公妾，惠棟以爲獻公未即位時所娶之適夫人，章炳麟認爲是小子侯之妾。各說不一，楊伯峻通過考證，認爲皆臆說不通，最後注明「存疑可也。」

〔註111〕楊伯峻：《春秋左傳注》（修訂本），頁105。
〔註112〕楊伯峻：《春秋左傳注》（修訂本），頁146。
〔註113〕楊伯峻：《春秋左傳注》（修訂本），頁238～239。

第六章　結　論

　　從前文各章的論述，我們可以得到以下的結論：

　　其一、我們從《春秋》學的歷史來看，《春秋》學自始便與政治有非常緊密的關聯，所以最先受到西漢朝廷重視的是《公羊傳》，《左傳》則是在民間流傳，尚未引起官方的注意。然而《左傳》以其在經學、史學與文學等各方面均有相當高的成就，所以在西漢末年時終於浮上檯面，劉歆為《左傳》爭取立為學官，此事雖然沒有成功，但此後為《左傳》注釋的學者逐漸增加，至魏晉時期已累積了豐厚的成果。西晉杜預所寫作的《春秋經傳集解》是集漢學研究《左傳》成果之大成，亦是目前所能見到唯一完整的漢魏古注，對後世影響深遠。《春秋左傳學史稿》說：

> 　　由於漢、魏兩代解釋經傳的著作數量很多，總括諸家而又有自己創
> 　　見的集解就成為學術研究進一步發展的需要。這和文學上的總集、
> 　　選集出現於晉代，形式雖殊而其理則一。〔註1〕

唐太宗敕令孔穎達編纂《五經正義》，其中的《左傳正義》即以杜預的《春秋經傳集解》為底本，這是《左傳》被官方正式承認為經典的濫觴。但是至此之後令人滿意的《左傳》注本卻未再出現，楊伯峻說：

> 　　自從杜預的《春秋經傳集解》問世，到唐朝孔穎達作《正義》，相隔
> 　　三百多年。以後雖然有人為《春秋左氏傳》作注，卻都不很高明。
> 　　清人為十三經作「新疏」，唯獨《禮記》闕如，《左傳》作而未竟。
> 　　〔註2〕

〔註1〕　沈玉成、劉寧著：《春秋左傳學史稿》，頁138。
〔註2〕　楊伯峻：〈楊伯峻自傳〉，收入《中國現代社會科學家傳略》第4輯（太原市：

所以長久以來，學界對於一部優良的《左傳》注本一直有著強烈的需求。然而晚清的今古文之爭，民國初年的「疑古」運動，討論《左傳》是否爲僞書就已經耗費了學者們許多的心力，優良的《左傳》注本仍是難產。於是楊伯峻說：

> 我因此不揣力不從心，冒昧地搜集古今中外有關資料，試圖爲此書作一總結性的注釋。〔註3〕

《春秋左傳注》的誕生，正是彌補了社會與學界長久以來缺乏《左傳》注本的缺憾。

其二、楊伯峻的祖父孝秩公，是長沙府學增生，熟諳經史。據其白述，他幼年的時候，就由祖父親自授讀《左傳》，當時已能背誦《左傳》和《東萊博議》。他的叔父楊樹達是近代著名學者，在文字訓詁、語法修辭、古文獻整理校勘等廣泛的領域，都取得了卓越的成就。楊伯峻自言其學問主要得自楊樹達的傳授，對他來說，楊樹達是亦叔亦師。而楊伯峻不但深受家學的熏陶，唸大學時師承錢玄同、吳承仕、余嘉錫、黃節、陳垣諸位國學大師。又曾拜在黃侃門下，成爲黃門弟子。在祖、叔及諸國學大師的濡染下，楊伯峻建立了深厚的國學根基。再加上他大學畢業後致力於古漢語的研究，有多部的古漢語研究專著，研究古漢語的學養使他更能掌握到古籍的原意。另一方面，楊伯峻也在注釋《列子》、《論語》及《孟子》三部古籍時獲得了豐富的古籍整理經驗。楊伯峻因爲對於《左傳》有著很高的興趣，於是五十多歲時決定要爲《春秋》和《左傳》作一總結性的注釋。由開始至成書，楊伯峻前後共經歷了二十多個寒暑，這段期間發生的「文化大革命」更是對楊伯峻的寫作造成了嚴重的打擊，但他仍努力不懈，終於在1981年出版了洋洋數百萬言的《春秋左傳注》。爲了精益求精，他接受各方的意見，於1990年再出版了《春秋左傳注》修訂本。楊伯峻爲學術奉獻一生的精神，令人動容。

其三、《春秋》學者對於《春秋》學的觀念必定會對他的學術研究造成影響。我們經由對楊伯峻《春秋》觀的探討，可以發現：

楊伯峻認爲孔子並非《春秋》一書的作者，也不曾對《春秋》進行過修改。《春秋》與孔子的關係，僅是孔子在教導學生的時候，將《春秋》當作指

山西人民出版社，1983年11月），頁130。
〔註3〕 楊伯峻：〈楊伯峻自傳〉，收入《中國現代社會科學家傳略》第4輯，頁130～131。

定的教科書而已。既然《春秋》並非孔子所作,《春秋》筆法並無存在所謂的「微言大義」是非常的清楚了,楊伯峻認爲《春秋》的義例均爲後世儒生所加,根本不存在孔子所寓的「大義」。所以《春秋》一書對楊伯峻來說,就僅止於「一部由魯隱公至魯哀公,不完備而可信的魯國編年史。」〔註4〕

在《左傳》方面,楊伯峻否定了「左丘明作《左傳》」的說法,認爲《左傳》的作者應爲「儒家別派」的學者,並將《左傳》的成書年代定於「三家分晉」之後,「田和代齊」之前,也就是公元前 403 年至公元前 389 年之間。楊伯峻肯定《左傳》傳《春秋經》的事實,認爲「《左傳》以具體史實來說明或者補正以至訂正經文。」〔註5〕說明了《春秋》與《左傳》的關聯。而《左傳》與《國語》根本就是不同的兩本書,楊伯峻認爲「《左傳》和《國語》是兩書,《國語》更不是一人所作。」〔註6〕直接否定「劉歆割裂《國語》而成《左傳》」的說法,也說明了《左傳》和《國語》的關係。

在討論《公羊傳》、《穀梁傳》成書過程時,楊伯峻認爲《公羊傳》與《穀梁傳》不可能同樣出自於子夏的傳授,此應是後人附會之說,並認爲《穀梁傳》的成書應晚於《公羊傳》。對《公羊傳》、《穀梁傳》中的解經內容亦不以爲然,認爲《公》、《穀》所解說的「大義」不符合歷史事實,連文字敘述也沒有文學的美感,所以一般大眾不必閱讀《公羊傳》與《穀梁傳》,僅對中國傳統文化的研究人員來說才需要研讀。

以上爲楊伯峻對於《春秋》學的重要觀點,其中有些看法已經被學界所公認,也有些觀念則引起廣泛的討論,許多學者針對楊伯峻的看法寫作專文來加以反駁,前文已有提及。我們認爲學者的觀念定會受到本身的個性學養及其所處的時代背景影響,楊伯峻的觀點正確與否自然有待後人商榷,但楊伯峻的看法其有重要的參考價值,這是不容忽視的。

其四、楊伯峻的解經方法合理、有次序且富有科學性:他先對《春秋》與《左傳》的體例作徹底的了解,以期對《春秋》與《左傳》的本意有著深刻的認識,這是注釋任何一部古籍的基本功。《春秋》與《左傳》等經典流傳已久,難以避免會有訛誤、脫漏、衍文等等現象發生,若對這些部分不加以處理,就不能正確的解釋《經》文和《傳》文。所以在了解《經》、《傳》體

〔註4〕　楊伯峻:《春秋左傳注》(修訂本),〈前言〉,頁 16。
〔註5〕　楊伯峻:《春秋左傳注》(修訂本),〈前言〉,頁 28。
〔註6〕　楊伯峻:《春秋左傳注》(修訂本),〈前言〉,頁 43。

例之後所要作的第二個步驟，便是對《春秋》和《左傳》的本文進行校勘的工作。接著楊伯峻廣泛地採取古今中外有關《春秋》和《左傳》的研究成果，又引用了大量甲骨文、金文以及考古實物材料加以印證，編成「長編」。後來他在這個「長編」的基礎上，擇善而從，再加上自己研究所得，完成了《春秋左傳注》寫作。這些步驟看起來雖然平凡無奇，但實際上每個步驟都會遇到相當多問題，如果沒有深厚的學識、明確的判斷、豐富的古籍整理經驗以及長時間在《春秋》學中的浸潤，是不可能把這些工作做好的，於平凡中顯現出不凡的功力，由此更加顯示出《春秋左傳注》一書的難能可貴。《春秋左傳注》成為古籍注釋的標第，往後的古籍注釋本自應向《春秋左傳注》看齊或者超越它，而楊伯峻的解經方法更是值得往後整理古籍的研究工作者引為圭臬的。

　　本文礙於筆者的學識涵養，缺點和錯誤在所難免，自當接受批評、指正。如果本文能有拋磚引玉的效果，引起國內學界對楊伯峻研究的多加留意，就是意外的收穫，筆者樂見其成。最後我們願秉持著楊伯峻「知難而進」、「全力以赴」的精神〔註7〕去面對每一個研究的課題，冀望與研究《春秋》學的學者共勉之。

〔註7〕 「我既然閱讀了一些必要的參考書籍，便決心整理這部著作。它在『十三經』中分量最大，《經》和《傳》將近二十萬字，非全力以赴不可。」楊伯峻：〈我和《左傳》〉，收入《楊伯峻治學論稿》（長沙市：岳麓書社，1992 年 7 月），頁 126。

附錄一　楊伯峻遺像

圖一：楊伯峻先生立相

圖二：楊伯峻先生坐相

附錄二　楊伯峻手跡

圖一：楊伯峻先生寫給林慶彰老師的信件

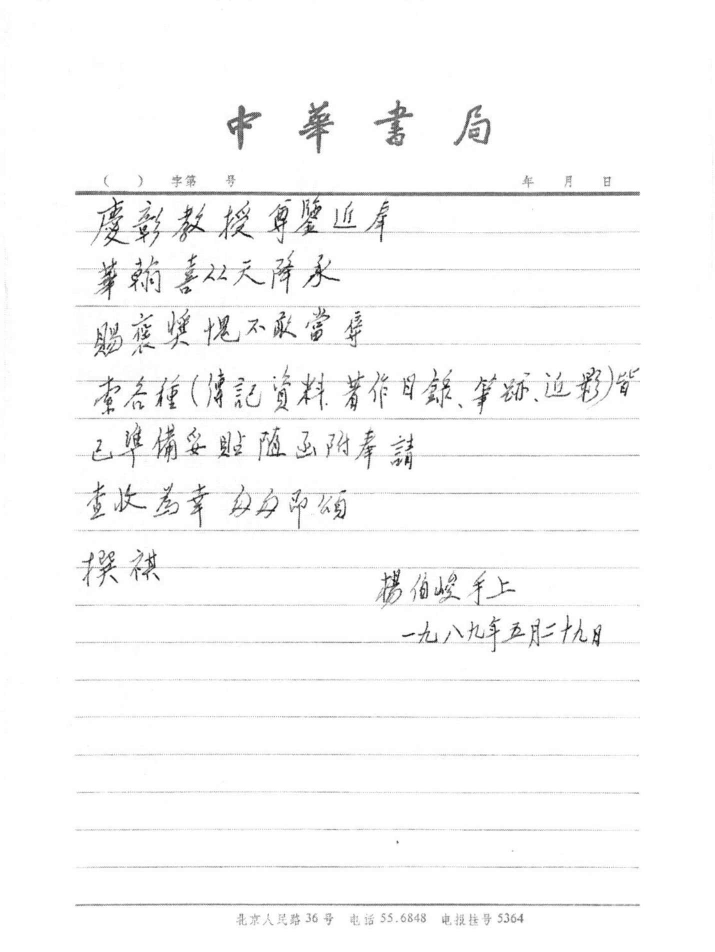

中　華　書　局

（　）字第　号　　　　　　　　年　月　日

慶彰教授尊鑒近屏

筆翰喜从天降永

賜褒獎愧不敢當辱

書各種（傳記資料、著作目錄、筆跡、近影）皆

已準備妥貼隨函附奉請

查收為幸匆匆即頌

撰祺

楊伯峻手上

一九八九年五月二十九日

北京人民路36号　电话55.6848　电报挂号5364

圖二：楊伯峻先生投稿於《國文天地》，此為原稿頁一

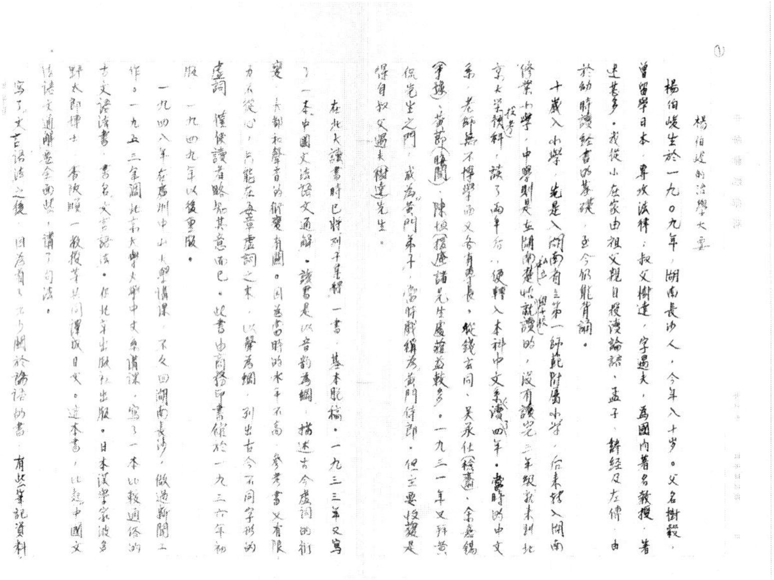

①

楊伯峻的治學大要

楊伯峻生於一九○九年，湖南長沙人，今年八十岁。父名樹穀，曾留學日本，專攻法律；叔父樹達，字遇夫，為國內著名教授，著述甚多。我從小在家由祖父親自授讀論語、孟子、詩經及左傳，由於幼時讀經書的基礎，至今仍能背誦。

十歲入小學，先是入湖南省立第一師範附屬小學，後來轉入湖南修業小學，中學則是在湖南私立楚怡學校就讀的，沒有讀完三年級就來到北京大學考取預科，讀了兩年後，便轉入本科中文系讀了四年。當時的中文系，老師無不博學而又各有專長，從錢玄同、吳承仕（檢齋）、余嘉錫（季豫）、黃節（晦聞）、陳垣（援庵）諸先生處獲益較多。一九三一年又拜黃侃先生之門，成為黃門弟子，當時戲稱為黃門侍郎。但主要收獲是得自叔父遇夫（樹達）先生。

在北大讀書時已將列子集釋一書，基本脫稿。一九三三年又寫了一本中國文法語文通解。該書是以音韻為綱，描述古今虛詞的衍變，去留和聲音的衍變有關。因為當時的水平不高，參考書又有限，力不從心，只能在每章虛詞之末，以聲為綱，列出古今不同字形的虛詞，僅使讀者略知其意而已。此書由商務印書館於一九三六年初版，一九四九年以後重版。

一九四八年在廣州中山大學講課，不久回湖南長沙，做過新聞工作。一九五三年調北京大學大學中文系講課，寫了一本比較通俗的古文語法書，書名文言語法。任北京出版社出版。日本漢學家波多野太郎博士、香坂順一教授等共同譯成日文。這本書，比起中國文法語文通解要全面些，講了句法。

寫了文言語法之後，因為有人把少關於論語的書，有些筆記資料，

圖三：楊伯峻先生原稿頁二

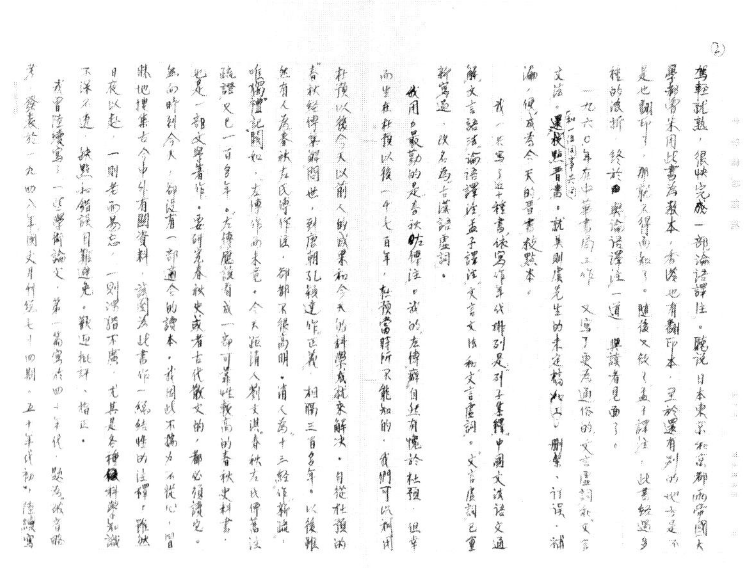

②

駕輕就熟，很快完成一部論語譯注。聽說日本東京和京都兩帝國大學都曾采用此書為教本，香港也有翻印本，至於還有別的地方是不是也翻印了，那就不得而知了。隨後又做了孟子譯注，此書經過多種的波折，終於與論語譯注一道，與讀者見面了。

一九六○年在中華書局工作，又寫了更為通俗的文言虛詞和文言文法。還（和一位同事共同）校點晉書，就吳則虞先生的未定稿加工，刪繁、訂誤、補漏，使成為今天的晉書校點本。

我一共寫了近十種書，依寫作年代排列是列子集釋、中國文法語文通解、文言語法、論語譯注、孟子譯注、文言文法和文言虛詞。文言虛詞已重新寫過，改名為古漢語虛詞。

我用力最勤的是春秋左傳注。我的左傳解自然有愧於杜預，但幸而生在杜預以後一千七百年，杜預當時所不能知的，我們可以利用杜預以後今天以前人的成果和今天的科學成就來解決。自從杜預的春秋經傳集解問世，到唐朝孔穎達作正義，相隔三百多年。以後雖然有人為春秋左氏傳作注，卻都不很高明。清人為十三經作新疏，唯獨禮記闕如，左傳作而未竟。今天距清人劉文淇春秋左氏傳舊注疏證又已一百多年。左傳應該看成一部可靠性較高的春秋史料書，也是一部文學著作。要研究春秋史或者古代散文的，都必須讀它。然而時到今天，卻沒有一部適合的讀本。我因此不揣力不從心，習慣地搜集古今中外有關資料，試圖為此書作一總結性的注釋，雖然日夜以赴，一則老而易忘，一則淺陋不廣，尤其是各種資料與知識不深不透，缺點和錯誤自難避免，歡迎批評、指正。

我曾陸續寫了一些學術論文，第一篇寫於四十年代，題為破音略考，發表於一九四八年國文月刊第七十四期。五十年代初，陸續寫

圖四：楊伯峻先生原稿頁三

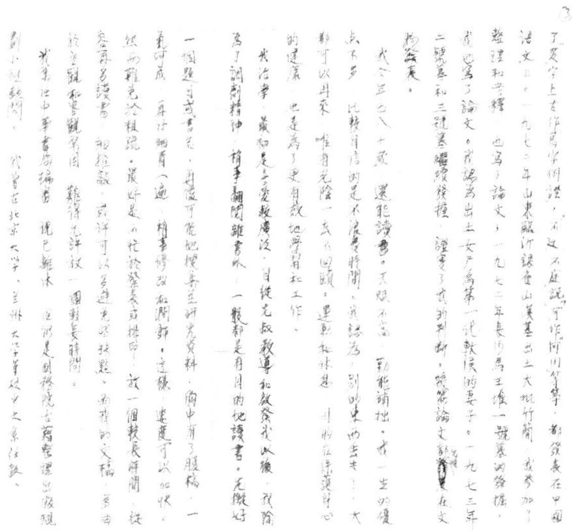
(3)
了足字上古作爲字例證，不必不應說「可作」用筆等，都發表在中國
語文上。一九七二年山東臨沂銀雀山漢墓出土大批竹簡，我參加了
整理和考釋，也寫了論文。一九七二年長沙馬王堆一號墓的發掘，
我也寫了論文。我認爲出土女尸爲第一代軑侯的妻子。一九七三年
二號墓和三號墓繼續發掘，證實了我的判斷。我這論文都發表在文
物雜誌。
我今年已八十歲，還能讀書。天資不高，勤能補拙。我一生的優
點不多，比較自信的是不浪費時間。我認爲，別的東西失去了，大
都可以再來，惟有光陰一去不回頭。運動和休息，目的在保護身心
的健康，也是爲了更有效地學習和工作。
我治學，最初是喜愛較廣泛，自從先叔教導和啟發我以後，我除
爲了調劑精神，稍事翻閱雜書外，一般都是有目的地讀書。先擬好
一個題目或書名，再儘可能地搜集並研究資料，胸中有了腹稿，一
氣呵成，再仔細看一遍，稍事修改和潤飾。這樣，速度可以加快，
然而難免於粗疏。最好是不忙於發表或排印，放一個較長時間，從
容再多讀書，細推敲，或許可以多避免些缺點。而我的文稿，要由
於主觀和客觀原因，難得允許放一個較長時間。
我原在中華書局編書，現已離休，但仍是國務院古籍整理出版規
劃小組顧問。我曾在北京大學、蘭州大學等校中文系任教。

圖五：楊伯峻先生原稿頁四

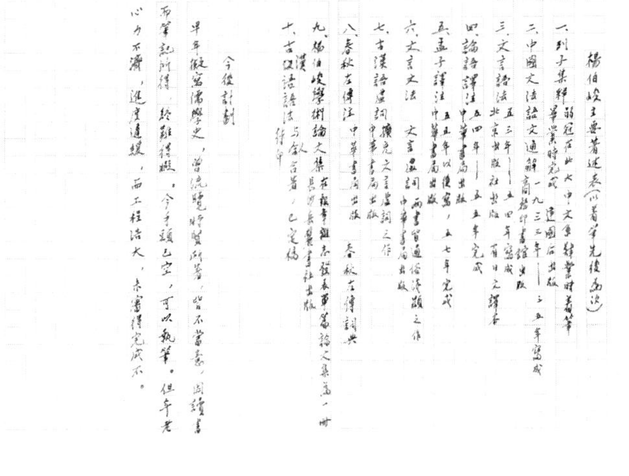
楊伯峻主要著述表（以著作先後為次）
一、列子集釋 弱冠在北大中文系肄業時着筆 畢業時完成 建國後出版
二、中國文法語文通解 一九三三年——三五年寫成 商務印書館出版
三、文言語法 五三年——五四年寫成 北京出版社出版 有日文譯本
四、論語譯注 五四年——五五年完成 中華書局出版
五、孟子譯注 五五年以後寫，五七年完成 中華書局出版
六、文言文法 文言虛詞 兩書皆通俗淺顯之作 中華書局出版
七、古漢語虛詞 擴充文言虛詞之作 中華書局出版
八、春秋左傳注 中華書局出版 春秋左傳詞典
九、楊伯峻學術論文集 在報章雜誌發表單篇論文集爲一冊 長沙岳麓書社出版
十、古漢語語法 與人合著，已定稿 待印

今後計劃
早年擬寫儒學史，曾流覽時賢所著，皆不當意，因讀書而筆記所得，終難得暇。今手頭已空，可以執筆。但年老心力不濟，進度遲緩，而工程浩大，未審得完成不。

附錄三　楊伯峻著作書影

圖一：上方為《春秋左傳注》1981 年 3 月初版，下方為 1990 年 5 月修
　　　訂再版。

圖二：《春秋左傳注》1981 年初版。

圖三：《春秋左傳注》1990 年再版。

圖四：上方由左至右依次是《中國文法語文通解》、《古漢語虛詞》、《文
　　　言語法》和《文言虛詞》，下方是《孟子譯注》和《論語譯注》，
　　　其中《孟子譯注》初版的作者署名「蘭州大學孟子譯注小組」。

圖五：《孟子譯注》出版時，正值楊伯峻被劃入右派，所以作者署名為
　　　「蘭州大學孟子譯注小組」，此版本已將作者改回「楊伯峻」，但
　　　仍看得出過渡的痕跡。

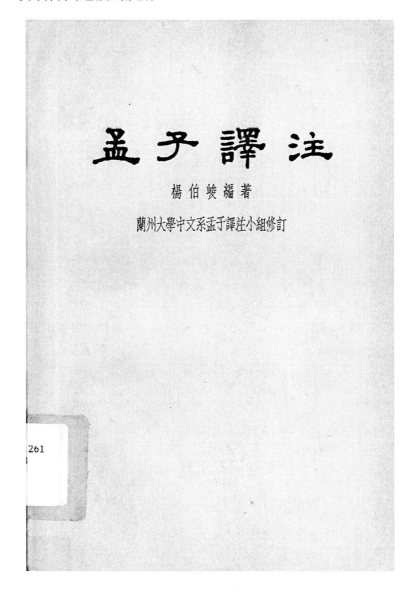

孟子譯注

楊伯峻編著

蘭州大學中文系孟子譯注小組修訂

附錄四　楊伯峻研究文獻目錄

陳水福編

編輯說明

1、本目錄收民國經學家楊伯峻（1909～1992）之著作及後人研究之論著，楊氏一生致力於中國傳統學術的研究，所論頗爲精湛，惜迄今爲止，尙未有對其學術進行全面研究之論文，本目錄爲第一次對楊氏相關論著較爲全面並作一有系統的整理。

2、本目錄分爲上、下兩編，分別爲「楊伯峻著作目錄」與「後人研究論著目錄」。上編收錄楊伯峻的著作，分專書、論文二類編排。論文類又經學、哲學思想、歷史、語言學、傳記、文獻學、序跋七類，經學依總論、易、詩、三禮、三傳、四書、孝經、經學史之順序；其他各類則依論文發表之先後排列。下編則收錄編者所知與楊伯峻相關的資料，分爲生平傳記、學術思想二類，依發表之先後排列。

3、專著之著錄項依書名、出版地、出版者、頁數、出版年月之順序排列；論文則依篇名、期刊名、卷期、頁數、出版年月之順序排列。

4、楊氏論文之原出處尙未查明者，註明「原出處待查」，有收入《楊伯峻學術論文集》、《楊伯峻治學論稿》者，亦一併註明。

5、本目錄雖已盡力收集，然限於筆者的學識，本目錄必有不少闕漏，海內外博雅君子，請有以教之。

小　傳

楊伯峻，名德崇，以字行，筆名許獲。1909 年 9 月 1 日（清宣統元年己酉歲七月十七日）生於湖南省長沙市，1932 年畢業於北京大學中文系。民國

時期曾任馮玉祥研究室成員、中山大學講師。新中國建立後歷任湖南《民主報》社社長，湖南省政協秘書處處長，湖南省統戰部辦公室主任。1954 年後，任北京大學中文系副教授，歷史系兼職教授、蘭州大學副教授、中華書局編輯、編審。退休後，仍任國務院古籍整理出版小組顧問、孔子研究會理事，1992 年 5 月 13 日因病過世，享年 84 歲。著有《孟子譯注》、《論語譯注》、《春秋左傳注》、《春秋左傳詞典》等多本學術專著。並有〈《詩經》句法偶談〉、〈《左傳》成書年代論述〉、〈《論語》和《孟子》〉等等多篇的研究論文，爲民國以來著名的經學家、語言學家。

上編　楊伯峻著作目錄

一、專　著

（一）自　著

1. 經書淺談　楊伯峻編著
   北京市　中華書局　132 頁　1984 年 7 月
   臺北市　萬卷樓圖書公司　152 頁　1989 年 10 月初版　（文史知識叢書）
   北京市　中華書局　139 頁　2005 年 6 月第 2 版（文史知識文庫）
2. 春秋左傳注
   北京市　中華書局　4 冊（85，1736 頁）：圖　1981 年 3 月
   臺北市　源流文化事業公司　2 冊（85，1736 頁）：圖　1982 年 3 月
   高雄市　復文書局　1736 頁　1987 年
   臺北市　漢京文化事業公司　2 冊（88，1736 頁）：圖　1987 年 9 月
   北京市　中華書局　4 冊（88，1736 頁）　1736 頁　1990 年 5 月（修訂再版）（中國古典名著譯注叢書）
   臺北市　洪葉文化事業公司　2 冊（88，1736 頁）　1736 頁　1993 年 5 月（國學精粹叢書）
3. 春秋左傳詞典　（與徐提合編）
   北京市　中華書局　1209 頁　1985 年 11 月
   臺北市　漢京文化事業公司　1209 頁　1987 年 1 月
4. 白話左傳　（與徐提合譯）

　　長沙市　岳麓書社　6，490 頁　1993 年 8 月（古典名著今譯讀本）

5. 白話四書
　　長沙市　岳麓書社　6，461 頁　1989 年 11 月（古典名著今譯讀本）

6. 四書：漢英對照、文白對照　理雅各英譯；楊伯峻今譯
　　長沙市　岳麓書社　599 頁　1994 年 6 月

7. 白話四書五經　楊伯峻顧問，吳樹平、賴長楊主編
　　北京市　國際文化出版公司　4 冊（360，286，816，805 頁）　1992 年
　　3 月

8. 論語譯注　（附論語詞典）
　　北京市　古籍出版社　324 頁　1958 年 6 月
　　北京市　中華書局　324 頁　1958 年 6 月
　　臺北市　明倫出版社　11，324 頁　1971 年 10 月
　　北京市　中華書局　38，316 頁　1980 年 12 月第 2 版
　　臺北市　河洛圖書出版社　324 頁　1980 年 8 月
　　臺北市　源流出版社　324 頁　1982 年 4 月
　　香港　中華書局　37，316 頁　1984 年 10 月
　　臺北市　華正書局　324 頁　1986 年 8 月
　　臺中市　藍燈文化事業公司　12，324 頁　1987 年 9 月
　　臺北市　五南圖書出版公司　648 頁　1992 年 10 月
　　北京市　中華書局　238 頁　2006 年 12 月（簡體字版）
　　北京市　中華書局　14，310 頁，圖版 6 頁　2007 年 4 月（中華書局成
　　立 95 週年紀念版）

9. 論語今譯（漢英對照）　楊伯峻、吳樹平今譯；潘富恩、溫少霞英譯
　　濟南市　齊魯書社　14，245 頁　1993 年 3 月

10. 論語今譯　楊伯峻編
　　濟南市　齊魯書社　2005 年

11. 孟子譯注　楊伯峻　（附孟子詞典）
　　北京市　中華書局　2 冊　18，483 頁　1960 年 1 月
　　臺北市　河洛圖書出版社　18，483 頁　1977 年 5 月
　　香港　文言出版社　18，483 頁　不著出版年月
　　臺北市　遠流文化事業公司　18，483 頁　1982 年 4 月

臺北市　華正書局　18，483 頁　1986 年 8 月

臺北縣樹林鎮　漢京文化事業公司　18，483 頁　1987 年 1 月

臺北市　五南圖書出版公司　712 頁　1992 年 11 月

12. 孟子導讀　楊伯峻

成都市　巴蜀書社　232 頁　1987 年 5 月（中華文化要籍導讀叢書）

13. 孟子（漢英對照）　楊伯峻今譯，趙甄陶、張文庭、周定之英譯

長沙市　湖南人民出版社　北京市　外文出版社　43，354 頁　1999 年
（大中華文庫）

14. 列子集釋

北京市　科學出版社　1956 年

上海市　龍門聯合書局　1958 年

臺北市　明倫出版社　1970 年

臺北市　明倫出版社　1971 年 2 月再版

北京市　中華書局　1979 年 10 月

臺北市　成文出版社　1982 年（無求備齋老列莊三子集成補編）

臺北市　華正書局　1987 年 9 月

15. 中國文法語文通解

上海市　商務印書館　1936 年

楊樹達叔姪文法名著三種（楊樹達、楊伯峻著）　頁 713～860　臺北市
鼎文書局　1972 年 8 月

民國叢書（民國叢書編輯委員會編）　第 2 編　語言文字類　冊 55　上
海市　上海書店　1990 年

16. 文言語法

北京市　大眾出版社　1955 年 1 月

北京市　北京出版社　7，247 頁　1956 年 11 月第 2 版（增訂本）

17. 文言文法　楊伯峻著

北京市　中華書局　209 頁　1963 年 7 月

出版地不詳　中國語文學社　209 頁　出版年不詳（語文彙編　第十一
輯）

香港　中華書局香港分局　212 頁　1972 年 6 月

古今漢語詞類通解（楊伯峻著、田樹生整理）　頁 449～690　北京市　北

京出版社　1998 年 8 月

18. 文言虛詞

北京市　中華書局　238 頁　1965 年 8 月

19. 古漢語虛詞

北京市　中華書局　10，392 頁　1981 年 2 月

20. 文言常用虛詞　楊伯峻、田樹生編著

長沙市　湖南人民出版社　9，416 頁　1983 年 10 月

21. 古漢語語法及其發展　與何樂士合著

北京市　語文出版社　8，1029 頁　1992 年 3 月

北京市　語文出版社　11，1065 頁　2001 年 8 月第 2 版

22. 古今漢語詞類通解　楊伯峻著、田樹生整理

北京市　北京出版社　13，690 頁　1998 年 8 月

23. 楊伯峻學術論文集

長沙市　岳麓書社　311 頁　1984 年 3 月

（1）破音略考　頁 1～8

（2）從上古漢語幾組同義詞的考察試探在詞彙方面古今分合現象的規
　　　律　頁 9～44

（3）「爰」字上古作「焉」字用例證　頁 45～54

（4）「不廷」「不庭」說　頁 55～59

（5）上古無指代詞「亡」「罔」「莫」　頁 60～63

（6）《詞詮》重印說明　頁 64～67

（7）《詩經》句法偶談　頁 68～73

（8）「可」作「何」用　頁 74～77

（9）引號的運用　頁 78～83

（10）古漢語中之罕見語法現象　頁 84～104

（11）建議古籍標點恢復使用破折號　頁 105～113

（12）「不～不～」語句型之分析──詞義與語法關係　頁 114～128

（13）反義複詞作單詞用例證　頁 129～142

（14）從漢語史的角度來鑑（鑒）定中國古籍寫作年代的一個實例──
　　　「列子」著述年代考　頁 143～163

（15）略談我國史籍上關於屍體防腐的記載和馬王堆一號漢墓墓主問題

（13）《論語》淺講　頁 137～143

（14）《孟子》簡說　頁 144～152

（15）《論語譯注》導言　頁 153～161

（16）我和《論語譯注》、《孟子譯注》　頁 162～167

（17）簡論《孝經》　頁 168～173

（18）我看先秦文學和《禮記》〈檀弓〉　頁 174～181

（19）讀《晉書斠注》書後　頁 182～193

（20）（皇）清經解正續編影印縮本序　頁 194～196

（21）《積微翁回憶錄》整理後記　頁 197～198

（22）《胡纘宗詩選》序　頁 199

（23）《餘習老人遺稿》序　頁 200～201

（23）我的治學大要　頁 202～205

（24）我的希望　頁 206～209

（25）黃季剛先生雜憶　頁 210～213

（26）徐芸渠先生事略　頁 214～215

（27）丁聲樹同志的治學精神　頁 216～219

（28）我所知道的老舍先生　頁 220～221

（29）我在馮玉祥將軍研究室　頁 222～228

（二）編　校

1. 左傳紀事本末　〔清〕高士奇撰；楊伯峻點校

　北京市　中華書局　3 冊　833 頁　1979 年 1 月

　臺北市　里仁書局　3 冊　833 頁　1981 年 12 月

2. 積微居讀書記　楊樹達著、楊伯峻編

　北京市　中華書局　320 頁　1962 年 9 月

　臺北市　大通書局　307 頁　1971 年 5 月

　上海市　上海古籍出版社　312 頁　2006 年 12 月（楊樹達文集）

3. 積微翁回憶錄

　上海市　上海古籍出版社　416 頁　1986 年 11 月

　上海市　上海古籍出版社　416 頁　2006 年 12 月（楊樹達文集）

　北京市　北京大學出版社　309 頁　2007 年 5 月

二、論　文

（一）經　學

1. 《經書淺談》導言

   文史知識　1982 年 1 期　頁 63～71　1982 年 1 月

   經書淺談（文史知識編輯部編）　頁 1～6　北京市　中華書局　1984 年 7 月

   經書淺談（楊伯峻等著）　頁 1～6　臺北市　萬卷樓圖書公司　1989 年 10 月

   楊伯峻治學論稿　頁 12～17　長沙市　岳麓書社　1992 年 7 月

   經書淺談（文史知識編輯部編）　頁 1～6　北京市　中華書局　2005 年 6 月第 2 版

2. 淺談《周易》

   文史知識　1982 年 4 期　頁 87～93　1982 年 4 月

   經書淺談（文史知識編輯部編）　頁 7～19　北京市　中華書局　1984 年 7 月

   經書淺談（楊伯峻等著）　頁 7～20　臺北市　萬卷樓圖書公司　1989 年 10 月

   楊伯峻治學論稿　頁 26～37　長沙市　岳麓書社　1992 年 7 月

   經書淺談（文史知識編輯部編）　頁 7～19　北京市　中華書局　2005 年 6 月第 2 版

3. 《詩經》句法偶談

   中國語文（北京）　1978 年 1 期　頁 34～36　1978 年 5 月

   楊伯峻學術論文集　頁 68～73　長沙市　岳麓書社　1984 年 3 月

4. 淺談《詩經》

   中國古代文化史講座（王力等著；董琨、吳鴻清匯編）　頁 240～248　北京市　中央廣播電視大學出版社　1984 年 6 月

   楊伯峻治學論稿　頁 18～25　長沙市　岳麓書社　1992 年 7 月

   中國古代文化史講座（王力等著；董琨、吳鴻清匯編）　頁 198～205　桂林市　廣西師範大學出版社　2007 年 3 月

5. 我看先秦文學與《禮記》〈檀弓〉

   文史知識　1986 年第 6 期　頁 9～14　1986 年 6 月

楊伯峻治學論稿　頁 174～181　長沙市　岳麓書社　1992 年 7 月

6. 簡說《春秋》（經書淺談：春秋）

　　文史知識　1982 年 5 期　頁 59～63　1982 年 5 月

　　經書淺談（文史知識編輯部編）　頁 70～76　北京市　中華書局　1984
　　年 7 月

　　經書淺談（楊伯峻等著）　頁 79～86　臺北市　萬卷樓圖書公司　1989
　　年 10 月

　　楊伯峻治學論稿　頁 46～52　長沙市　岳麓書社　1992 年 7 月

　　經書淺談（文史知識編輯部編）　頁 72～78　北京市　中華書局　2005
　　年 6 月第 2 版

7. 《左傳》成書年代論述

　　文史　第 6 輯　頁 65～75　北京市　中華書局　1979 年 6 月

　　楊伯峻學術論文集　頁 212～230　長沙市　岳麓書社　1984 年 3 月

8. 《春秋左氏傳》淺講

　　中國古代文化史講座（王力等著；董琨、吳鴻清匯編）　頁 249～257　北
　　京市　中央廣播電視大學出版社　1984 年 6 月

　　楊伯峻治學論稿　頁 38～45　長沙市　岳麓書社　1992 年 7 月

　　中國古代文化史講座（王力等著；董琨、吳鴻清匯編）　頁 206～213　桂
　　林市　廣西師範大學出版社　2007 年 3 月

9. 淺談《左傳》（經書淺談：左傳）

　　文史知識　1982 年 6 期　頁 62～67　1982 年 6 月

　　經書淺談（文史知識編輯部編）　頁 77～85　北京市　中華書局　1984
　　年 7 月

　　經書淺談（楊伯峻等著）　頁 87～96　臺北市　萬卷樓圖書公司　1989
　　年 10 月

　　楊伯峻治學論稿　頁 53～61　長沙市　岳麓書社　1992 年 7 月

　　經書淺談（文史知識編輯部編）　頁 79～88　北京市　中華書局　2005
　　年 6 月第 2 版

10. 《春秋左傳注》序言

　　春秋左傳注　卷首　北京市　中華書局　1981 年 3 月

　　春秋左傳注　卷首　臺北市　源流文化事業公司　1982 年 3 月

春秋左傳注　卷首　高雄市　復文書局　1736 頁　1987 年

春秋左傳注　卷首　臺北市　漢京文化事業公司　1987 年 9 月

春秋左傳注　卷首　北京市　中華書局　1990 年 5 月（修訂再版）

春秋左傳注　卷首　北京市　中華書局　1990 年 5 月（修訂再版）（中國古典名著譯注叢書）

楊伯峻治學論稿　頁 74～124　長沙市　岳麓書社　1992 年 7 月

春秋左傳注　卷首　臺北市　洪葉文化事業公司　1993 年 5 月（國學精粹叢書）

11. 我和《左傳》

書品　1986 年第 1 期（總第 1 期）　頁 1～3　1986 年 3 月

楊伯峻治學論稿　頁 125～128　長沙市　岳麓書社　1992 年 7 月

12. 從《左傳》學些什麼

書品　1988 年第 1 期（總第 9 期）　頁 2～6　1988 年 3 月

13.《左傳虛詞研究》序

左傳虛詞研究（何樂士）　卷首　北京市　商務印書館　1989 年 6 月

左傳虛詞研究（何樂士）　卷首　北京市　商務印書館　2004 年 12 月（修訂 2 版）

14. 秦晉殽之戰今譯　楊伯峻、沈玉成

文史知識　1981 年 6 期　1981 年 11 月　頁 42～47

15. 談談《公羊傳》和《穀梁傳》（經書淺談：公羊傳和穀梁傳）

文史知識　1982 年 8 期　1982 年 8 月　頁 58～64

經書淺談（文史知識編輯部編）　頁 86～97　北京市　中華書局　1984 年 7 月

經書淺談（楊伯峻等著）　頁 97～109　臺北市　萬卷樓圖書公司　1989 年 10 月

楊伯峻治學論稿　頁 62～73　長沙市　岳麓書社　1992 年 7 月

經書淺談（文史知識編輯部編）　頁 89～100　北京市　中華書局　2005 年 6 月第 2 版

16.《論語》和《孟子》

中國古代文化史講座（王力等著：董琨、吳鴻清匯編）　頁 258～265　北京市　中央廣播電視大學出版社　1984 年 6 月

楊伯峻治學論稿　頁129～136　長沙市　岳麓書社　1992 年 7 月

中國古代文化史講座（王力等著；董琨、吳鴻清匯編）　頁214～220　桂林市　廣西師範大學出版社　2007 年 3 月

17. 我和《論語譯注》、《孟子譯注》

書品　1987 年第 1 期（總第 5 期）　頁 17～22　1987 年 3 月

楊伯峻治學論稿　頁162～167　長沙市　岳麓書社　1992 年 7 月

18. 《論語》淺講

經書淺談（文史知識編輯部編）　頁 98～104　北京市　中華書局　1984 年 7 月

經書淺談（楊伯峻等著）　頁111～118　臺北市　萬卷樓圖書公司　1989 年 10 月

楊伯峻治學論稿　頁137～143　長沙市　岳麓書社　1992 年 7 月

經書淺談（文史知識編輯部編）　頁 101～108　北京市　中華書局 2005 年 6 月第 2 版

19. 《論語譯注》導言

論語譯注　卷首　北京市　古籍出版社　1958 年 6 月

論語譯注　卷首　北京市　中華書局　1958 年 6 月

論語譯注　卷首　臺北市　明倫出版社　1971 年 10 月

論語譯注　卷首　北京市　中華書局　1980 年 12 月第 2 版

論語譯注　卷首　臺北市　河洛圖書出版社　1980 年 8 月

論語譯注　卷首　臺北市　源流出版社　1982 年 4 月

論語譯注　卷首　香港　中華書局　1984 年 10 月

論語譯注　卷首　臺北市　華正書局　1986 年 8 月

論語譯注　卷首　臺中市　藍燈文化事業公司　1987 年 9 月

楊伯峻治學論稿　頁153～161　長沙市　岳麓書社　1992 年 7 月

論語譯注　卷首　臺北市　五南圖書出版公司　1992 年 10 月

論語譯注　卷首　北京市　中華書局　2007 年 4 月第 1 版（中華書局成立 95 週年紀念版）

20. 試論孔子

東岳論叢　1980 年第 2 期　頁 91～100　1980 年

論語譯注　卷首　北京市　中華書局　1980 年 12 月第 2 版

楊伯峻學術論文集　頁 236～260　長沙市　岳麓書社　1984 年 3 月

論語譯注　卷首　臺北市　五南圖書出版公司　1992 年 10 月

論語譯注　卷首　北京市　中華書局　2007 年 4 月第 1 版（中華書局成立 95 週年紀念版）

21.《孟子》簡說（經書淺談：孟子）

　　文史知識　1982 年 2 期　頁 80～85　1982 年 2 月

　　經書淺談（文史知識編輯部編）　頁 124～132　北京市　中華書局 1984 年 7 月

　　經書淺談（楊伯峻等著）　頁 143～152　臺北市　萬卷樓圖書公司 1989 年 10 月

　　楊伯峻治學論稿　頁 144～152　長沙市　岳麓書社　1992 年 7 月

　　經書淺談（文史知識編輯部編）　頁 130～139　北京市　中華書局 2005 年 6 月第 2 版

22.《孟子》導言

　　孟子譯注　卷首　北京市　中華書局　1960 年 1 月

　　孟子譯注　卷首　臺北市　河洛圖書出版社　1977 年 5 月

　　孟子譯注　卷首　香港　文言出版社　不著出版年月

　　孟子譯注　卷首　臺北市　遠流文化事業公司　1982 年 4 月

　　楊伯峻學術論文集　頁 261～276　長沙市　岳麓書社　1984 年 3 月

　　孟子譯注　卷首　臺北市　華正書局　1986 年 8 月

　　孟子譯注　卷首　臺北縣樹林鎮　漢京文化事業公司　1987 年 1 月

　　孟子譯注　卷首　臺北市　五南圖書出版公司　1992 年 11 月

23. 簡論《孝經》（經書淺談：《孝經》）

　　文史知識　1982 年第 3 期　頁 59～63　1982 年 3 月

　　經書淺談（文史知識編輯部編）　頁 105～110　北京市　中華書局 1984 年 7 月

　　經書淺談（楊伯峻等著）　頁 119～126　臺北市　萬卷樓圖書公司 1989 年 10 月

　　楊伯峻治學論稿　頁 168～173　長沙市　岳麓書社　1992 年 7 月

　　經書淺談（文史知識編輯部編）　頁 109～115　北京市　中華書局 2005 年 6 月第 2 版

24.（皇）清經解正續編影印縮本序

　　作於 1987 年 3 月 12 日　原出處待查

　　楊伯峻治學論稿　頁 194～196　長沙市　岳麓書社　1992 年 7 月

（二）哲學思想

1.《列子集釋》重版前言

　　列子集釋　卷首　北京市　中華書局　1979 年 10 月

　　列子集釋　卷首　臺北市　成文出版社　1982 年（無求備齋老列莊三子
　　集成補編）

　　楊伯峻學術論文集　頁 231～235　長沙市　岳麓書社　1984 年 3 月

　　列子集釋　卷首　臺北市　華正書局　1987 年 9 月

2.《列子》宇宙論的科學因素

　　求索　1982 年第 2 期　頁 12～19　1982 年 4 月

　　楊伯峻學術論文集　頁 286～299　長沙市　岳麓書社　1984 年 3 月

（三）歷　史

1. 讀《晉書斠注》書後

　　1948 年 11 月初稿　1956 年 1 月 6 日改稿　原出處待查

　　楊伯峻治學論稿　頁 182～193　長沙市　岳麓書社　1992 年 7 月

2. 略談我國史籍上關於屍體防腐的記載和馬王堆一號漢墓墓主問題

　　文物　1972 年第 9 期　頁 36～40　1972 年 9 月

　　楊伯峻學術論文集　頁 164～173　長沙市　岳麓書社　1984 年 3 月

3. 略談臨沂銀雀山漢墓出土的古代兵書殘簡

　　文物　1974 年第 2 期　頁 27～31　1974 年 2 月

　　楊伯峻學術論文集　頁 174～184　長沙市　岳麓書社　1984 年 3 月

4. 孫臏和《孫臏兵法》雜考

　　文物　1975 年第 3 期　頁 9～13 轉頁 8　1975 年 3 月

　　楊伯峻學術論文集　頁 185～195　長沙市　岳麓書社　1984 年 3 月

5. 周襄王元年應是公元前六五二年說

　　求索　1981 年第 1 期　頁 103～104 轉頁 114　1981 年

　　楊伯峻學術論文集　頁 277～282　長沙市　岳麓書社　1984 年 3 月

6. 略談今譯古書

古籍整理出版情況簡報　1981 年第 5 期　1981 年

楊伯峻學術論文集　頁 283～285　長沙市　岳麓書社　1984 年 3 月

7. 關於培養古籍整理隊伍之我見

古籍整理出版情況簡報　第 98 期　頁 8～10　1982 年 11 月 20 日

楊伯峻學術論文集　頁 300～302　長沙市　岳麓書社　1984 年 3 月

（四）語言學

1. 破音略考

國文月刊　第 74 期　頁 22～24　1948 年 12 月

楊伯峻學術論文集　頁 1～8　長沙市　岳麓書社　1984 年 3 月

2. 從上古漢語幾組同義詞的考察試探在詞彙方面古今分合現象的規律

北京大學學報　第 56 卷第 2 期　頁 81～103　1956 年 5 月

楊伯峻學術論文集　頁 9～44　長沙市　岳麓書社　1984 年 3 月

3. 從漢語史的角度來鑑定中國古籍寫作年代的一個實例——《列子》著述年代考

新建設　1956 年 7 月號　頁 38～47　1956 年 7 月

楊伯峻學術論文集　頁 143～163　長沙市　岳麓書社　1984 年 3 月

4. 對趙捷民同志意見的答辯　（列子）

新建設　1956 年 9 月號　頁 64～65　1956 年 9 月

5. 《詞詮》重印說明

詞詮　1956 年 9 月，1965 年 9 月增補

楊伯峻學術論文集　頁 64～67　長沙市　岳麓書社　1984 年 3 月

6. 「爰」字上古作「焉」字用例證

中國語文（北京）　1962 年 2 期　頁 67～69 轉頁 66　1962 年 2 月

楊伯峻學術論文集　頁 45～54　長沙市　岳麓書社　1984 年 3 月

7. 「不廷」「不庭」說

中國語文（北京）　1963 年第 4 期　頁 282～283　1963 年 8 月

楊伯峻學術論文集　頁 55～59　長沙市　岳麓書社　1984 年 3 月

8. 上古無指代詞「亡」「罔」「莫」

中國語文（北京）　1963 年第 6 期　頁 473～474　1963 年 12 月

楊伯峻學術論文集　頁 60～63　長沙市　岳麓書社　1984 年 3 月

9. 「可」作「何」用——語文質疑之二

中國語文（北京）　1979 年 4 期　頁 306～307　1979 年 7 月

楊伯峻學術論文集　頁 74～77　長沙市　岳麓書社　1984 年 3 月

10. 古漢語中之罕見語法現象

中國語文（北京）　1982 年 6 期　頁 401～409　1982 年 11 月

楊伯峻學術論文集　頁 84～104　長沙市　岳麓書社　1984 年 3 月

11. 「不～不～」語句型之分析——詞義與語法關係

作於 1982 年 10 月　原出處待查

楊伯峻學術論文集　頁 114～128　長沙市　岳麓書社　1984 年 3 月

12. 反義複詞作單詞用例證

作於 1982 年 12 月　原出處待查

楊伯峻學術論文集　頁 129～142　長沙市　岳麓書社　1984 年 3 月

13. 句型同而意義異例證

中國語文（北京）　1985 年第 1 期　頁 32～34　1985 年 1 月

楊伯峻治學論稿　頁 1～6　長沙市　岳麓書社　1992 年 7 月

14. 釋「何有」

原出處待查

楊伯峻治學論稿　頁 7～11　長沙市　岳麓書社　1992 年 7 月

15. 說「子」

古漢語研究　第一輯　頁 1～6　北京市　中華書局　1996 年 11 月

（五）傳　記

1. 追悼楊樹達先生

人民日報　第 3 版　1956 年 3 月 2 日

楊伯峻學術論文集　頁 198～201　長沙市　岳麓書社　1984 年 3 月

2. 黃季剛先生雜憶

學林漫錄　二集（中華書局編輯部編）　頁 18～21　北京市　中華書局
1981 年 3 月

楊伯峻治學論稿　頁 210～213　長沙市　岳麓書社　1992 年 7 月

3. 楊伯峻自傳

中國現代社會科學家傳略　第 4 輯　頁 125～131　太原市　山西人民出
版社　1983 年 11 月

4. 我所知道的老舍先生

　　人民日報　　1984 年 3 月 16 日

　　楊伯峻治學論稿　　頁 220～221　　長沙市　　岳麓書社　　1992 年 7 月

5. 丁聲樹同志的治學精神

　　讀書　　1984 年第 2 期　　頁 135～137　　1984 年 2 月

　　楊伯峻治學論稿　　頁 216～219　　長沙市　　岳麓書社　　1992 年 7 月

6. 徐芸渠先生事略

　　原出處待查

　　楊伯峻治學論稿　　頁 214～215　　長沙市　　岳麓書社　　1992 年 7 月

7. 我在馮玉祥將軍研究室

　　原載於《回憶馮玉祥將軍》出版項待查

　　楊伯峻治學論稿　　頁 222～228　　長沙市　　岳麓書社　　1992 年 7 月

8. 我的治學大要

　　國文天地　　第 5 卷第 5 期　　頁 53～55　　1989 年 10 月

　　楊伯峻治學論稿　　頁 202～205　　長沙市　　岳麓書社　　1992 年 7 月

9. 自傳

　　古籍整理研究學刊　　1990 年第 4 期　　頁 20～21　　1990 年 7 月

（六）文獻學

1. 引號的運用

　　中國語文〔北京〕　　1980 年第 1 期　　頁 61～63　　1980 年 1 月

　　楊伯峻學術論文集　　頁 78～83　　長沙市　　岳麓書社　　1984 年 3 月

2. 建議古籍標點恢復使用破折號

　　語言研究　　1982 年第 2 期　　頁 118～122　　1982 年 11 月

　　楊伯峻學術論文集　　頁 105～113　　長沙市　　岳麓書社　　1984 年 3 月

3. 我的希望

　　辭書研究　　1983 年第 4 期　　頁 53～56　　1983 年

　　楊伯峻治學論稿　　頁 206～209　　長沙市　　岳麓書社　　1992 年 7 月

（七）序　跋

1.《列子集釋》初版自序

　　列子集釋　　卷首　　北京市　　科學出版社　　1956 年

　　列子集釋　　卷首　　上海市　　龍門聯合書局　　1958 年

列子集釋　卷首　臺北市　明倫出版社　1970 年

列子集釋　卷首　臺北市　明倫出版社　1971 年 2 月再版

列子集釋　卷首　北京市　中華書局　1979 年 10 月

列子集釋　卷首　臺北市　成文出版社　1982 年（無求備齋老列莊三子集成補編）

楊伯峻學術論文集　頁 196〜197　長沙市　岳麓書社　1984 年 3 月

列子集釋　卷首　臺北市　華正書局　1987 年 9 月

2. 《鹽鐵論要釋》後記

鹽鐵論要釋（楊樹達）　卷末　北京市　科學出版社　1957 年 12 月

鹽鐵論要釋（楊樹達）　卷末　臺北市　世界書局　1958 年

鹽鐵論要釋（楊樹達）　卷末　北京市　中華書局　1963 年 9 月

楊伯峻學術論文集　頁 202〜206　長沙市　岳麓書社　1984 年 3 月

鹽鐵論要釋（楊樹達）　卷末　上海市　上海古籍出版社　1985 年 8 月

鹽鐵論要釋（楊樹達）　卷末　上海市　上海古籍出版社　2006 年 12 月（楊樹達文集）

3. 《楊樹達文集》總前言

湖南師院學報（哲學社會科學版）　1982 年 4 期　頁 32〜36　1982 年

楊伯峻學術論文集　頁 303〜311　長沙市　岳麓書社　1984 年 3 月

4. 《積微居讀書記》校後記

積微居讀書記（楊樹達）　卷末　北京市　中華書局　1962 年 9 月

楊伯峻學術論文集　頁 207〜211　長沙市　岳麓書社　1984 年 3 月

積微居讀書記（楊樹達）　卷末　上海市　上海古籍出版社　2006 年 12 月（楊樹達文集）

5. 《積微翁回憶錄》整理後記

積微翁回憶錄（楊樹達）　卷末　上海市　上海古籍出版社　1986 年

楊伯峻治學論稿　頁 197〜198　長沙市　岳麓書社　1992 年 7 月

積微翁回憶錄（楊樹達）　卷末　上海市　上海古籍出版社　2006 年（楊樹達文集）

積微翁回憶錄（楊樹達）　頁 297〜298　北京市　北京大學出版社　2007 年 5 月

6. 《餘習老人遺稿》序

作於 1986 年 8 月 22 日　原出處待查

楊伯峻治學論稿　頁 200〜201　長沙市　岳麓書社　1992 年 7 月

7.《胡纘宗詩選》序

作於 1990 年立春前 1 日　原出處待查

楊伯峻治學論稿　頁 199　長沙市　岳麓書社　1992 年 7 月

下編　後人研究論著目錄

一、生平傳記

1. 楊伯峻　張忱石等

   學林漫錄　第 5 集　頁 220　北京市　中華書局　1980 年

2. 楊伯峻（附楊伯峻語言學論著目錄）　趙金銘

   中國現代語言學家　第 2 分冊　頁 282〜288　石家莊市　河北人民出版社　1982 年

3. 矢志以求　鍥而彌堅——訪《左傳》研究專家楊伯峻　施議對　鄭君華

   文科月刊　1984 年 3 期　1984 年

4. 注釋・譯文・詞典——楊伯峻先生古籍整理方法試析　李解民

   古籍整理與研究　第 1 期　頁 110〜116　1986 年 10 月

5. 楊伯峻　蔡開松、于信風

   二十世紀中國名人辭典（蔡開松、于信風編）　頁 536　瀋陽市　遼寧人民出版社　1991 年 3 月

6. 古文獻家楊伯峻的學術道路　俞筱堯

   文獻　1993 年第 4 期　頁 103〜118　1993 年 10 月

   書林隨緣錄　頁 218〜236　北京市　中華書局　2005 年 5 月

7. 「觀才士之所作，得古人之用心」——談楊伯峻先生的治學成果　俞筱堯

   古籍整理出版情況簡報　1994 年第 2 期　頁 13〜18　1994 年 2 月

8. 楊伯峻　高增德

   中國現代社會科學家大辭典（高增德編）　頁 671　太原市　書海出版社　1994 年 5 月

9. 辛亥以來人物年里錄　邵延淼
   南京市　頁361　江蘇教育出版社　1994年6月
10. 楊伯峻（1909～1992）　鄭仁佳
    傳記文學　第77卷第1期　頁140～143　2000年7月
11. 楊伯峻（附楊伯峻語言學論著目錄）　中國語言學會《中國現代語言學家傳略》編寫組
    中國現代語言學家傳略（中國語言學會《中國現代語言學家傳略》編寫組）　頁1584～1590　石家莊市　河北教育出版社　2004年5月

二、學術思想

（一）周　易

1. 《周易》占卜靈驗辨說——兼與楊伯峻先生商榷　李衡眉
   山東社會科學　1989年第2期　頁76～77　1989年

（二）春秋左傳注

1. 楊伯峻著「春秋左傳注」簡介　畢黎
   人民日報　1980年3月13日
2. 讀「春秋左傳注」　吳樹平
   光明日報　1982年2月1日
3. 「春秋左傳注」商榷　并力
   文史　第16輯　頁20轉頁44　北京市　中華書局　1982年11月
4. 左傳的作者及其成書的年代問題——兼與楊伯峻商榷　陳茂同
   廈門大學學報（哲學社會科學版）　1984年1期　頁133～141轉頁147　1984年
   複印報刊資料（歷史學）　1984年3期　頁53～61　1984年
5. 「春秋左傳注」淺議五則　郭廷之
   湘潭師專學報（社會科學版）　1985年1期　頁67～70　1985年
6. 對楊伯峻先生「春秋左傳注」的幾點商榷　孫玄常
   晉陽學刊　1986年3期　頁73～75　1986年5月
7. 楊伯峻《左傳注》獻疑八則　汪貞乾
   懷化師專社會科學學報　1989年第1期　頁95～99轉頁94　1989年

複印報刊資料（語言文字學）　1989 年第 6 期　頁 45～49　1989 年 6
月

8. 關於春秋左傳注的幾個問題　陳延嘉
古籍整理研究學刊　1993 年第 4 期　頁 17～20　1993 年 7 月

9. 楊伯峻《左傳注》獻疑　謝商精
畢節師專學報（社會科學版）　1994 年第 3 期　頁 15～16 轉頁 18　1994
年

10.《春秋左傳注》勘誤一例　鄧軍、李萍
陝西師大學報（哲學社會科學版）　1994 年第 2 期　頁 7　1994 年 6 月

11.《春秋左傳注》商兌　魯毅
孔孟學報　第 71 期　頁 157～177　1996 年 3 月

12. 對《春秋左傳注》有關方城釋解的質疑　王振中、潘民中
鄭州大學學報（哲學社會科學版）　1996 年第 5 期　頁 108～110　1996
年 9 月

13. 對《春秋左傳注》一些注釋的質疑　潘民中、王振中
平頂山師專學報　第 12 卷第 1 期　頁 23～24 轉頁 36　1997 年 3 月

14. 楊伯峻（1909～1992）《春秋左傳注》禮說斠正　許子濱
香港　香港大學中國哲學系博士論文　單周堯指導　1998 年 1 月

15.《春秋左傳注》語詞札記　王衛峰
古籍整理研究學刊　1999 年第 2 期　頁 13～15　1999 年

16. 楊伯峻《春秋左傳注》標點商榷一則　喻華
古漢語研究　2000 年第 2 期　頁 73　2000 年

17.《左傳》楊注商補　蕭旭
古漢語研究　2000 年第 3 期　頁 84～85　2000 年

18. 淺述楊伯峻先生的經學　張淑惠
東吳中文研究集刊　第 7 期　頁 21～44　2000 年 6 月

19.《春秋左傳注》注文商榷五則　陳恩林
吉林大學社會科學學報　2000 年第 4 期　頁 77～82　2000 年 7 月

20. 楊伯峻《春秋左傳注》辨正十二則　陳恩林
文史　2001 年第 1 期　頁 37～52　2001 年 6 月

21. 楊伯峻《春秋左傳注》商榷　徐朝暉

（正）古漢語研究　2001 年第 3 期　頁 71～73　2001 年

（續）古漢語研究　2003 年第 1 期　頁 80～81　2003 年

22.《春秋左傳注》商榷　詹紹維

江西教育學院學報　2001 年第 2 期　頁 29～30　2001 年 4 月

23.《左傳》楊注商兌　蕭旭

（1）江海學刊　2001 年第 3 期　頁 125　2001 年

（2）江海學刊　2001 年第 4 期　頁 76　2001 年

（3）江海學刊　2001 年第 5 期　頁 57　2001 年

（4）江海學刊　2001 年第 6 期　頁 158　2001 年

（5）江海學刊　2002 年第 1 期　頁 193　2002 年

24.《春秋左傳注》中關於「昭穆」的兩條互相抵牾的注釋　李衡眉

孔子研究　2001 年第 2 期　頁 120～121

25.《春秋左傳注》標點自亂其例辨正　馬啓俊

淮南師範學院學報　2003 年第 1 期　頁 29～32　2003 年

26. 廣收異本、精於校勘——論楊伯峻《春秋左傳注》的校勘成就　張燕娣、詹紹維

語文學刊　2003 年第 6 期　頁 79～82　2003 年

27.《春秋左傳注》考辨　陳筱芳

西南民族學院學報　第 24 卷第 3 期　頁 112～114　2003 年 3 月

28.《春秋左傳注》注釋商補　馬啓俊

阜陽師範學院學報　2004 年第 2 期　頁 32～35　2004 年 2 月

29. 楊伯峻《春秋左傳注》商榷十一則　夏維新

文教資料（初中版）　2004 年第 15 期　頁 1～3　2004 年

30.《左傳》志疑　趙生群

（1）中國典籍與文化　2005 年第 2 期　頁 51～58　2005 年

（2）中國典籍與文化　2005 年第 4 期　頁 44～50　2005 年

（3）中國典籍與文化　2006 年第 1 期　頁 75～83　2006 年

（4）中國典籍與文化　2006 年第 2 期　頁 65～74　2006 年

（5）中國典籍與文化　2006 年第 4 期　頁 47～57　2006 年

（6）中國典籍與文化　2007 年第 2 期　頁 27～37　2007 年

31. 撷其精粹、訂補申說——《左傳會箋》影響《春秋左傳注》的幾種方式

孫赫男

學習與探索　2005 年第 3 期　頁 149～152　2005 年 5 月

32. 楊伯峻《春秋左傳注》商補　夏維新

南京市　南京師範大學中國古典文獻學碩士論文　趙生群指導　34 頁
2005 年 5 月 1 日

33.《春秋左傳注》辨正六則　陳恩林

古籍整理研究學刊　2005 年第 5 期　頁 1～8　2005 年 9 月

34.《春秋左傳注》勘誤四則　張淑一

古籍整理研究學刊　2005 年第 6 期　頁 62～63　2005 年 11 月

35.《春秋左傳注》標點商榷　陳再文、馬啓俊

滁州學院學報　第 8 卷第 2 期　頁 62～64　2006 年 4 月

36.《春秋左傳注》商兌二則　趙宗乙

泉州師範學院學報　2006 年第 1 期　頁 68～71 轉頁 84　2006 年 1 月

37. 再論《左傳會箋》影響《春秋左傳注》的幾種方式　孫赫男

社會科學輯刊　2006 年第 2 期　頁 181～185　2006 年

38. 楊伯峻《春秋左傳注》研究　李平

濟南市　山東大學中國古典文獻學碩士論文　馮浩菲指導　53 頁
2006 年 5 月 6 日

39.《左氏會箋》研究——與杜預《春秋經傳集解》及楊伯峻《春秋左傳
注》之比較　孫赫男

長春市　吉林大學古籍研究所中國古代史博士論文　陳恩林指導　234
頁　2006 年 10 月

40.《左傳》新注小學補釋芻議　單周堯

古籍整理研究學刊　2008 年第 1 期　頁 50～53　2008 年 1 月

41. 楊伯峻《春秋左傳注》商榷三則　劉衛寧

社會科學論壇（學術研究卷）　2008 年第 1 期　頁 109～110　2008 年

42. 說《春秋經》「公孫敖不至而復」　陳戍國

湖南大學學報（社會科學版）　第 22 卷第 2 期　頁 5～8　2008 年 3 月

43. 關於《春秋左傳注》中《春秋》名稱的辨正　陳恩林

古代文明　第 2 卷第 3 期　頁 39～112　2008 年 7 月

44. 楊伯峻《春秋左傳注》時間判斷商補二則　劉衛寧

學術研究　2008 年第 5 期　頁 158　2008 年

45. 讀《春秋左傳注》札記三則　楊玲
語文學刊　2009 年第 1 期　頁 133～134　2009 年

（三）論語譯注

1. 讀楊伯峻著《論語譯注》和《孟子譯注》　譚家健
新建設　1963 年 1 期　頁 82～86　1963 年第 1 月

2. 用什麼觀點指導「譯注」──也評楊伯峻先生的《論語譯注》　孫曼屯、王啓興
新建設　1965 年 11、12 期合刊　頁 96～98　1965 年 12 月

3. 《論語譯注》獻疑　李成蹊
孔子研究　1988 年第 2 期　頁 111～114　1988 年 5 月

4. 讀《論語譯注》　張松輝
古籍點校疑誤匯錄（四）　頁 347～352　北京市　中華書局　1990 年 8 月

5. 楊伯峻《論語譯注》獻疑　謝商精
畢節師專學報（社會科學版）　1993 年第 3 期　頁 34～35　1993 年

6. 論語訓詁辨疑六則──讀楊伯峻《論語譯注》札記　于扶仁
學術論叢　1994 年第 3 期　頁 83～89　1994 年

7. 《論語譯注》商兌　于扶仁
煙臺師範學院學報（哲學社會科學版）　1994 年第 4 期　頁 73～75　1994 年 12 月

8. 《論語譯注》商兌　于扶仁
煙臺師範學院學報（哲學社會科學版）　1994 年第 4 期　頁 73～75　1994 年 12 月

9. 《論語譯注》、《孟子譯注》注音正誤　張潔
首都師範大學學報（社會科學版）　1996 年第 1 期　頁 74～77　1996 年 2 月

10. 《論語譯注》獻疑　胡湘榮
古漢語研究　1996 年第 1 期　頁 90 轉頁 96　1996 年 3 月

11. 《論語譯注》討論幾則　汪貞干
黃石教育學院學報　2001 年第 1 期　頁 1～4　2001 年

12.《論語譯注》一則辨析　汪貞干

　　黃岡師範學院學報　2001 年第 1 期　頁 75～78　2001 年

13. 淺析《論語譯注》中部分副詞的認定問題　趙玉軍

　　甘肅教育學院學報（社會科學版）　2001 年第 2 期　頁 202～204　2001
　　年

14. 楊伯峻《論語譯注》斷句拾遺　樊榮

　　新鄉師範高等專科學院學報　第 16 卷第 3 期　頁 107～108　2002 年 8
　　月

15.《論語譯注》指疑　左書珍

　　晉中學院學報　2005 年第 6 期　頁 35～38　2005 年

16. 楊伯峻《論語譯注》研究　陳倩倩

　　濟南市　山東大學中國古典文獻學碩士論文　馮浩菲指導　43 頁
　　2006 年 5 月 7 日

17. 從《論語譯注》看古文今譯　張楊

　　邊疆經濟與文化　2006 年第 4 期　頁 102～104　2006 年

18.《論語譯注》中部分副詞的認定問題　趙玉軍

　　甘肅教育　2006 年第 7 期　頁 34～35　2006 年

19. 楊伯峻先生《論語譯注》三則商榷　劉精盛、吳青峰

　　學術界　2007 年第 2 期　頁 108～111　2007 年

20. 楊伯峻《論語譯注》商榷兩則　陳金芳

　　煙臺職業學院學報　2007 年第 3 期　頁 21～22　2007 年

21.《論語譯注》中引用朱熹《論語集注》的訓釋類別及特點　丁桃源

　　現代語文（語言研究版）　2008 年第 4 期　頁 108～110　2008 年

22. 楊伯峻《論語譯注》質疑　莊榮貞

　　長春師範學院學報（人文社會科學版）　2008 年第 5 期　頁 40～41　2008
　　年

23.《論語譯注》訓釋三則辨析　朱晶晶

　　現代語文（語言研究版）　2008 年第 12 期　頁 139～140　2008 年

（四）孟子譯注

　1.《孟子譯注》誤讀一例　傅庭林

　　瀋陽師範學院學報（社會科學版）　1993 年第 3 期　頁 56　1993 年 7

　　月

2.《孟子譯注》商兌三則　汪貞乾

　古漢語研究　1994 年第 2 期　頁 86～88　1994 年 6 月

3.《孟子譯注》語詞札記四則　王旭東

　大同職業技術學院學報　第 10 卷第 2 期　頁 34～36　1996 年 6 月

4.《孟子譯注》語詞箚記三則　王旭東

　古漢語研究　1997 年第 1 期　頁 80～81　1997 年 3 月

5. 楊伯峻《孟子譯注》指瑕　莊榮貞

　長春師範學院學報　第 20 卷 3 期　頁 55～58　2001 年 9 月

6.《孟子譯注》一處訂誤　陳海燕

　宿州教育學院學報　2004 年第 2 期　頁 52～101　2004 年

7.《孟子譯注》一處訂誤　陳海燕

　青島職業技術學院學報　2004 年第 1 期　頁 27～40　2004 年

參考文獻

一、楊伯峻著作

1. 《經書淺談》，楊伯峻編著，臺北市，萬卷樓圖書有限公司，1989 年。
2. 《左傳紀事本末》，〔清〕高士奇撰、楊伯峻點校，北京市，中華書局，1979 年。
3. 《春秋左傳注》，楊伯峻著，北京市，中華書局，1990 年。
4. 《春秋左傳詞典》，楊伯峻、徐提合編，臺北市，漢京文化事業公司，1987 年。
5. 《白話左傳》，楊伯峻、徐提合譯，長沙市，岳麓書社，1993 年。
6. 《白話四書》，楊伯峻著，長沙市，岳麓書社，1989 年。
7. 《四書：漢英對照、文白對照》，理雅各英譯、楊伯峻今譯，長沙市，岳麓書社，1994 年。
8. 《白話四書五經》，楊伯峻等譯，長沙市，岳麓書社，1994 年 9 月。
9. 《論語譯注》，楊伯峻著，北京市，中華書局，2006 年。
10. 《論語今譯——漢英對照》，楊伯峻、吳樹平今譯；潘富恩、溫少霞英譯，濟南市，齊魯書社，1993 年 3 月，245 頁。
11. 《論語今譯》，楊伯峻著，濟南市，齊魯書社，2005 年。
12. 《孟子譯注》，楊伯峻著，臺北市，華正書局，1986 年。
13. 《孟子詞典》，楊伯峻編，臺北縣，漢京文化，1987 年。
14. 《孟子導讀》，楊伯峻著，成都市，巴蜀書社，1987 年。
15. 《孟子》，楊伯峻著，成都市，巴蜀書社，1996 年。
16. 《列子集釋》，楊伯峻著，臺北市，華正書局，1987 年。
17. 《中國文法語文通解》，楊伯峻著，臺北市，鼎文書局，1972 年。
18. 《文言語法》，楊伯峻著，北京市，北京出版社，1956 年。

19. 《文言文法》，楊伯峻著，香港，中華書局，1972年。

20. 《文言虛詞》，楊伯峻著，北京市，中華書局，1965年。

21. 《楊樹達叔姪文法名著三種》，楊樹達、楊伯峻著，臺北市，鼎文書局，1972年。

22. 《古漢語虛詞》，楊伯峻著，北京市，中華書局，1981年。

23. 《文言常用虛詞》，楊伯峻、田樹生編著，長沙市，湖南人民出版社，1983年。

24. 《古漢語語法及其發展》，楊伯峻、何樂士合著，北京市，語文出版社，2001年。

25. 《古今漢語詞類通解》，楊伯峻著、田樹生整理，北京市，北京出版社，1998年。

26. 《楊伯峻學術論文集》，楊伯峻著，長沙市，岳麓書社，1984年。

27. 《楊伯峻治學論稿》，楊伯峻著，長沙市，岳麓書社，1992年。

28. 《楊伯峻自傳》，楊伯峻著，中國現代社會科學家傳略，第4輯，太原市，山西人民出版社，1983年11月，頁125～131。

29. 《自傳》，楊伯峻著，古籍整理研究學刊，1990年第4期，1990年7月，頁20～21。

二、楊伯峻研究專著

1. 《楊伯峻（1909～1992）《春秋左傳注》禮說斠正》，許子濱著，香港，香港大學中國哲學系博士論文，1998年。

2. 《楊伯峻《春秋左傳注》商補》，夏維新著，南京市，南京師範大學中國古典文獻學碩士論文，2005年。

3. 《楊伯峻《春秋左傳注》研究》，李平著，濟南市，山東大學中國古典文獻學碩士論文，2006年。

4. 《《左氏會箋》研究——與杜預《春秋經傳集解》及楊伯峻《春秋左傳注》之比較》，孫赫男，吉林大學古籍研究所，中國古代史博士論文，陳恩林指導，2006年。

三、《春秋》學研究專著

1. 《春秋左氏經傳集解》（據相臺岳氏本影印），〔晉〕杜預集解，臺北市，新興書局，1970年。

2. 《春秋左氏傳注疏》（十三經注疏本），〔晉〕杜預集解、〔唐〕孔穎達疏，臺北市，藝文印書館，1982年。

3. 《左傳會箋》，〔日〕竹添光鴻著，臺北市，廣文書局，1961年。

4. 《春秋左傳讀、春秋左傳讀敘錄、駁箴膏肓評，〔清〕章太炎著，臺北學海出版社 1984 年。

5. 《左傳微》，吳闓生著，臺北，臺灣中華書局，1970 年。

6. 《左傳纂讀》，馬厚文著，上海市，華社，1933 年。

7. 《左傳疏證》，徐仁甫著，成都市，四川人民出版社，1981 年。

8. 《左傳精華》，秦同培著，臺北市，大夏出版社，1981 年。

9. 《春秋左傳讀本》，王柏祥著，北京，中華書局，1957 年。

10. 《左傳》，梁寬、莊適選註，上海市，商務印書館，1947 年。

11. 《春秋左傳句解》，王天恨譯釋、韓慕廬重訂，上海市，上海國學研究社，1947 年。

12. 《左傳選》，朱東潤著，上海市，古典文學出版社，1956 年。

13. 《左傳選》，徐中舒著，北京，中華書局，1963 年。

14. 《左傳分國集注》，韓席籌著，臺北，華世出版社，1975 年。

15. 《春秋左傳今註今譯》，李宗侗著，臺北，臺灣商務印書館，1971 年。

16. 《白話左傳》，馮作民著，臺北，星光出版社，1983 年。

17. 《新譯左傳讀本》，傅武光著、校閱，臺北，三民書局，2002 年。

18. 《左傳譯注》，李夢生著，上海市，上海古籍出版社，2004 年。

19. 《春秋左傳校注》，陳戍國著，長沙市，岳麓書社，2006 年。

20. 《左傳論文集》，高本漢等著，陳新雄、于大成主編，臺北木鐸出版社，1976，年。

21. 《春秋左傳劉歆偽作竄亂辨疑》，方炫琛著，臺北國立政治大學中國文學研究所碩士論文，1979，年。

22. 《春秋左傳研究》，童書業著，上海市，上海人民出版社，1980 年。

23. 《左傳與國語之比較研究》，顧立三著，臺北文史哲出版社，1983 年。

24. 《左傳思想探微》，張端穗著，臺北市，學海出版社，1987 年。

25. 《春秋導讀》，張高評著，臺北市，文史哲出版社，1987 年。

26. 《春秋左氏經傳集解序疏證》，程元敏著，臺北市，臺灣學生書局，1991 年。

27. 《春秋左傳學史稿》，沈玉成、劉寧著，南京，江蘇古籍出版社，1992。

28. 《左傳君子曰考述》，葉文信著，臺北，國立臺灣師範大學國文研究所碩士論文，1999，年。

29. 《春秋的回聲：左傳的文化研究》，劉麗文著，北京，北平燕山出版社，2000 年。

30. 《春秋經傳研究》，趙生群著，上海市，上海古籍出版社，2000 年。

31. 《左傳論著目錄》，簡宗梧編輯，臺北，洪葉文化，2000 年。

32. 《左傳學論集》，單周堯著，臺北，文史哲出版社，2000 年。

33. 《春秋史》，顧德融、朱順龍著，上海市，上海人民出版社，2001 年。

34. 《春秋書法與左傳學史》，張高評著，臺北，五南圖書出版公司，2002 年。

35. 《左傳著述考》，李啓原編著，臺北，國立編譯館，2003 年。

36. 《章太炎春秋左傳學研究》，黃翠芬著，臺北，文津出版社，2006 年。

37. 《春秋公羊傳》（永懷堂本），〔漢〕何休解詁，臺北市，新興書局，出版年不詳。

38. 《春秋公羊傳注疏》，〔漢〕何休注〔唐〕陸德明音義〔唐〕徐彥疏，景印摛藻堂四庫全書薈要，臺北市，世界書局，1986 年。

39. 《春秋公羊傳今註今譯》，李宗侗著，臺北市，臺灣商務印書館，1994 年。

40. 《春秋繁露義證》，〔清〕蘇輿著，臺北市，河洛圖書出版社，1974 年。

41. 《春秋筆削大義微言考》，〔清〕康有爲著，臺北市，宏業書局，1975 年。

42. 《從公羊學論春秋的性質》，阮芝生著，臺北市，國立臺灣大學文史叢刊，1969 年。

43. 《清末的公羊思想》，孫春在著，臺北市，臺灣商務印書館，1985 年。

44. 《清末民初公羊學研究——皮錫瑞、廖平、康有爲》，丁亞傑著，臺北市，萬卷樓圖書公司，2002 年。

45. 《春秋穀梁傳（永懷堂本），〔晉〕范寧集解，臺北市，新興書局，1964 年。

46. 《春秋穀梁傳注疏》，〔晉〕范寧注〔唐〕陸德明音義〔唐〕楊士勛正義，景印摛藻堂四庫全書薈要，臺北市，世界書局，1986 年。

47. 《春秋穀梁傳今註今譯》，薛安勤著，臺北市，臺灣商務印書館，1994 年。

48. 《春秋集傳微旨》，〔唐〕陸淳撰，收錄於《叢書集成新編》第一〇八冊（影印本）臺北市，新文豐出版公司，1985 年。

49. 《春秋集傳辨疑》，〔唐〕陸淳撰，收錄於《叢書集成新編》第一〇八冊（影印本），臺北市，新文豐出版公司，1985 年。

50. 《春秋啖趙集傳纂例》，〔唐〕陸淳撰，收錄於《叢書集成新編》第一〇八冊（影印本），臺北市，新文豐出版公司，1985 年。

51. 《春秋集傳辨疑》，〔唐〕陸淳撰，上海市，商務印書館，1937 年。

52. 《啖助新春秋學派研究論集》，林師慶彰、蔣秋華主編，臺北市，中央研

究院中國文哲研究所，2002 年。

53. 《啖、趙、陸三家之《春秋》學研究》，張穩蘋著，臺北市，東吳大學中國文學研究所碩士論文，2000 年。

54. 《春秋尊王發微》，〔宋〕孫復著，收錄於《景印摛藻堂四庫全書薈要》第三十二冊臺北市，世界書局，1986 年。

55. 《孫復《春秋尊王發微》研究》，林玉婷著，臺北市，國立臺灣師範大學國文研究所碩士論文，2002 年。

56. 《春秋胡氏傳》，〔宋〕胡安國撰，收錄於《景印摛藻堂四庫全書薈要》第三十五冊，臺北市，世界書局，1986 年。

57. 《春秋胡氏學》，宋鼎宗著，臺北市，萬卷樓圖書有限公司，2000 年。

58. 《春秋宋學發微》，宋鼎宗著，臺北市，文史哲出版社，1986 年。

59. 《春秋要領》，程發軔著，臺北市，東大圖書公司，1989 年。

60. 《春秋三傳研究論集》，戴君仁等著，臺北市，黎明文化公司，1981 年。

61. 《春秋三傳綜合研究》，浦衛忠著，臺北市，文津出版社，1995 年。

62. 《春秋經傳研究》，趙生群著，上海市，上海古籍出版社，2000 年。

63. 《春秋三傳比義》（上、下冊），傅隸樸著，臺北市，臺灣商務印書館，1983 年。

64. 《春秋三傳考義》，謝秀文著，臺北市，文史哲出版社，1984 年。

65. 《春秋大事表》，〔清〕顧棟高撰，景印文淵閣四庫全書本，臺北市，臺灣商務印書館 1983 年。

66. 《春秋述聞》，張元夫著，臺北市，臺灣商務印書館，1973 年。

67. 《春秋史論集》，張以仁著，臺北市，聯經出版事業公司，1990 年。

68. 《春秋學史》，趙伯雄著，濟南市，山東教育出版社，2004 年。

四、經　部

1. 《十三經注疏》（整理本），李學勤主編，臺北市，臺灣古籍出版公司，2001 年。

2. 《十三經注疏》（分段標點），周何主編，臺北市，新文豐出版公司，2001 年。

3. 《十三經簡述》，孟世凱著，臺北市，萬卷樓圖書公司，2001 年。

4. 《經學通論（共四冊），〔清〕皮錫瑞撰，臺北市，臺灣商務印書館，1965 年。

5. 《經學大要》，錢穆著，臺北市，蘭臺出版社，2000 年。

6. 《經與經學》，蔣伯潛、蔣祖怡著，上海市，世界書局，1948 年。

7. 《經學纂要》，蔣伯潛著，臺北市，正中書局，1953年。

8. 《讀經示要》（上、下冊），熊十力著，臺北市，廣文書局，1960年。

9. 《群經概論》，周予同著，臺北市，臺灣商務印書館，1997年。

10. 《經學歷史》，〔清〕皮錫瑞著、周予同注釋，臺北市，河洛圖書出版社，1974年。

11. 《中國經學史》，〔日〕本田成之著、孫俍工譯，臺北市，古亭書屋，1975年。

12. 《中國經學史概說》，〔日〕瀧熊之助著、陳清泉譯，長沙市，商務印書館，1941年。

13. 《中國經學史》，馬宗霍著，臺北市，臺灣商務印書館，2000年。

14. 《經學史》，〔日〕安井小太郎等著，林師慶彰、連清吉合譯，臺北市，萬卷樓圖書有限公司，1996年。

15. 《中國經學發展史論》（上冊），李威熊著，臺北市，文史哲出版社，1988年。

16. 《中國經學史論文選集》（上冊），林師慶彰主編，臺北市，文史哲出版社，1992年。

17. 《中國經學史論文選集》（下冊），林師慶彰主編，臺北市，文史哲出版社，1993年。

18. 《經學研究論集》，胡楚生著，臺北市，臺灣學生書局，2002年。

19. 《經今古文學問題新論》，黃彰健，臺北市，中央研究院歷史語言研究所，1982年。

20. 《西漢經學與政治》，楊向奎著，重慶市，獨立出版社，1945年。

21. 《兩漢經學今古文平議》，錢穆著，臺北市，東大圖書公司，2003年。

22. 《經典釋文序錄疏證》，吳承仕著，臺北，嵩高書社，1975年。

23. 《宋初經學發展述論》，馮曉庭著，臺北市，萬卷樓圖書公司，2001年。

24. 《宋代經學之研究》，汪惠敏著，臺北市，師大書苑有限公司，1989年。

25. 《清代經學研究論集》，林師慶彰著，臺北市，中央研究院中國文哲研究所，2002年。

26. 《點校補正經義考》，〔清〕朱彝尊著、許維萍等點校、林師慶彰等編審，臺北市，中研院文哲所，1997年。

27. 《姚際恆研究論集》（上、中、下冊），林師慶彰、蔣秋華主編，臺北市，中研院文哲所，1996年。

28. 《崔述群經辨偽研究》，陳金信著，彰化縣，國立彰化師範大學國文教育研究所碩士論文，2001年。

29. 《康有為經學述評》，丁亞傑著，臺北市，國立中央大學中國文學研究所

碩士論文，1992，年。

30. 《論崔適與晚清今文學》，蔡長林著，桃園市，聖環圖書，2002 年。

31. 《五十年來的經學研究，林師慶彰主編，臺北市，臺灣學生書局，2003 年。

五、史　部

1. 《國語韋氏解》（上、下冊），〔三國·吳〕韋昭著，臺北市，臺灣中華書局，1981 年。

2. 《竹書紀年》（今本），著撰者不詳，臺北市，臺灣中華書局，1977 年。

3. 《史記會注考證》，〔日〕瀧川龜太郎著，臺北市，藝文印書館，1972 年。

4. 《漢書》，〔漢〕班固著、〔唐〕顏師古注，臺北市，宏業書局，1972 年。

5. 《史通通釋》，〔唐〕劉知幾著、浦起龍釋，臺北市，藝文印書館，1978 年。

6. 《文史通義》（彙印本），〔清〕章學誠著，臺北市，史學出版社，1974 年。

7. 《四庫全書總目提要》，〔清〕紀昀總纂，石家庄市，河北人民出版社，2000 年。

8. 《十七史商榷》〔清〕王鳴盛著，臺北市，樂天出版社，1972 年。

9. 《史記探源》，〔清〕崔適著，臺北市，廣城出版社，1977 年。

10. 《汲冢紀年存眞》，〔清〕朱右曾輯錄，臺北市，新興書局，1959 年。

11. 《中國通史》，傅樂成著，臺北市，大中國圖書公司，1975 年。

12. 《國史大綱》，錢穆著，臺北市，臺灣商務印書館，1983 年。

13. 《春秋史》，童書業著、童教英導讀，上海市，上海古籍出版社，2003 年。

14. 《春秋史》，陳東林著，屏東市，益明叢書出版社，1981。

15. 《春秋史與春秋文明》，李學勤主編，上海市，上海市科學技術文獻出版社，2007 年。

16. 《中國上古史新探》，潘英著，臺北市，明文書局，1985 年。

17. 《中國古代社會史》，姜蘊剛著，臺北市，華世出版社，1979 年。

18. 《中國古代社會史》，李宗侗著，臺北市，中國文化大學出版部，1987 年。

19. 《先秦政治思想史》，梁啓超原著、賈馥茗標點，臺北市，東大圖書股份

有限公司，1987。

20. 《春秋人譜》，程發軔編著，臺北市，臺灣商務印書館，1990。

21. 《周代卿大夫研究》，段志洪著，臺北市，文津出版社，1994。

22. 《中國史學史》，錢穆著，臺北市，三民書局，1980。

23. 《中國歷史研究法——正補編·新史學合刊》，梁啟超著，臺北市，里仁書局，2000年。

24. 《謀略春秋》，羅吉甫著，臺北市，遠流出版事業，1998年。

25. 《春秋爭霸》，余遠炫著，臺北市，遠流出版事業，2002年。

26. 《偽書通考》，張心澂著，上海市，上海書店出版社，1998年。

27. 《續偽書通考》（上、中、下冊），鄭良樹著，臺北市，臺灣學生書局，1984年。

28. 《古籍辨偽學》，鄭良樹著，臺北市，臺灣學生書局，1986年。

29. 《中國上古史專題研究》，王仲孚著，臺北市，五南圖書有限公司，1996年。

30. 《史學與傳統》，余英時著，臺北市，時報文化出版公司，1988年。

31. 《古籍知識手冊》，高振鐸主編，臺北市，萬卷樓圖書公司，1998年。

32. 《新史學之路》，杜正勝著，臺北市，三民書局，2004年。

33. 《近代中國史綱》，郭廷以，香港，中文大學出版社，1980年。

34. 《中國現代史》，張玉法，臺北市，臺灣東華書局，1983年。

六、子 部

1. 《中國哲學史》，勞思光，臺北市，三民書局，1981年。

2. 《中國中古哲學史要》，韓通仙著，臺北市，正中書局，1960年。

3. 《秦漢思想批判史》，趙雅博著，臺北市，文景書局，2001年。

4. 《兩漢哲學》，周紹賢著，臺北市，文景書局，1978年。

5. 《中國哲學思想史·兩漢南北朝篇》，羅光著，臺北市，臺灣學生書局，1985年。

6. 《中國歷代思想史·魏晉南北朝隋唐卷》，辛旗著，臺北市，文津出版社，1993年。

7. 《唐代後期儒學的新趨向》，張躍著，臺北市，文津出版社，1993年。

8. 《清代學術文化史論》，王俊義、黃愛平著，臺北市，文津出版社，1999年。

9. 《中國近三百年學術史》（附《清代學術概論》），梁啟超著，臺北市，里仁書局，1995，年。

10. 《中國近三百年學術史》（上、下冊），錢穆著，臺北市，臺灣商務印書館，1957 年。

11. 《中國近代思想史論》，王爾敏著，臺北市，華世出版社，1977 年。

12. 《中國近代思想史》，張錫勤著，臺北市，萬卷樓圖書有限公司，1993年。

13. 《中國近代思想與學術的系譜》，王汎森著，臺北市，聯經出版事業公司，2003 年。

14. 《章學誠的歷史哲學》，朱敬武著，臺北市，文津出版社，1996 年。

15. 《崔東壁學術》（上、下冊），謝金美著，臺北市，國立編譯館，1998 年。

16. 《近代中國思想人物論—晚清思想》，張擷等著，臺北市，時報文化出版事業公司，1980 年。

17. 《康章合論》，汪榮祖著，臺北市，聯經出版事業公司，1988 年。

18. 《蔡元培學術思想傳記》（蔡元培與近代中國學術思想界），蔡尚思著，臺北市，蒲公英出版社，1986 年。

19. 《中國儒學思想史》，張豈之著，臺北市，水牛出版社，1992 年。

20. 《中國歷代思想家》，王壽南主編，臺北市，臺灣商務印書館，1999 年。

21. 《民國思想史論》，鄭大華著，北京，社會科學文獻出版社，2006 年。

22. 《民國思想家論》，鄭大華著，北京，中華書局，2006 年。

七、集　部

1. 《章太炎文錄》（上、中、下），〔清〕章太炎著，臺北市，西南書局，1973 年。

2. 《劉申叔先生遺書》（共四冊），〔清〕劉師培著，臺北市，大新書局，1965 年。

3. 《通義堂文集》，〔清〕劉毓崧著、劉承幹校，續修四庫全書，集部，別集，第 1546 冊，上海市，上海古籍出版社，1995 年，據民國劉氏刻求恕齋叢書本影印。

4. 《楊樹達文集》，楊樹達著，上海市，上海古籍出版社，2006 年。

八、期刊論文

（一）楊伯峻研究論文

1. 〈楊伯峻著「春秋左傳注」簡介〉，畢黎，《人民日報》，1980 年 03 月 13 日。

2. 〈讀「春秋左傳注」〉，吳樹平，《光明日報》，1982 年 02 月 01 日。

3. 〈「春秋左傳注」商榷〉，井力，《文史》，16 輯，北京市，中華書局，1982 年 11 月，頁 20、44。

4. 〈左傳的作者及其成書的年代問題——兼與楊伯峻商榷〉，陳茂同，《廈門大學學報》（哲學社會科學版），1984 年 1 期，1984 年，頁 133～141 轉頁 147。

5. 〈「春秋左傳注」淺議五則〉，郭廷之，《湘潭師專學報》（社會科學版），1985 年 1 期，1985，頁 67～70。

6. 〈對楊伯峻先生「春秋左傳注」的幾點商榷〉，孫玄常，《晉陽學刊》，1986 年 3 期，1986 年 05 月，頁 73～75。

7. 〈楊伯峻《左傳注》獻疑八則〉，汪貞乾，《懷化師專社會科學學報》，1989 年第 1 期，1989 年，頁 95～99 轉頁 94。

8. 〈關於春秋左傳注的幾個問題〉，陳延嘉，《古籍整理研究學刊》，1993 年第 4 期，1993 年 7 月，頁 17～20。

9. 〈楊伯峻《左傳注》獻疑〉，謝商精，《畢節師專學報》（社會科學版），1994 年第 3 期，1994 年，頁 15～18。

10. 〈《春秋左傳注》勘誤一例〉，鄧軍、李萍，《陝西師大學報》（哲學社會科學版），1994 年第 2 期，1994 年 6 月，頁 7。

11. 〈《春秋左傳注》商兌〉，魯毅，《孔孟學報》，第 71 期，1996 年 3 月，頁 157～178。

12. 〈對《春秋左傳注》有關方城釋解的質疑〉，王振中、潘民中，《鄭州大學學報》（哲學社會科學版），1996 年第 5 期，1996 年 9 月，頁 108～110。

13. 〈對《春秋左傳注》一些注釋的質疑〉，潘民中、王振中，《平頂山師專學報》，第 12 卷第 1 期，1997 年 3 月，頁 23～24 轉頁 36。

14. 〈《春秋左傳注》語詞札記〉，王衛峰，《古籍整理研究學刊》，1999 年第 2 期，1999 年，頁 13～15。

15. 〈楊伯峻《春秋左傳注》標點商榷一則〉，喻華，《古漢語研究》，2000 年第 2 期，2000 年，頁 73。

16. 〈《左傳》楊注商補〉，蕭旭，《古漢語研究》，2000 年第 3 期，2000 年，頁 84～85。

17. 〈淺述楊伯峻先生的經學〉，張淑惠，《東吳中文研究集刊》，第 7 期，2000 年 6 月，頁 21～44。

18. 〈《春秋左傳注》注文商榷五則〉，陳恩林，《吉林大學社會科學學報》，第 4 期，2000 年 7 月，頁 77～82。

19. 〈楊伯峻《春秋左傳注》辨正十二則〉，陳恩林，《文史》，2001 年第 1 期。

20. 〈楊伯峻《春秋左傳注》商榷〉，徐朝暉，《古漢語研究》，第 3 期，2001

年，頁 71～73。

21. 〈《春秋左傳注》商榷〉，詹紹維，《江西教育學院學報》，第 2 期，2001年 4 月，頁 29～30。

22. 〈《左傳》楊注商兌〉，蕭旭。

　　（1）《江海學刊》，第 3 期，2001 年，頁 125。

　　（2）《江海學刊》，第 4 期，2001 年，頁 76。

　　（3）《江海學刊》，第 5 期，2001 年，頁 57。

　　（4）《江海學刊》，第 6 期，2001 年，頁 158。

　　（5）《江海學刊》，第 1 期，2002 年，頁 193。

23. 〈《春秋左傳注》中關于「昭穆」的兩條互相抵牾的注釋〉，李衡眉，《孔子研究》，2001 年 2 期，頁 120～121。

24. 〈《春秋左傳注》標點自亂其例辨正〉，馬啓俊，《淮南師範學院學報》，第 1 期，2003 年，頁 29～32。

25. 〈楊伯峻《春秋左傳注》商榷〉（續），徐朝暉，《古漢語研究》，第 1 期，2003 年，頁 80～81。

26. 〈廣收異本、精於校勘──論楊伯峻《春秋左傳注》的校勘成就〉，張燕娣、《詹紹維《語文學刊》》，第 6 期，2003 年，頁 79～82。

27. 〈《春秋左傳注》考辨〉，陳筱芳，《西南民族學院學報》，第 3 期，2003年 3 月，頁 112～114。

28. 〈《春秋左傳注》注釋商補，〉馬啓俊，《阜陽師範學院學報》，第 2 期，2004 年 2 月，頁 32～35。

29. 〈楊伯峻《春秋左傳注》商榷十一則〉，夏維新，《文教資料》（初中版），2004 年 15 期，頁 1～3。

30. 〈擷其精粹、訂補申說──《左傳會箋》影響《春秋左傳注》的幾種方式〉，《孫赫男《學習與探索》》，2005 年 3 期，頁 149～152。

31. 〈《春秋左傳注》辨正六則〉，陳恩林，《古籍整理研究學刊》，2005 年 5期，2005 年 9 月，頁 1～8。

32. 〈《春秋左傳注》商兌二則〉，趙宗乙，《泉州師範學院學報》，2006 年 1期，2006 年 1 月，頁 68～71 轉 84。

33. 〈再論《左傳會箋》影響《春秋左傳注》的幾種方式〉，孫赫男，《社會科學輯刊，》2006 年 2 期，頁 181～185。

（二）《春秋》經傳研究論文

1. 〈唐代時代的經學思想──《經典釋文》、《十三經正義》等書所表現的思想體系〉，楊向奎著，《文史哲》，1958 年第 5 期，頁 7～17，1958 年。

2. 〈杜預與《春秋經傳集解》〉葉政欣著,《國語日報‧書和人》,1969 年第 110 期,1969 年。

3. 〈范寧及其《穀梁集解》〉王熙元著,《國文學報》,1974 年第 3 期,頁 1 ～9,1974 年。

4. 〈春秋「稱詩」與孔子詩論〉,蕭華榮著《古代文學理論研究叢刊》第五輯,上海市,上海古籍出版社,頁 192～209,1981 年 10 月。

5. 〈論胡安國及其《春秋傳》〉盧鍾鋒著,《中國史研究》,1982 年第 3 期,頁 114～128,1982 年。

6. 〈孟子論《春秋》〉呂紹綱著,《史學史研究》,1986 年第 1 期,頁 42～46,1986 年。

7. 〈董仲舒與春秋公羊學〉,呂紹綱著,《天津社會科學》,1986 年第 1 期,頁 88～91 轉頁 83,1986 年。

8. 〈經學與宋明理學〉,李曉東著,《中國史研究》,1987 年第 2 期,頁 83～96,1987 年。

9. 〈從疑傳到疑經〉,陳植鍔著,《福建論壇》,1987 年第 3 期,頁 39～46,1987 年。

10. 〈經學更新運動中的一個轉折點──論慶曆之際的社會思潮〉,徐洪興著,《復旦學報》(社會科學版),1988 年第 6 期,頁 102～108,1988 年。

11. 〈唐代後期經學的新發展〉,林師慶彰著,《東吳文史學報》,1990 年第 8 期,頁 159～163,1990 年。

12. 〈經史分合與《疑古》《惑經》〉代繼華著,《重慶師院學報》,1991 年第 2 期,頁 95～100,1991 年。

13. 〈《史記》所言《春秋國語》系指《國語》小考〉,陳松青著,《婁底師專學報》,1994 年第 1 期,頁 83～86,1994 年。

14. 〈《左傳》和《春秋》是什麼關係?──評沈玉成著《春秋左傳學史稿》第十二章〉,趙光賢著,《史學理論研究》,1994 年第 4 期,頁 135～137 轉頁 49,1994 年。

15. 〈論《左傳》的成書年代〉,牛鴻恩著,《首都師範大學學報》,1994 年第 5 期,頁 19～27,1994 年。

16. 〈春秋經始魯隱公的劃時代意義析究〉,張添丁著,《孔孟學報》,第 67 期,頁 96～130,1994 年 3 月。

17. 〈《左傳》與《詩經》〉,黃開國著,《孔孟學報》,第 67 期,頁 78～95,1994 年 3 月。

18. 〈胡安國《春秋傳》研究〉,章權才著,《學術研究》,1995 年第 2 期,頁 89～93,1995 年。

19. 〈《左傳》「大司馬固諫」杜注質疑〉,周維綱著,《社會科學戰線》,1995

年第 4 期，頁 36，1995 年。

20. 〈話説《春秋》三傳〉，賀雲著，《高師函授學刊》，1995 年第 4 期，頁 42，1995 年。

21. 〈《春秋》何以始自隱公新解〉，楊普羅、王三北著，《西北師大學報》，第 32 卷第 2 期，頁 82～85，1995 年 3 月。

22. 〈從敘事文學角度看《左傳》與《國語》的關係〉，王靖宇著，《中國文哲研究集刊》，第 6 期，頁 1～30，1995 年 3 月。

23. 〈《左傳》與《春秋》比較〉，任明剛著，《黔東南民族師專學報》，第 13 卷第 3 期，頁 24～27，1995 年 12 月。

24. 〈《左傳》與《國語》比較研究〉，王化鈕著，《佳木斯師專學報》，1996 年第 1 期，頁 27～32，1996 年。

25. 〈《左傳》預言探析〉，張衛中著，《益陽師專學報》，第 17 卷第 3 期，頁 100～104，1996 年。

26. 〈《春秋》經傳國際學術討論會學術觀點綜述〉，劉示範著，《管子學刊》，1996 年第 4 期，頁 79～83，1996 年。

27. 〈孔子與《春秋》、政權〉，黃武強著，《青大師院學報》，第 13 卷第 2 期，頁 53～61，19，96 年 6 月。

28. 〈春秋國際想訟制度研究〉，張輝誠著，《孔孟學報》，第 72 期，頁 59～77，1996 年 9 月。

29. 〈經學的轉折：啖助趙匡陸淳的新春秋學〉，楊世文著，《孔子研究》，1996 年第 3 期，頁 28～34 轉頁 125，1996 年。

30. 〈《左傳》與兩漢經學〉，郭丹著，《福建師範大學學報》，1997 年第 1 期，頁 58～64，1997 年。

31. 〈《史記》對《左傳》的繼承和發展〉，馬格俠著，《天水師專學報》，1997 年第 1 期，頁 62～65 轉頁 70，1997 年。

32. 〈子夏與《春秋》的傳授〉，孔祥驛著，《管子學刊》，1997 年第 2 期，頁 73～74，1997 年。

33. 〈《春秋》筆法與微言大義──儒家經典的解讀模式及話語言説方式〉，曹順慶著，《北京大學學報》，1997 年第 2 期，頁 101～104，1997 年。

34. 〈清末今文經學三大師對《春秋》經傳的議論得失〉，楊向奎，《管子學刊》，1997 年第 2 期，頁 60～66 轉頁 72，1997 年。

35. 〈清末今文經學三大師對《春秋》經傳的議論得失〉（續），楊向奎著，《管子學刊》，1997 年第 3 期，頁 53～60，1997 年。

36. 〈論孔子的春秋筆法〉，李穎科、符均著，《雲夢學刊》，1997 年第 3 期，頁 69～71 轉頁 95，1997 年。

37. 〈《左傳》、《國語》與《易經》〉，黃開國著，《孔孟學報》，第 74 期，頁
    75～97，1997 年 9 月。

38. 〈也從虛詞文法考《左氏春秋》的年代與作者——兼評高本漢「左氏非
    魯人說」〉，姚曼波著，《江蘇教育學院學報》，1998 年第 1 期，頁 70～
    73，1998 年。

39. 〈駁劉逢祿《左氏》不傳《春秋》說〉，路新生著，《史林》，1998 年第 4
    期，頁 16～25，1998 年。

40. 〈關於《春秋》三傳的兩個問題〉，寇養厚著，《殷都學刊》，1999 年第 3
    期，頁 69～74，1999 年。

41. 〈《左傳》所釋《春秋》書法考辨三則〉，許子濱著，《孔子研究》，1999
    年第 2 期，頁 20～30，1999 年。

42. 〈鄭玄《春秋》學考述〉，王小蘭著，《工會論壇》，1999 年第 3 期，頁
    52～54，1999 年。

43. 〈評杜預《春秋左傳序》的「三體五例」問題〉，陳恩林著，《史學集刊》，
    1999 年第 3 期，頁 64～69，1999 年。

44. 〈關於《春秋編年史》研究的思考〉，邵炳軍著，《西北民族學院學報》，
    1999 年第 4 期，頁 59～63，1999 年。

45. 〈孟子《春秋》說分析〉，晁岳佩著，《山東師大學報》，1999 年第 4 期，
    頁 67～70，1999 年。

46. 〈論《春秋》三諱〉，彭學紹著，《中國文化研究》，1999 年第 23 期，頁
    61～66，1999 年。

47. 〈試解「春秋筆法」〉，詹華明著，《成都教育學院學報》，1999 年第 4 期，
    頁 10～14，1999 年 9 月。

48. 〈論《春秋》記事的諱書筆法〉，王春淑著，《西南民族學院學報》，第
    20 卷專輯，頁 93～96，1999 年 10 月。

49. 〈《春秋》說例〉，晁岳佩著，《古籍整理研究學刊》，2000 年第 1 期，頁
    8～13，2000 年。

50. 〈章太炎的《春秋》、《左傳》研究〉，張昭君著，《史學史研究》，2000
    年第 1 期，頁 14～20，2000 年。

51. 〈「君子曰」是《左傳》作者論從史出的表現方法〉，劉功成著，《職大學
    報》，2000 年第 1 期，頁 32～36，2000 年。

52. 〈論《左傳》中的孔子形象及其描述特點〉，張岩著，《遼寧青年管理幹
    部學院學報》，2000 年第 1 期，頁 62～63，2000 年。

53. 〈《國語》與《左傳》之假設句比較〉，白兆麟著，《淮北煤師院學報》，
    2000 年第 1 期，頁 81～84，2000 年。

54. 〈論《春秋》《左傳》記事之異同〉，牛曉梅、趙禮會著，《殷都學刊》，

2000 年第 2 期，頁 35，2000 年。

55. 〈司馬遷論孔子與《春秋》〉，羅新慧著，《學習與探索》，2000 年第 2 期，頁 131～132，2，000 年。

56. 〈試論《左傳》「君子曰」之引《詩》〉，萬平著，《重慶廣播電視大學學報》，2000 年第 3 期，頁 36～40，2000 年。

57. 〈「《春秋》筆削義法」新說──突破「春秋學」千年誤區新探，姚曼波著，《江西社會科學》，2000 年第 10 期，頁 65～68，2000 年。

58. 〈略論《春秋》對中國傳統史學的影響〉，周德鈞著，《鄂州大學學報》，2000 年第 1 期，頁 57～60，2000 年 1 月。

59. 〈論《史記》在敘事上對《左傳》的繼承和發展〉，可永雪著，《內蒙古師大學報》，第 29 卷第 1 期，頁 57～64，2000 年 2 月。

60. 〈論孔子《春秋》筆法〉，王春淑著，《四川師範大學學報》，第 27 卷第 3 期，頁 76～88，2000 年 3 月。

61. 〈理雅各英譯《春秋》《左傳》析論〉，劉家和、邵東方、費樂仁著，收錄於《經學研究論叢》第 8 輯，頁 263～290，2000 年 3 月。

62. 〈論春秋時期的「出奔」〉，徐杰令著，《史學集刊》，2000 年第 2 期，頁 76～81，2000 年 5 月。

63. 〈從《左傳》《國語》考孔子「筆削」《春秋》義法──突破「春秋學」千年誤區新探之二〉，姚曼波著，《社會科學戰線》，2001 年第 1 期，頁 225～231，2001 年。

64. 〈《春秋》《左傳》與孔子的史學地位〉，張京華著，《殷都學刊》，2001 年第 4 期，頁 38～4，1，2001 年。

65. 〈春秋學千年誤區〉，姚曼波著，《聊城師範學院學報》，2001 年第 6 期，頁 62～66，2001 年。

66. 〈《左傳》敘事範式初窺〉，呂小霞著，《魯行經院學報》，2001 年第 6 期，頁 93～94，2001 年。

67. 〈《左傳》預言發微〉，賈紅蓮著，《安徽師範大學學報》，2001 年第 1 期，頁 64～68，2001 年 2 月。

68. 〈《左傳》夢占預言述論〉，薛亞軍著，《陰山學刊》，2001 年第 1 期，頁 16～20，2001 年 3 月。

69. 〈《左傳》札記〉，周洪著，《江西師範大學學報》，2001 年第 2 期，頁 57～62，2001 年 5 月。

70. 〈《左傳》史論與孔子史學〉，吳少、張京華著，《洛陽大學學報》，2001 年第 3 期，頁 6～12，2001 年 9 月。

71. 〈論《左傳》中的預敘〉，劉希慶著，《廣西師範大學學報》，第 37 卷第 3 期，頁 49～53，2001 年 9 月。

72. 〈劉逢祿與春秋公羊學之復興〉，湯其領著，《徐州師範大學學報》，2001年第4期，頁76～79，2001年12月。

73. 〈厭棄《春秋》尊《左傳》——姚曼波女士《左傳》「藍本」作於孔子說駁議〉，牛鴻恩著，《聊城大學學報》，2002年第1期，頁88～96轉頁115，2002年。

74. 〈《左傳》編年體結構的敘事優勢及其影響〉，歐陽雪梅、胡志平著，《重慶大學學報》，第8卷第1期，頁45～49，2002年。

75. 〈試論《左傳》戰爭篇章的結構藝術〉，倪天祥著，《上海第二工業大學學報》，2002年第2期，頁66～74，2002年。

76. 〈略談《春秋》四諱〉，向熹著，《文史雜談》，2002年第4期，頁68～70，2002年。

77. 〈《春秋》為史學著作說質疑——兼論杜預的「經承舊史」說及其影響〉，晁天義著，《人文雜誌》，2002年第6期，頁112～117，2002年。

78. 〈《左傳》之文學觀〉，周來光著，撫州師專學報，第21卷第1期，頁63～66，2002年3月。

79. 〈從三傳看《春秋》不是孔子所修〉，業晟鎮著，《零陵師範高等專科學校學報》，第23卷第2期，頁48～9，2002年4月。

80. 〈孔子「修《春秋經》」之說乃「烏有之談」——二駁牛鴻恩先生之「駁議」〉，姚曼波著，《江蘇教育學院學報》，第18卷第4期，頁73～77，2002年7月。

81. 〈試論《左傳》的戰爭描寫藝術〉，嚴賽梅著，《咸寧師專學報》，2002年第4期，頁141～143，2002年8月。

82. 〈孔子修《春秋》考述〉，劉聖華著，《徐州教育學院學報》，第17卷第3期，頁31～33，2，002年9月。

83. 〈《國語·晉語》與《左傳》相關記載之比較〉，關冰著，《遼寧大學學報》，第30卷第5期，頁29～32，2002年9月。

84. 〈論漢代《公羊》、《穀梁》之爭〉，郜積意著，《孔孟學報》，第80期，頁31～60，2002年9月。

85. 〈當代《左傳》人物研究概述〉，張群著，《呼蘭師專學報》，第18卷第4期，頁1～6，2002年12月。

86. 〈《左傳》非《春秋》之傳〉，張玲、李小成著，《昌吉學院學報》，2002年第4期，頁59～62，2002年12月。

87. 〈《春秋》經傳研究〉，丁亞傑著，收錄於《五十年來的經學研究》，頁189～223，臺北市，臺灣學生書局，2003年。

88. 〈試論《左傳》敘事的小說因素〉，諸海星著，收錄於《經學論叢》，頁511～539，臺北市，洪葉文化事業有限公司，2003年。

89. 〈從《經》《傳》載魯君事之差異：看《左傳》之「以事解經」〉，李鵑娟著，收錄於《經學論叢》，頁 579～634，臺北洪葉文化事業有限公司，2003 年。

90. 〈漢代對《左傳》的發覆與研究〉，龔留柱著，《史學月刊》，2003 年第 1 期，頁 73～80，2003 年。

91. 〈春秋赴告制度考述〉，徐杰令著，《文史哲》，2003 年第 2 期，頁 79～84，2003 年。

92. 〈皮錫瑞的「《春秋》非史」說與近代學術史上的《春秋》性質研究〉，晁天義、張仁璽著，《西北第二民族學院學報》，2003 年第 4 期，頁 46～50，2003 年。

93. 〈「弒君三十六，亡國五十二」考實——兼駁「孔子所作《春秋》非『經』而是『傳』，說」〉，牛鴻恩著，《聊城大學學報》，2003 年第 5 期，頁 75～80，2003 年。

94. 〈漢代今、古學之爭的再認識——以賈逵與《公羊》之爭爲例〉，郜積意著，《中國文哲研究集刊》，總第二十二期，頁 223～258，2003 年 3 月。

95. 〈《左傳》敘事比較淺談〉，馬慧娜著，《陝西師範大學繼續教育學報》，第 20 卷專輯，頁 218～219，2003 年 12 月。

96. 〈淺談《春秋》之書法〉，劉麗華著，《語文學刊》，2004 年第 2 期，頁 34，2004 年。

97. 〈宋代的疑經思潮與《春秋》學的地位〉，郭文佳著，《中州學刊》，2004 年第 1 期，頁 109～111，2004 年 1 月。

98. 〈《左傳》敘事的時間觀念淺析〉，韓猛著，《安徽師範大學學報》，第 14 卷第 3 期，頁 45～50，2004 年。

99. 〈臺灣《春秋》經傳研究之師承與論著〉，張高評著，《江海學刊》，2004 年第 4 期，頁 163～169，2004 年。

100. 〈「古史辨」派與 20 世紀的《春秋》性質研究〉，晁天義著，《甘肅社會科學》，2004 年第 4 期，頁 155～158 轉頁 130，2004 年。

101. 〈關於《左傳》的人物評論〉，何新文著，《文學評論》，2004 年第 5 期，頁 142～149，2004 年。

102. 〈吳起與《左傳》之關係辨正〉，黃覺弘著，《江漢大學學報》，第 23 卷第 1 期，頁 40～2，2004 年 2 月。

103. 〈《春秋》經傳研究選題舉例〉，張高評著，《南京師範大學文學院學報》，2004 年第 2 期，頁 1～10，2004 年 6 月。

104. 〈現當代的《左傳》人物研究〉，何新文、張群著，《湖北大學學報》，第 31 卷第 4 期，頁 444～447，2004 年 7 月。

105. 〈臺灣近五十年來《春秋》經傳研究綜述（上）〉，張高評著，《漢學研究

通訊》，第 23 卷第 3 期，頁 1～18，2004 年 8 月。

106. 〈臺灣近五十年來《春秋》經傳研究綜述（下）〉，張高評著，《漢學研究通訊》，第 23 卷第 4 期，頁 1～10，2004 年 11 月。